SI NO ESTÁ ROTO, RÓMPALO

Robert J. Kriegel
y Louis Patler

SI NO ESTÁ ROTO, RÓMPALO

Ideas no convencionales para un mundo de negocios cambiante

Traducción
Gloria Rosas

GRUPO
EDITORIAL
norma

http://www.norma.com

Barcelona, Bogotá, Buenos Aires, Caracas,
Guatemala, México, Miami, Panamá, Quito, San José,
San Juan, San Salvador, Santiago de Chile.

Edición original en inglés:
IF IT AIN'T BROKE, BREAK IT
de Robert J. Kriegel y Louis Patler.
Una publicación de Warner Books, Inc.
1271 Avenue of the Americas, New York, NY 10020
Copyright © 1991 por Robert J. Kriegel.

Copyright © 1993 para todo el mundo de habla hispana
por Editorial Norma S. A.
Apartado Aéreo 53550, Bogotá, Colombia.
Reservados todos los derechos.
Prohibida la reproducción total o parcial de este libro,
por cualquier medio, sin permiso escrito de la Editorial.
Impreso por Cargraphics S. A. — Impresión Digital
Impreso en Colombia — Printed in Colombia

Dirección editorial, María del Mar Ravassa G.
Edición, Armando Bernal M.
Diseño de cubierta, Carmen Elisa Acosta

ISBN 958-04-2115-3

A Edith Kraskin Kriegel,
una mujer valiente, cuya pasión,
perseverancia y amor me han enseñado
que nada es imposible.

RJK

En memoria de mi madre,
Connie Patler

LP

Durante varios siglos, a través de muchas dinastías, un pueblo se conoció por su exquisita y frágil porcelana.

Especialmente sorprendentes eran sus jarrones: tan altos como mesas, tan anchos como sillas, eran admirados en todo el mundo por sus acentuadas formas y su delicada belleza.

La leyenda dice que cuando cada jarrón era terminado, había un paso final. El artista lo quebraba, y luego lo componía con filigrana de oro.

Un jarrón común era luego transformado en una inapreciable obra de arte. Lo que parecía terminado no lo estaba...hasta que lo rompían.

Contenido

Nota del autor

El lector de un libro escrito por dos personas merece una explicación acerca de cómo combinaron los autores sus esfuerzos. Como el material del libro se basa en mi experiencia en el campo del desempeño humano y del trabajo en equipo, la primera persona soy yo. Me correspondió dictar el primer borrador para que posteriormente lo reescribiera Louis. Ambos alternábamos constantemente el borrador para avanzar más. Esta colaboración fue un auténtico ejemplo de la mentalidad de "rómpalo" que nos permitió ir más allá de lo que yo aporté al tema. El producto final fue el resultado de nuestro compromiso conjunto, de nuestra comunicación y de nuestra cooperación.

Sólo fue posible progresar cuando pudimos librarnos de nuestros apegos a "lo mío" y permitir que nuestros talentos cooperaran de manera creativa. Al escribir este libro tuvimos que practicar sus preceptos. Tratamos de hacerlo "espontáneamente" y sin ceñirnos a los planes. Algunas de nuestras mejores ideas surgieron durante largas caminatas y en los lanzamientos a la canasta de baloncesto.

Además, como en nuestro idioma no hay una palabra para la tercera persona del singular que no connote género, tratamos de emplear por igual "él" y "ella".

RJK

Nota del autor

Introducción

El 17 de octubre de 1989, sucedió un hecho que fue el presagio de los años 90. Yo estaba presenciando un partido de fútbol en la escuela secundaria de mi hijo, en Golden Gate Park, San Francisco, cuando tuvo lugar el gran terremoto. Para mí, este acontecimiento hizo explícito el estado implícito del mundo. Todas las cosas se alteraron. Al poco tiempo, el muro de Berlín se derrumbó. La atmósfera política y económica de Rusia cambió en forma radical, gran parte de Europa Oriental hizo un viraje de 180 grados y estalló el Medio Oriente. La polvareda no se ha despejado del todo ni se despejará.

Bienvenidos a los años 90: una época de cambio rápido, impredecible y que crispa los nervios.

A medida que nos acercamos al siglo XXI la única cosa con que podemos contar es la certeza de que el cambio violento desafiará nuestro entendimiento y removerá las bases del mundo que nos rodea, en todos los aspectos. Cualquier cosa que hagamos y dondequiera que la hagamos, todo — estilos de trabajo, condiciones económicas, tecnología, estructuras corporativas, comunicaciones globales, estilos de vida, responsabilidades ambientales — está cambiando a un ritmo vertiginoso.

En el pasado, el cambio tenía lugar paulatinamente y a un ritmo más lento. Nos dábamos el lujo de hacer proyecciones de largo plazo y elaborar planes estratégicos con cierto grado de certidumbre. Pero en la actualidad, el ritmo del cambio se acelera en forma *exponencial*, y los virajes se producen con tal rapidez que es difícil hacer predicciones, incluso de corto plazo, con exactitud. En el futuro, continuará el cambio exponencial en todas partes. Consideremos estas pocas proyecciones a medida que nos acercamos al siglo XXI:

- En el curso de diez años, por lo menos la cuarta parte de los "conocimientos" y de las "prácticas" aceptadas actuales se habrán vuelto obsoletos. El promedio de vida de las nuevas tecnologías ha bajado a dieciocho meses... y continúa disminuyendo.[1]

- Dentro de diez años se habrá multiplicado por veinte el número de personas que trabajen en casa.

- Las familias de dos profesionales se multiplicarán; actualmente, la mitad de todas las familias tienen dos sueldos; este número se convertirá en las tres cuartas partes del total.

- Si usted es menor de veinticinco años, tiene la posibilidad de cambiar de carrera cada diez años y de trabajo cada cuatro años, en parte por decisión propia y en parte porque algunas industrias desaparecerán totalmente, y serán reemplazadas por otras todavía desconocidas.[2]

- En la actualidad, las mujeres poseen más de 3 millones de empresas, y hacia el año 2000 serán propietarias de más de la mitad de todas las empresas.[3]

- La semana laboral de 40 horas se convertirá en un dinosaurio. Trabajaremos 20% más y dormiremos 20% menos que hace diez años.

Éste es un mundo nuevo e impredecible. Cualquier parecido con el pasado es pura coincidencia. Nunca antes habíamos jugado en este campo. Las reglas son diferentes. El juego en sí está cambiando. Todo se mueve con mayor velocidad.

También ha cambiado lo que es necesario saber y la manera de actuar para tener éxito. Los antiguos métodos que daban buen resultado en un mundo de ritmo más lento ya no son eficaces. El reciclaje, la renovación y la revisión de la sabiduría convencional no funcionan. Para afrontar estos retos ya no podemos atenernos a "lo comprobado y verdadero", porque lo comprobado ayer ya no tiene validez hoy.

Para adelantarnos a los cambios, al incremento de la competencia y a la complejidad de estos tiempos, necesitamos una nueva forma de pensamiento, una forma que constituya un alejamiento radical del pasado. Los líderes que se adhieren a las fórmulas convencionales no sólo perderán grandes oportunidades sino que también verán a sus organizaciones luchar contra la corriente.

Se necesita un cambio fundamental en la mentalidad, que sea tan radical como la magnitud, el nivel y el ritmo del cambio actual. En este libro se desafiarán tanto la sabiduría convencional que tuvo vigencia en el pasado, como un buen número de supuestos, creencias y hábitos tradicionales. En su lugar se ofrecerán guías para una *sabiduría no convencional* — SNC — para estos tiempos inciertos.

1

¡Subió la marea!...Acepte lo inesperado

LA VIDA EN EL CARRIL RÁPIDO

"Me siento amenazado por los recién graduados de la universidad", me dijo un ingeniero de Hewlett-Packard. "Aquí el promedio de vida del conocimiento es inferior a tres años. De manera que soy realmente viejo y ¡todavía no he llegado ni siquiera a los treinta años de edad!"

Las técnicas, los conocimientos y los productos de hoy viven rápidamente, se envejecen antes de tiempo y mueren jóvenes. A todos se nos pide aprender, hacer y producir más con menos dinero, menos recursos y sin perder tiempo.

Y este ritmo veloz del cambio va a continuar. "El conocimiento acumulativo de la humanidad se duplicó durante el decenio pasado y se duplicará nuevamente cada cinco años", dice Robert D. Tuttle, presidente de SPX Corporation, una empresa de mil millones de dólares. "No es una exageración decir que el próximo año ¡tendrán lugar más avances científicos y tecnológicos que los registrados durante *todos* los años 70!"[1]

"En una escala de 1 a 10, les asignaría 4 a los cambios que se han registrado desde el destape", les dijo recientemente un vicepresidente de división de la AT&T a miles de sus acosados gerentes. "Utilizando esa misma escala", advirtió, "les asignaría 8 a los cambios que se nos aproximan". ¡Realmente su estimación puede resultar demasiado baja!

El cambio está ocurriendo con mayor rapidez de la que podemos controlar y amenaza con "remover" los cimientos de las empresas norteamericanas más seguras,[2] se nos advierte en un reciente estudio realizado por el Departamento de Tecnología del Congreso de los Estados Unidos. Ninguna industria escapará a esta realidad y nadie resultará exento.

APRENDER A JUGAR EL CROQUET DE ALICIA

La autora best-seller y profesora de la Escuela de Administración de Harvard, Rosabeth Moss Kanter, compara los constantes cambios de hoy con el partido de croquet de *Alicia en el país de las maravillas*, un juego en el cual "nada permanece estable por mucho tiempo, porque todas las cosas están vivas y en proceso de cambio".[3]

En todos los aspectos de la vida de hoy enfrentamos cambios dramáticos y de largo alcance. Lo mismo que Alicia, cada vez que volvemos la espalda el juego ha cambiado. No bien se establecen las reglas y ya se han vuelto obsoletas. Cuando nos damos cuenta de que la casa de 75 000 dólares es un buen negocio, ya vale 300 000 dólares. Como lo observó mi secretaria, la carta nocturna,* que fue la innovación veloz en los años 80, sólo se utiliza ahora cuando no se tiene ninguna prisa.

---

*Carta que se entrega al día siguiente. (*N. del T.*)

ELUDIR EL CHOQUE CULTURAL

Un destacado consultor de administración dice: "Las personas están pasando por un increíble choque cultural". "Los empleos desaparecen en fusiones, adquisiciones y reestructuraciones . . . los papeles tradicionales están siendo alterados radicalmente. A las personas se les pide que aprendan . . . formas diferentes y totalmente nuevas de pensamiento, comportamiento, comunicación y motivación. Su permanencia en el cargo, sin mencionar su éxito, dependerá de su capacidad o disposición para realizar algo que los adultos odian hacer: cambiar. Las presiones pueden ser intensas".

Incluso los que están haciendo bien las cosas, se sienten tensionados al máximo. Desde el punto de vista de la energía, la creatividad y la motivación, muchos nos hemos golpeado contra la pared; y eso duele.

"Reuniones a las siete de la mañana, días de catorce horas . . . y, sin embargo, no alcanzo", me dijo un ejecutivo de marketing de Pacific Telesis. "¿Qué más podemos hacer? Me siento presionado, no hasta el límite, sino *más allá*".

"Estamos inundados . . . y mi mente no puede manejar esta situación", dice un arquitecto de Manhattan, James Truzo. "El ritmo es tan rápido que algunas veces me siento como un tirador escapando de las balas".[4]

"Nunca logro mantener la cabeza por encima del agua durante largo tiempo", me dijo el gerente de una gran compañía de productos electrónicos. "Siento que todo lo que hago es salir a tomar aire. Y cuando recupero el aliento, sé que se trata de una calma momentánea antes de que estalle la siguiente tormenta".

CAMBIAR LAS ACTITUDES PASADAS DE MODA

No es necesario ser un Premio Nobel en economía para darse cuenta de los efectos que produce en las empresas norteamericanas el nuevo y más rápido juego de hoy. Todos estamos participando en un juego desesperado de actualización en las industrias de las cuales fuimos pioneros. Éramos líderes mundiales, y ahora nos quedamos a la zaga. ¿Cómo sucedió esto? ¿Cómo pasamos de ser líderes a estar dentro del montón? En un estudio del MIT sobre la productividad, se considera que el problema es atribuible en gran parte a *"un profundo depósito de actitudes y políticas pasadas de moda"*.[5]

"No es sorprendente que hayamos abierto nuestro propio camino hacia una decadencia económica", escribe el consultor de administración Stanley Davis, autor del muy aclamado libro *Future Perfect*. "Nuestros modelos de administración no se adaptan a la empresa de hoy. Todavía estamos utilizando el modelo de la GM que ideó su fundador Alfred Sloan para reorganizar la industria norteamericana de los años 20. Como resultado, hemos modelado industrialmente organizaciones que dirigen empresas postindustriales".[6]

Frente al cambio acelerado que se registra en todos los aspectos de nuestra vida, el pensamiento convencional que nos guió en los pasados decenios está desactualizado. Es evidente que la sabiduría convencional que funcionó en los mares tranquilos del pasado no tendrá validez en el ambiente turbulento de hoy.

EL JUEGO EFÍMERO

A comienzos del presente siglo, en el fútbol norteamericano ocurrió un ejemplo vívido de los peligros latentes que representa el adherirnos al plan convencional de juego en una época de cambios. En 1905, el fútbol era un deporte de baja marcación que consistía en correr y patear. Unos tipos con cascos protectores de cuero y con petos avanzaban trabajosamente por el campo de juego hacia la línea de gol. El ataque consistía en formaciones como la "cuña voladora" en la que siete jugadores corrían juntos en medio de la oposición con la esperanza de ganar tres o cuatro yardas cada vez. Se trataba de un juego rudo y para valientes.

Posteriormente, en 1906, se reglamentó el pase adelantado, que posibilitó ganar 40 yardas en un abrir y cerrar de ojos. No obstante, durante la primera temporada, la mayoría de los equipos siguieron casi totalmente con su convencional juego de carreras, probado y verdadero. Al reconocer que entraban en una nueva era en la cual la antigua estrategia de las "tres yardas y una nube de polvo" se estaba volviendo rápidamente obsoleta, los entrenadores de la Universidad de San Louis se adaptaron rápidamente y cambiaron a un ataque que utilizaba en gran manera el pase adelantado. En esa oportunidad, ¡*derrotaron a sus oponentes por 400 tantos a 11!*

BUSCAR UNA NUEVA FORMA DE PENSAMIENTO

Cada día tenemos que hacer frente a un cambio tan desafiante como la introducción del pase adelantado en el fútbol americano. Cada vez que volvemos la espalda, nuestro "juego" ha cambiado. No bien se establecen las reglas éstas se vuelven obsoletas.

En estos tiempos inciertos ya no podemos seguir reciclando, modificando o revisando la sabiduría convencional que servía en una época pasada. Esto sería como tratar de ganar un partido de fútbol americano con un mejor juego de carreras mientras el rival nos hace pases sobre la cabeza. Debemos tomar nuevas medidas audaces.

NINGÚN PICNIC

Jack Welch, presidente de la General Electric, dice: "El ritmo del cambio en los años 90 hará que los 80 parezcan un picnic, un paseo por el parque. Hacer lo que producía buen resultado en los 80 . . . simplemente sería algo demasiado lento".[7] Como dice Iacocca: "Tengo que correr riesgos todos los días. Preferiría no correr riesgos, pero el mundo no me da esa opción".[8] En este mundo acelerado y más cambiante, las antiguas formas de pensamiento, probadas y verdaderas con respecto al cambio (y en respuesta a éste) que tuvieron validez en el pasado, ya no la tendrán en el futuro. Dice la vicepresidenta ejecutiva del Bank of America, K. Shelly Porges: "Para mantenerse dentro de esta atmósfera dinámica en la cual las normas cambian constantemente, se necesita algo más que un cambio en la estructura; se necesita *toda una nueva forma de pensamiento*".[9] Ella está en lo cierto y pertenece a una gran empresa.

El distinguido MIT Productivity Panel está invitando a los ejecutivos de los Estados Unidos a *repensar esencialmente* sus supuestos y hábitos en esta época de incertidumbre y cambio exponencial. "No podemos solucionar las cosas tratando simplemente de dedicar más esfuerzo a hacer aquellas mismas cosas que no produjeron buen resultado en el pasado", concluye el informe. "El ambiente empresarial internacional ha cambiado, y nosotros también debemos cambiar".[10]

CABALGAR EN LA OLA DEL CAMBIO

"El momento de cambiar es cuando uno no tiene que hacerlo; cuando uno se encuentra en la cresta de la ola y no en la hondonada", me dijo un brillante ejecutivo. En un ambiente en el cual las olas del cambio se nos aproximan, al parecer procedentes de todas partes, no podría ser mejor la elección de una metáfora, lo mismo que su contenido. Todos los acontecimientos del pasado decenio han demostrado claramente que ¡SUBIÓ EL OLEAJE!

Hace muchos años, cuando yo era salvavidas en Rockaway Beach, Nueva York, me convertí en un entusiasta practicante de surf. La mayor diversión tuvo lugar uno o dos días después del último huracán anual de verano, cuando habíamos cerrado la playa y alcanzamos la tabla de surf para cabalgar en las gigantescas olas. Por lo general, los mejores practicantes de surf no eran los más grandes nadadores. Pero tenían determinados principios. Estos principios y las reglas que utilizamos para montar en esas olas impulsadas por el huracán son muy similares a los que se necesitan hoy para cabalgar en las turbulentas olas del cambio en el mundo de los negocios. He aquí algunas de las normas para capturar cualquier ola en que usted decida montar.

REGLAS DE PASIÓN

Las reglas para capturar una ola y montar en ella son bastante sencillas. El reto es convertirlas en acción. Como sucede en el mundo de los negocios, siempre nos encontramos con aquellas personas que son expertas "de dientes para afuera". Estas personas observan la parte, representan la parte y hablan de la parte pero jamás se meten en el sitio de la acción, es decir, en el agua. A estos individuos los llaman "fachendas". Tienen un equipo fantástico, la vestimenta adecuada y la jerigonza apropiada, pero nunca lograremos que se metan en el agua. Como se dice en Texas, "son sólo sombrero, pero no tienen ni una vaca".

Los mejores practicantes de surf no pasan gran parte del tiempo en la playa hablando de su deporte. Aman el agua y, sin importarles lo tranquila o turbulenta que pueda estar, siempre se encuentran allí buscando una ola. Contraen un compromiso integral: de cuerpo, mente y espíritu. "Reglas de Pasión" es un autoadhesivo que he visto actualmente en el parachoques de los automóviles de muchas de estas personas. Una línea de fondo que no es mala para cualquiera de nosotros en cualquier actividad que realicemos.

SI NO SE ATREVEN, CARECEN DE APTITUD

Los buenos practicantes de surf, lo mismo que los grandes ejecutores en cualquier parte, constantemente van más allá de sus límites. Al combinar la capacidad y la preparación con la resolución y el atrevimiento, ensayan continuamente nuevos movimientos y van en busca de olas más grandes y recorridos más largos. Conscientes de que no existen dos olas iguales, tantean cada ola y cabalgan en ella de manera un poco diferente. Para mantenerse adelante de una es necesario correr riesgos, desafiarse constantemente a sí mismo y desafiar a las personas que lo rodean.

ESPERE REVOLCONES

Las personas que practican surf comprenden el poder de las olas y aceptan correr los riesgos de este deporte. Así, aceptan el riesgo de tener que comer arena todos los días antes del almuerzo. Saben que por cada ola en la que logren cabalgar, pueden sufrir dos o tres revolcones.

En lo que se refiere al cambio, las condiciones cambiantes e inciertas no constituyen una fuente de temor; más bien se tiene en ellas un aliado, una oportunidad para poner a prueba la fortaleza y la agilidad, mental y físicamente. Los grandes ejecutores le dan la bienvenida a lo inesperado, tienen éxito con las olas gigantes, y sacan lecciones de los revolcones que reciben. Ciertamente, saben que si no reciben revolcones están jugando a lo seguro y no se mantendrán en constante perfeccionamiento.

NO LE DÉ LA ESPALDA AL OCÉANO

Al comprender la naturaleza del medio, las personas que practican surf saben que enfrentan fuerzas que están más allá de su control. Comprenden que la falta de certeza y de predicción es el nombre del juego, al igual que sucede en nuestro mundo. Respetan el poder y aprecian la grandeza del océano. En consecuencia, jamás hacen caso omiso de éste. Jamás le dan la espalda al océano.

MIRE SIEMPRE HACIA "AFUERA"

En la jerga del surf "afuera" se refiere a las olas que aparecen en el horizonte. Los amantes del surf saben que hay que ponerle atención a la ola que está más cerca, en la que se proponen cabalgar y, al mismo tiempo, observar la que se aproxima.

Existen dos razones para mirar hacia "afuera". En primer lugar, puede haber una ola más grande y mejor tras aquélla que se encuentra frente a uno. Y en segundo lugar, si no ha observado lo que está en el horizonte, esa próxima ola gigante puede romperse sobre uno en el momento en que sale a tomar aire, después de remontar la anterior.

MUÉVASE ANTES DE QUE LA OLA LO MUEVA

Para alcanzar una ola, uno tiene que comenzar a moverse bien antes de que ésta llegue. Una ola grande, como sucede con los cambios, se mueve con tanta rapidez que si uno espera demasiado tiempo ella pasará sobre uno y lo dejará luchando con la contra-corriente. Mirar hacia afuera le permite a uno prepararse para el futuro. Al igual que en el mundo exterior, los amantes del surf deben saber qué se aproxima en el horizonte y moverse antes de que llegue. Aprender a mirar hacia afuera y movernos antes de que la ola nos alcance nos enseña una lección vital para mantenernos siempre adelante en cualquier ambiente turbulento.

JAMÁS PRACTIQUE SURF SOLO

En una sociedad compleja nadie hace frente a la vida por sí solo o por sí sola. Ninguna persona inteligente trata de hacerlo todo o de ser todo para los demás al mismo tiempo. Los amantes del surf, al conocer muy bien esta verdad, tienen una regla terminante: ¡Jamás practique surf solo!

Saben que es muy importante contar con la seguridad de un buen apoyo ante la posibilidad de una emergencia. Igualmente, comprenden que mancomunando sus conocimientos y sus recursos pueden adquirir enseñanzas y llegar hasta lugares más exóticos. También tienen la oportunidad de intercambiar ideas sobre los equipos más nuevos, los lugares y las técnicas claves.

Además resulta mucho más divertido contar con la compañía de un amigo. Tener con quién "charlar" mientras se espera una nueva serie de olas; tener con quién compartir esperanzas, sueños y alegrías. En un mundo en que muchos nos encontramos cada vez más aislados, todos podremos experimentar más alegría, creatividad y éxito con un poco de ayuda de nuestros amigos.

Las reglas de la persona que practica el surf:

1. Reglas de pasión.

2. Si no se atreven, carecen de aptitud.

3. Espere golpes.

4. No le dé la espalda al océano.

5. Mire siempre hacia "afuera".

6. Muévase antes de que la ola lo mueva.

7. Jamás practique surf solo.

¡EL OLEAJE SUBE! BUSQUE SU EQUILIBRIO

Es muy estimulante aplicar a la vida y al trabajo los principios del amante del surf. Saber las reglas para cabalgar en las olas en el océano nos puede enseñar a montar en las olas del cambio que se deslizan, bien en Nueva York, en Illinois y en Arizona, o bien en Hong Kong, en París y en Moscú.

El futuro — impredecible e incierto — se precipita sobre todos nosotros en forma de enormes olas de cambio. Una serie tras otra, éstas se hacen cada vez más grandes y avanzan con mayor rapidez. El oleaje está agitado desde California hasta Calgary, y de allí hasta Calcuta. Pero nuestra respuesta es asunto de decisión personal. Bien podemos permanecer en la playa, o bien lanzarnos al agua.

El futuro pertenece a quienes deciden cabalgar; a quienes tienen el suficiente coraje como para mojarse afuera, cuando las grandes olas revientan. A quienes aceptan lo inesperado.

Este libro describe un tipo de pensamiento que lo pondrá a usted en condiciones de resolverse a enfrentar las olas del cambio considerándolas como algo excitante y desafiante y no como algo intimidante y amenazador. Este tipo de pensamiento le enseñará reglas no convencionales para romper los viejos moldes y principios, de manera que usted pueda correr riesgos efectivos constantemente innovadores y mantenerse continuamente en el lugar que le corresponde. Siguiendo esta sabiduría no convencional, sencilla pero eficaz, se enriquecerán su trabajo y su vida, que se volverá más provechosa y satisfactoria. Usted podrá comprobar que montar en la ola del cambio es la manera más emocionante y estimulante de vivir la vida.

La **SNC** *dice:*
Cabalgue en la ola del cambio.

2
Ponga fuego en su corazón

Nuestra cultura adora los números y datos. Se nos dice que tener la *información* correcta es la clave para salir adelante. Se nos ha hecho creer que el éxito tiene como base el recuerdo instantáneo de hechos sobresalientes y oportunos. Después de todo, ésta es la "era de la información" y ¡se espera que todos nosotros estemos a la altura de ella! Pero ¿esto es realmente la clave del éxito? ¿O nos estaremos olvidando de algo esencial?

MAS ALLÁ DE UN JUEGO DE NÚMEROS

Examinemos algunos de los números que la sabiduría convencional considera importantes.

Esta actitud se observa en todas partes. Por ejemplo, en nuestro sistema educacional el éxito se vincula a la habilidad de memorizar y aplicar la información. En la escuela, las calificaciones más altas se las asignan a los estudiantes que tienen una memoria de megabyte y una capacidad como de láser para recordar la información almacenada. La sabiduría convencional nos dice que el éxito futuro y las calificaciones escolares están correlacionados: los estudiantes que tienen las calificaciones más altas son los que "tienen mayores probabilidades de triunfar".

EL CLUB DE LA MITAD INFERIOR

La sabiduría convencional nos ha convencido de que "los números no mienten". Creemos en los números y — en este caso específico — en el promedio de calificaciones. Siempre nos preocupamos por buscar los mejores números. Estamos convencidos y les transmitimos esta idea a nuestros hijos, de que su futuro depende del alto puntaje de sus calificaciones. Pero si los números son el barómetro del éxito y si las cifras no mienten, entonces ¿cómo podríamos explicar las siguientes evidencias contradictorias?

- Más del 50% de todos los presidentes de las 500 empresas de *Fortune* alcanzaron promedios C o C⁻ en la universidad.

- El 65% de todos los senadores de los Estados Unidos provienen de la mitad inferior de sus grados escolares.

- El 75% de los presidentes de los Estados Unidos estuvieron en el "Club de la Mitad Inferior" durante sus años de colegio.

- Más del 50% de los empresarios millonarios ¡jamás terminaron sus estudios universitarios!

EL *QUIÉN ES QUIÉN* DEL HOMBRE Y LA MUJER MEDIOCRES

Yo podría compilar fácilmente un *Quién es Quién* sólo de personas exitosas que no terminaron sus estudios universitarios o que pertenecieron al Club de la Mitad Inferior. Entre los escogidos estaría el general Colin Powell, miembro del Estado Mayor Conjunto; la superestrella de la NBC Bryant Gumbel; el empresario y el autor de best-sellers Paul Hawken; Yvon Chouinard, fundador de la empresa de ropa formal Patagonia; y Huey Johnson, cofundador del Trust for Public Land y director de Nature Conservancy, por mencionar algunos.

Indudablemente, el *Quién es Quién* de la "Persona mediocre" también incluiría a Donald Cram, cuyas calificaciones en su especialidad, la química, fueron tan carentes de brillo en la universidad que un profesor le insistía en que cambiara de profesión. Cram perseveró porque amaba esa materia, y en 1989 se ganó el Premio Nobel de Química.[1] Irving Wallace fue un desertor universitario que escribió libros tan increíblemente detallados y bien investigados que se vendieron más de 120 millones de ejemplares.

No olvidemos todos aquellos empresarios, millonarios y billonarios, que no tuvieron calificaciones pero sí cantidades de sueños... por ejemplo, J.B. Fuqua, cuyas Industrias Fuqua llegaron recientemente a 1 000 millones de dólares en ventas; John Johnson, el fundador de la revista *Ebony*, lo mismo que de todo un grupo de empresas, quien nunca pasó del tercer grado; o Lars-Erik Magnusson, de treinta y seis años, el magnate sueco de bienes raíces, quien abandonó la escuela a los dieciséis años;[2] y, por supuesto, los enfants terribles Steve Jobs y Steve Wozniac, fundadores de Apple Computers; o el mundialmente conocido ilustrador deportivo Brian Robley, quien tuvo que rogarle a su profesor de arte que le asignara una D en vez de una F para continuar sus estudios de arte,[3] y muchos, muchos otros realizadores de éxito a quienes sus compañeros y profesores alguna vez vieron como *inferiores* en cuanto a sus posibilidades de triunfar.

Si nos atuviéramos estrictamente a los "números", todas estas personas habrían sido derrotadas desde hace mucho tiempo.

EL DESAYUNO DE LOS CAMPEONES

También se supone que el desempeño atlético, lo mismo que la capacidad académica, es un juego de "números". La sabiduría convencional nos dice que los individuos dotados de una capacidad natural para correr más rápido, saltar más alto o lanzar más lejos, serán los campeones.

Si esto es así, ¿cómo podemos explicar el número extraordinario de perdedores que han tenido éxito, por ejemplo, el equipo olímpico de hockey de los Estados Unidos que derrotó a los rusos en los Juegos Olímpicos de Invierno de 1980? Los números les daban a los rusos todas las de ganar; ellos eran ampliamente superiores en talento, experiencia y técnica, y también eran patinadores más fuertes y más rápidos. De acuerdo con todos los criterios empíricos, los jugadores norteamericanos estaban por fuera de su liga. Pero, de todos modos, fueron los vencedores.

Muchos atletas cuyos "números" los colocarían en el Club de la Mitad Inferior han sido increíblemente exitosos en el deporte.

- El jugador de baloncesto Larry Bird no puede correr tan rápido o saltar tan alto como muchos jugadores de NBA.

- El futbolista Joe Montana no puede patear tiros tan potentes o lejanos como muchos otros defensas de NFL.

Bird y Montana se encuentran en la tradición de Ty Cobb, Billie Jean King, Johnny Unitas y Chris Evert, ninguno de los cuales tenía un excepcional talento natural. Pero todos ellos fueron campeones legendarios. Lógicamente, la sola aptitud natural en bruto *no* es el desayuno de los campeones.

EL CORAZÓN DETRÁS DE LOS NÚMEROS

Al describir las cualidades que hicieron de Joe Montana — jugador de los 49ers de San Francisco, dos veces MVP* del Super Bowl — uno de los más grandes defensas que hayan participado en el juego, su compañero de equipo Pro Bowl, Ronnie Lott dijo: "Es imposible medir con una cinta métrica o con un cronómetro el tamaño de su corazón".

Walt Frazier, un compañero de equipo del jugador de baloncesto Willis Reed, miembro del Hall of Fame, quien fue capitán del equipo campeón New York Knicks a comienzos de los años 70, dijo: "Nadie empujaba a Willis: ni en la práctica, ni durante un juego o en el hospital de niños. Lo que lo impulsaba era su deseo. Como jugador y como hombre, él siempre llevaba fuego en su interior".[4]

¡PASIÓN!

Cuando realizaba investigaciones para mi libro *The C Zone: Peak Performance under Pressure*, entrevisté a más de 500 grandes realizadores provenientes de todas las áreas de trabajo, las artes y los deportes. No encontré dos personas iguales, pero la cualidad única que tenían en común era la *pasión*. Ésta constituía su energía, su entusiasmo y el deseo que los distinguía a todos. Lo que realizaban lo hacían con pasión y entusiasmo.

Un alto ejecutivo, buscador de talento a quien le pregunté qué cualidades buscaba en un líder, me dijo: "Lo que diferencia a un buen gerente y a un líder dinámico e inspirador, está más allá de la capacidad. Es la *pasión*. Ésta es la única cualidad que, en esta época difícil, hace resaltar la cabeza y los hombros por encima de los demás.

La pasión es un compromiso ardiente que hace vibrar todo nuestro ser — cuerpo, mente y espíritu — y nos hace sentir

---

*Most Valuable Player: Más valioso jugador *(N. del Trad.)*.

rebosantes de energía y llenos de vida; nos permite activar fortalezas internas, recursos, capacidades y energías de las que no teníamos conocimiento. La pasión enciende una chispa que nos inspira a nosotros y a quienes nos rodean para conquistar mayores alturas.

Un profesor de la Escuela de Administración de Harvard, el doctor Abraham Zaleznik, dice que él "clama" por el retorno de un liderazgo vigoroso que sea imaginativo y audaz: "Líderes que sientan emoción por su trabajo y que, por contagio, estimulen a sus subordinados. Ese entusiasmo fomenta relaciones vigorosas y moral alta en toda la organización". Los líderes inspirados, señala, "llevan a la empresa, superando los problemas, a las oportunidades".[5]

FUEGO EN EL CORAZÓN

No sólo los "líderes" y los "campeones" necesitan pasión — todos la necesitamos. No importa el área de trabajo, la posición o la edad.

Después de una presentación, a Michael Liacko, vicepresidente de ventas de Bell & Howell, le preguntaron: "¿Qué individuos son los mejores vendedores?" Dirigiéndose hacia el tablero, Liacko trazó una línea vertical para separar en dos mitades la página. A la izquierda, hizo una lista de las técnicas y aptitudes básicas: Conocimiento del producto, buena información sobre la competencia y la industria, buen registro de seguimiento, experiencia en electrónica y éxito en trabajos anteriores. Todos los requisitos de costumbre.

A la derecha de la página sólo escribió una cosa: "¡*Fuego en el corazón!*" Observó luego los dos lados de la página, los señaló y dijo: "Si yo tuviera que hacer una elección, escogería a alguien que tuviera fuego por encima de alguien que llenara los requisitos de experiencia, educación... y empleos anteriores. Las personas que tienen fuego están más motivadas, son más flexibles, trabajan con más ahínco y son más recursivas. Puedo mostrarles los trucos y entregarles los manuales de ventas. Pero si las personas no tienen fuego en el corazón no podrán llegar a ninguna parte".

UN ASUNTO DE PASIÓN

Un maravilloso ejemplo de fuego en el corazón nos lo da Debi Coleman, quien en un breve período de cinco años pasó de ser gerente financiera de la división Macintosh de Apple, a vicepresidenta de manufactura a nivel mundial.

Hablando de este salto no convencional de finanzas a manufactura, Coleman dijo: "El cambio que realicé no fue intuitivamente obvio... a menos que ustedes sepan cuánto me apasiona la manufactura".

Una tarea formidable que enfrentó Coleman al asumir su nuevo cargo fue mejorar el rendimiento de la planta de manufactura en Fremont, una de las fábricas de computadores personales más innovadoras del mundo. Bajo su liderazgo, el rendimiento de la fábrica pasó del 30 al 70% en nueve meses, la aceptación de ingreso de materiales pasó del 80 al 90%, aproximadamente, y la totalidad de su inventario tuvo una rotación de treinta veces en el curso de un año.

Coleman, que siempre había deseado trabajar en la fábrica, dice: "Creo que uno no debe encargarse nunca de algo que no le interese apasionadamente".[6]

Haciendo eco a todos los Liackos y Colemans del mundo, Charles Wang, fundador de Computer Associates International, empresa de miles de millones de dólares, afirma que contrata su fuerza de ventas sobre la base del "interés y el entusiasmo, más que de la experiencia técnica". "Si usted tiene estas condiciones en su corazón", dice, "le podemos enseñar lo que necesita".[7]

La SNC dice: Encienda un fuego en su corazón.

ÍNDICE DE PASIÓN

Cada uno de los participantes en un programa de capacitación en administración que organicé en Hewlett-Packard eligió un "proyecto de cambio" — para un sector específico que quisiera mejorar, por ejemplo, productividad, eficiencia o innovación. El propósito inicial del programa era fijar objetivos para el proyecto y desarrollar estrategias que fuesen específicas, evaluables y relacionadas con el tiempo.

Luego les pedí a los participantes que en forma intuitiva calificaran su proyecto de 1 a 10, basándose en un Índice de Pasión, en el que 10 representaba pasión ardiente y 1, rescoldos humeantes. Les dije: "Si su pasión por el proyecto es inferior a 7, tiene que cambiar, apasionarse más u olvidarlo. Hay muchas dificultades allá afuera, y ya hay demasiado trabajo para encargarse de algo que no le produzca un auténtico entusiasmo. Un proyecto inferior a 7 sería una carga, tanto para usted como para su personal, y el trabajo se haría sin convicción, de cualquier manera".

Algunos ignoraron mi advertencia y siguieron trabajando en sus proyectos de conformidad con lo planificado. Aquéllos cuyo índice de pasión era 7 o más, resultaron más motivados y emocionados que los demás, y fueron los primeros en poner sus ideas en acción.

Tomando como ejemplo lo anterior, califique su pasión por aquello a lo que usted actualmente se dedica, utilizando una escala de 1 a 10. Cualquiera que sea su calificación, hay en este libro gran cantidad de sabiduría no convencional que le ayudará a encender su fuego o a convertir un rescoldo en una llamarada.

DE BUENO A EXCEPCIONAL

No quiero quitarles la importancia a la información, a las habilidades y a la experiencia. Todo el mundo necesita ser competente en el trabajo, el colegio y el hogar. Todos necesitamos unos conocimientos básicos. Si usted no conoce el material, si no ha practicado y no ha realizado su tarea, no puede participar en el juego de hoy, y, ciertamente, no sobrevivirá largo tiempo. Esto se sobreentiende. Pero la información, las habilidades y la idoneidad sólo le permiten a uno ser "bueno". Y todos los que participan en el juego son al menos buenos. En definitiva, "bueno" no es suficientemente bueno hoy en día. La pasión, el fuego, el compromiso ardiente y el deseo son las cualidades que lo llevarán de lo "bueno" a lo "excepcional".

El fuego de su corazón le dará ese impulso extra que lo hará más curioso, más persistente y más recursivo en su búsqueda de información. El hecho de hacer con pasión su trabajo lo liberará de la posibilidad de sucumbir ante el fracaso y de las dificultades que constituyen la norma de hoy. La pasión lo hará sentirse más motivado para correr riesgos y le dará el "combustible" extra que necesita para seguir creciendo, aprendiendo, innovándose y afrontando retos.

"JAMÁS ME DOY POR VENCIDO"

La pasión es básica en la perseverancia que necesitamos para lograr la excelencia en cualquier esfuerzo. Cuando Boris Becker se convirtió en el más joven ganador del Wimbledon, a los diecisiete años de edad, le preguntaron cuál creía que era el secreto de su éxito. Después de mencionar su pasión por el tenis y su ardiente deseo de ganar, miró al reportero y le dijo que lo más importante era su "¡Jamás me doy por vencido! Jamás me doy por vencido en un partido, en un juego o cuando respondo un lanzamiento".

El osado estilo de juego que tiene Becker frecuentemente se atribuye a su mentalidad de no darse jamás por vencido. Con las rodillas sucias y los codos sangrantes, salta y corre detrás de los lanzamientos, a los cuales muchos otros no se enfrentarían.

La perseverancia es especialmente importante cuando los obstáculos surgen inesperadamente, cuando nada es predecible y cuando la competencia es feroz. Necesitamos perseverar para afrontar la adversidad y recuperarnos del fracaso.

La jornada emprendida por Edward Beauvais para dar comienzo a la empresa America West Airline es un testimonio de la perseverancia y de la creencia entusiasta. Al dar comienzo a la empresa, Beauvais y ocho socios más suscribieron hipotecas de segundo grado, utilizaron la línea de crédito que tenían en sus muchas y diferentes tarjetas de crédito y ¡todavía les faltaban 18 millones de dólares! Habiendo decidido hacer una oferta pública de acciones, Beauvais hizo cuarenta viajes a Wall Street. "Todos las firmas bancarias de inversión nos desanimaron".

Transcurridos *dos años* se le presentó la oportunidad que buscaba y desde entonces American West ha reunido 250 millones de dólares por concepto de venta de acciones y pagarés. "Usted tiene que estar dispuesto a escuchar mil veces la palabra 'no'. Usted tiene que ser tenaz...y actuar con determinación para lograr su propósito".[8]

"Uno tiene que estar pendiente aquí y allá y hacer todo lo que sea necesario", dice Curtis Strange, el primer hombre en más de treinta y cinco años, capaz de ganar dos veces seguidas el Abierto de los Estados Unidos. "Firmeza y agallas, como quiera usted llamarlo... uno necesita ser perseverante".[9]

LA PERSEVERANCIA LO HACE MÁS FÁCIL

La sabiduría convencional asocia la perseverancia a la tenacidad, la obstinación y la necesidad de martillar una y otra vez. La tenue voz dentro de su cabeza le dice: "Haga rechinar los dientes, apriete el mentón y presiónese a usted mismo" para poder hacer algo difícil o no deseado, por ejemplo, revisar una vez más determinado informe o telefonear a quien repetidamente le ha dicho que no.

Pero el grande del fútbol, O.J. Simpson nos dice: "Cuando usted se interesa realmente en lo que hace, practicará más, y lo verá no como un simple trabajo... sino como parte del juego".[10]

Como nos lo indica O.J., la verdadera perseverancia *no* es forzada. Las personas que están enardecidas no tienen necesidad de forzarse a sí mismas a perseverar. Cuando a usted le interesa lo que hace no tiene que convencerse a usted mismo de perseverar sino de *no* perseverar. No se trata de algo que usted *tiene* que hacer, sino de algo que usted *quiere* hacer. *Con la pasión como base, la perseverancia llega de manera natural.*

Cualquier persona que haya iniciado una empresa o haya realizado un proyecto con verdadero entusiasmo es un ejemplo vivo de que cuando uno le pone pasión a lo que hace, aparece la perseverancia. No tiene uno que forzarse a sí mismo a comenzar; posiblemente tenga que forzarse a sí mismo a detenerse.

EL JEFE BARRE EL PISO

Cuando usted lleva fuego en el corazón, nada es problema grave y nada es degradante. Usted hace lo que es necesario hacer. Cuando dio comienzo a su empresa, Howard Head, el brillante innovador que revolucionó dos deportes (al inventar el ski metálico y la raqueta metálica de tenis de tamaño mediano), literalmente hizo de todo. "Cuando se necesitaba barrer el piso, yo lo barría", nos dijo. "Cuando la fuerza de ventas necesitaba una charla de estímulo, yo se la daba. Yo hice todo lo que se necesitaba hacer".[11]

"Uno tiene que hacer cualquier cosa que sea necesaria", solía decir George Halas, "Papa Bear", refiriéndose a su fundación de los Chicago Bears. Halas, miembro del Hall of Fame como jugador de fútbol americano y entrenador, y quien ha tenido más triunfos que cualquier otro hombre en la historia del fútbol americano profesional, hacía prácticamente cualquier cosa por su equipo. Se sabía que él reparaba las duchas, marcaba el campo con tiza, recogía las toallas mojadas después de los entrenamientos, les vendaba los tobillos a sus jugadores y sacaba el barro acumulado entre los tacos de sus zapatos.

"SU SANGRE CONTIENE ESE ALGO ESPECIAL"

Recuerdo haber leído algo sobre los primeros días de Bill Cosby como comediante con hambre. Cuando abandonó la Universidad de Temple en su penúltimo año de estudios y se dedicó a su carrera de comediante, se consagró por entero a ésta. Se mantenía despierto hasta cualquier hora de la noche hablando con viejos cómicos o trabajando en un nuevo material. Ésta fue su educación y su capacitación como comediante.

"Cualquiera puede interesarse superficialmente", comentaba, "pero una vez adquirido el compromiso, la sangre contiene ese algo especial y es muy difícil que las personas logren detenerlo".[12]

Cosby, Head y Halas no tuvieron que esforzarse para perseverar en sus propósitos, realizar el trabajo extra que se necesitaba para alcanzar el éxito y recorrer la milla extra. Ciertamente, hubiéramos tenido que forzarlos a no hacerlo. Esto es lo que la pasión hace por usted. Ella fomenta la dedicación; ella entusiasma y fortalece. No es que usted deba *tratar* de perseverar o *tratar* de cumplir su propósito. La pasión lo impulsa. La idea de renunciar o hacer apuestas compensatorias jamás entra en su mente. Cuando su sangre lleva "ese algo especial" nada podrá detenerlo.

LA PASIÓN ES CONTAGIOSA

La pasión no se limita al mundo del deporte o de la diversión, ni al mundo del trabajo. La pasión, en cualquier aspecto de su vida, afecta a todas las demás áreas. Cuando uno tiene pasión por algo — *cualquier cosa* — este sentimiento le comunica más vitalidad, más energía, más resolución, y se transmite igualmente al resto de su vida.

Un vendedor de una de las más grandes empresas productoras de materiales para construcción me dijo: "Fui atleta hasta cuando sufrí una herida en la cadera y tuve que ser operado el día que cumplía cincuenta y siete años. Mientras me recuperaba, mi médico me sugirió que buscara otra forma de ejercicio más conveniente para mis piernas. Entonces me decidí por el remo".

"Transcurrido aproximadamente un año de entrenamiento, me di cuenta de que sólo me faltaban treinta segundos para poder participar en el campeonato mundial profesional. Parecía que se hubiese encendido un fuego dentro de mí. Comencé a levantarme a las cuatro de la mañana. Salía a remar antes del trabajo. Remaba después del trabajo, y ese entusiasmo se transmitió a mi trabajo. ¡Pasé de una posición intermedia en nuestra fuerza de ventas a formar parte del cinco por ciento de los mejores! He remado durante cinco años y *todavía* me siento lleno de fuego. Mi vida es *increíble*.

Cuando uno tiene fuego en el corazón, éste ilumina toda su vida. Los días transcurren con mayor rapidez. Las tareas cotidianas de la vida se vuelven más interesantes. Uno tiene más vigor, más flexibilidad y más elasticidad. Y cuando está entusiasmado, este sentimiento irradia a todas las personas que lo rodean.

FUEGO AL CONOCIMIENTO

La pasión le comunica fuego al conocimiento, como me lo dijo un ejecutivo. "En cuanto al conocimiento, usted necesita que su corazón participe para que su cerebro permanezca en las mejores condiciones. La pasión le da el estímulo necesario para lograr su propósito".

La pasión y el compromiso le permiten a usted pasar de ser simplemente competente y preparado a ser sobresaliente. Alimentar el fuego que hay en su corazón es un paso, inicial y básico, para estar más motivado y ser más creativo, y para hacer frente a los muchos retos necesarios para estar por delante de la ola del cambio.

El "fuego en el corazón" desempeña un papel decisivo para diferenciar lo "sobresaliente" de lo "bueno".

- En un reciente estudio de industrias a nivel nacional, se descubrió que el *entusiasmo* era el factor más significativo, el que determinaba la diferencia entre vendedores "óptimos" y vendedores "buenos".

- El extraordinario analista deportivo de TV, John Madden, y a la vez entrenador del equipo ganador del Super Bowl, dice que el *entusiasmo* es la diferencia entre los muchachos que hacen el Pro Bowl y los que no lo hacen.

- El prestigioso *Endicott Report* confirma que una de las tres cualidades más importantes que se necesitan para alcanzar el éxito en el trabajo es el "¡*entusiasmo*... pasión... emoción intensa!"[13]

- "Si usted no tiene entusiasmo", dice Kemmons Wilson padre, fundador de los Holiday Inn, "no tiene nada".[14] *Entusiasmo* es una palabra muy antigua que se utiliza para describir a los que tienen espíritu y pasión. Su raíz, que significa "infundido de espíritu", caracteriza a las personas que tienen entusiasmo por la vida y que llevan fuego en su corazón.

Quizá usted se dedique con entusiasmo a actividades tales como caminatas, softball, jardinería, ciclismo en las montañas o protección del medio ambiente. Tal vez su familia haga que todas estas cosas valgan la pena. Lo importante es que usted *tenga* pasión y *encuentre* fuego en su corazón. Cuando hay fuego en su corazón ningún obstáculo es insuperable. Con fuego en su corazón, descubrirá que nada es demasiado difícil, que ningún pico es demasiado alto y que ningún sueño es imposible. Y llegará a disfrutar tanto del escalamiento de la montaña como de la llegada a la cima.

La **SNC** *dice:*
Ponga fuego en su corazón.

3
Avive la lumbre...no la apague

AVIVE LA LUMBRE...NO LA APAGUE

Todos estamos de acuerdo en que el mundo está cambiando, y es necesario que respondamos con eficiencia. La clave para esa respuesta es la determinación de mantener vivo el fuego en el corazón.

CUIDADO CON LA MANGUERA

La reacción más habitual frente al cambio es la resistencia. He aquí una historia común: Maggie, una gerente de ventas de una gran cadena de supermercados, está entusiasmada con una nueva idea que cambiaría y ampliaría el enfoque de marketing de la cadena para atraer al creciente número de familias que tienen dos sueldos. El jefe de Maggie escucha su presentación entusiasta y bien preparada, y, de vez en cuando, la interrumpe, y dice cosas como las siguientes:

"Eso no está considerado en el presupuesto. ¿De dónde va a salir el dinero?"

"¿Quién realizará todo el trabajo adicional que se necesitaría para poner en marcha la idea?"

"Eso daría como resultado la disminución de nuestras cifras trimestrales".

"Eso jamás dará resultado".

"No me parece práctico".

"¿Para qué hacer cambios? Las cosas funcionan bien tal como están".

"Sí, pero..."

"Nunca hemos hecho una cosa como ésa".

"Ésa no es la manera de hacer las cosas aquí".

En su intento de adherirse a lo conocido y permanecer en terreno seguro, el jefe de Maggie respondió como un bombero que apaga un incendio. En la realidad, él la "apagó", al lanzar un chorro de agua sobre sus ideas, su entusiasmo y su espíritu.

TRATAR DE CONTROLAR LO INCONTROLABLE

Los líderes de todos los campos ponen énfasis en la importancia de aceptar el cambio. Pero las únicas personas que realmente dan la bienvenida al cambio son los bebés que tienen los pañales mojados y los cajeros que se hallan demasiado ocupados. Sin importarles lo positivo que pueda ser el cambio, la mayoría de las personas, como el jefe de Maggie, tratan de evitarlo o de oponerse a él.

Seamos sinceros: el cambio es perturbador. La tendencia natural es adherirnos a lo conocido, actuar sobre terreno seguro y tender hacia aquello que nos es familiar. De manera abierta o disimulada, oponemos resistencia.

Lanzar chorros de agua es una forma común con la cual destruimos o descartamos la estrategia osada, la nueva idea, e incluso, la más sencilla sugerencia de mejoramiento. Pero, lo que es peor, cuán frecuentemente apagamos *nuestros propios* sueños e ideas creativas sin darnos cuenta de ello. Es fácil comprender por qué se lanzan chorros de agua. Ante el cambio y la incertidumbre, la sabiduría convencional es cautelosa y nos exhorta a "tirar de las riendas", "No ceder un ápice", "Cerrar y trancar la puerta". La sabiduría convencional es el mejor amigo del bombero, pero nuestro peor enemigo.

Lanzar chorros de agua puede *parecer* prudente porque esa actitud está ligada a las "lecciones" del pasado. Parece que se le inyectara un poco de control a un mundo que de otra manera sería incontrolable. Pero estos intentos de permanecer en una zona cómoda no dejan de tener sus costos porque extinguen las chispas de innovación, entusiasmo y creatividad, que son tan necesarias para progresar. Maggie abandonó la oficina de su jefe desilusionada y desanimada. Inconscientemente, al apagar su idea, él también había disminuido su entusiasmo. Pasará un buen tiempo antes de que ella recupere su motivación y se atreva a presentar otra sugerencia.

Los siguientes son ejemplos de algunas mangueras clásicas:

LOS SUPERRACIONALISTAS

El lanzamiento de chorros de agua, que ocurre en todos los niveles de la organización — desde el más alto hasta el más bajo, desde el líder hasta el personal subordinado y desde la sala de juntas hasta la sala de correspondencia —, inicialmente podría parecer bastante lógico y racional. Por ejemplo, hace varios años dirigí un seminario de gerencia en Hewlett-Packard, cuyo objeto era idear un nuevo sistema de control financiero para mediados de los años 90. Cada vez que alguien presentaba una nueva idea, un gerente que se sentaba en la última fila apuntaba su manguera hacia la persona, reía con disimulo y desdén y le lanzaba agua a la idea, diciendo: "No podemos hacer esa cosa"; "La gente del departamento de sistemas nunca compraría eso"; "Eso nunca funcionará"; "Jamás conseguiremos el software para hacer eso".

Aproximadamente veinte minutos después, Bob Wayman, jefe de finanzas de Hewlett-Packard, se levantó de la silla. Señaló un diagrama que diferenciaba las funciones del hemisferio derecho del cerebro — imaginativo y creativo — de las del hemisferio izquierdo — racional y lógico —; le lanzó una mirada al hombre de la pipa, sonrió y preguntó: "¿Es posible que alguien tenga dos cerebros izquierdos?" Infortunadamente, hoy en la mayoría de las empresas la respuesta es un sonoro ¡SÍ!

Las objeciones racionales de los lanzadores de agua parecen ser apropiadas y lógicas porque se basan en "verdades" antiguas. Pero en el mundo actual, las verdades de ayer serán obsoletas mañana.

BOTTOM-LINERS*

En su búsqueda obstinada y miope del resultado final, los que piensan con la parte izquierda del cerebro, racional y lógica, han extinguido innumerables buenas ideas, buenas personas y buenas empresas. "Ya no nos emocionamos" dice Russell Baker, autor best-seller y columnista sindicalizado del *New York Times*. "En el comercio, en vez de emoción, tenemos el resultado final. Esto significa que los tenedores de libros, los contadores, los abogados y los expertos en impuestos han reemplazado a los empresarios".[1]

La sabiduría convencional nos dice que necesitamos más mentalidad de *bottom-liner* en estos difíciles tiempos: "Reducir lo inflado, recortar costos, estar listos y preparados". Desde el

---

Bottom-liners son personas para quienes las ganancias netas de una empresa están por encima de las demás consideraciones *(N. del Trad.)*.

punto de vista de "las cifras", los *bottom-liners* ven las nuevas ideas como problemas potenciales más que como oportunidades pragmáticas.

Un gerente de división de una gran planta fabril me dijo: "Aquí tenemos tanta mentalidad de *bottom-liners* que alguien encuentra siempre una razón para explicar por qué algo nuevo *no* funcionará, una razón para derribar ese algo nuevo. Se ha llegado hasta el punto de que el personal a mi cargo no está dispuesto a iniciar nada. No vale la pena debido a los obstáculos que deben afrontar. Nuestras nuevas revisiones de productos parecen tiroteos. Lo que necesitamos para salir del aprieto en que nos encontramos es la presencia de *top-liners*".*

El espíritu deprimido y la falta de innovación resultantes de los *bottom-liners* que lanzan agua, con frecuencia termina costándole a una empresa mucho más que poner en práctica las ideas que se extinguieron. Baker comenta: "Se podría pensar que estos tipos que constantemente se dan golpes de pecho y se proclaman *bottom-liners* se avergonzarán de su proceder".[2] Los *bottom-liners* son miopes si no estiman los costos que a largo plazo tendrá el desmotivar a las personas, oponerse a la innovación y extinguir el fuego del espíritu empresarial.

EL VETERANO EXPERIMENTADO

Con frecuencia, se lanzan chorros de agua con buena intención. Todos nos hemos encontrado con los veteranos experimentados que "lo han visto todo". Antes de que usted termine su frase ellos lanzan agua sobre su gran idea o hacen añicos su atrevido sueño sin darse cuenta de ello. Su vasta experiencia, según creen ellos, lo salvará a usted de un desastre seguro. Recordando a alguien que fracasó miserablemente al ensayar una idea similar, estos "salvadores" tratarán de impedir que usted malgaste una gran cantidad de tiempo, energía y angustia, por no decir dinero, en cualquier idea nueva o en cualquier

---

*Juego de palabras con *bottom*, fondo, y *top*, cima (*N. del Ed.*).

desarrollo nuevo y apasionante. Con el "beneficio" de su experiencia, estos lanzadores de agua le darán una explicación perfectamente razonable de por qué usted no puede hacer tal cosa, por qué ni siquiera debe hacer el intento y por qué eso no funcionará.

Bo Jackson, el prodigioso atleta que alcanzó la excelencia en el fútbol americano y el béisbol profesional, tuvo que luchar con gran cantidad de veteranos experimentados que por experiencia "sabían" que a nadie le sería posible triunfar en dos deportes. "¿Te acuerdas de Gene Conley, Danny Ainge y Dave De Busschere?", le decían a Bo. "Ellos trataron de dedicarse a dos deportes profesionales y tuvieron que renunciar a uno".

¿La respuesta de Bo? "Siempre nos encontramos con personas que tratan de dirigir nuestra vida y decirnos qué podemos y qué no podemos hacer. Esto no está bien. Uno simplemente tiene que hacer lo que pueda y no debe preocuparse por lo que digan los demás".[3] Bo les pudo demostrar a los veteranos su equivocación triunfando tanto en fútbol como en béisbol.

Si usted no siente tanta pasión como Bo y si no tiene mucho fuego y mucha confianza que sostengan sus sueños y sus ideas, esté seguro de que los así llamados veteranos experimentados siempre tratarán de apagar *su* fuego con la experiencia de *ellos*.

¡SÍ, PERO!

En la palabra *pero* existe una manguera poderosa aunque sutil para apagar el fuego. Lo mismo sucede con la persona que parece *estar de acuerdo* con usted y aceptar su sugerencia, para luego decir ¡*pero!*: "Gran idea, *pero* no está dentro del presupuesto" o "Magnífica sugerencia, *pero* nadie hasta ahora ha realizado tal cosa…"

Fritz Perls, el creador de la terapia estructuralista (Gestalt), dijo alguna vez que se debía descontar todo lo que estuviese antes del *pero*; la respuesta verdadera viene después.

*La SNC advierte que lo que está antes del **pero** es sólo palabrería.*

Para evitar la desilusión, con frecuencia nosotros mismos nos echamos agua mediante los *Sí, pero*. Los utilizamos en forma de desaprobación: "Sí, ése sería un gran negocio, *pero* creeré en él cuando cambie el cheque..." Este tipo de chorro de agua puede evitarle a usted la desilusión, *pero* también puede quitarle la oportunidad de sentir satisfacción por sus logros y extinguir su entusiasmo y confianza.

LOS QUE DICEN NO

Los lanzadores de agua siempre se concentran en lo malo de una idea, no en lo bueno. Ellos siempre tienen sus razones para explicar por qué no funcionará tal cosa, y siempre hay en lo que dicen la característica de escepticismo de "Sí, pero". Al ponerse en contacto con los inversionistas para lo relacionado con su nueva idea, que se convirtió en el Sharper Image, un catálogo de increíble éxito y una cadena de ventas al por menor, Richard Thalheimer recuerda cómo al principio "recibió la disculpa acostumbrada de una sociedad adherida al *statu quo*". "Descubrí", dice, "que, definitivamente, el mundo está lleno de personas que dicen no. Todo el mundo puede encontrar algo erróneo en una idea".[4]

Otro ejemplo: David Bobert tuvo que aguantar algo más que su chorro de agua cuando inició el proyecto de una máquina de monedas que dispensaba... aire para llantas. Éste era exactamente el tipo de idea extraña y descabellada que a los amigos y a los socios les gusta extinguir. "¿Qué?", le decían. "¿Vas a vender *aire*?" Impávido, Bobert perseveró a pesar de las dificultades, y pudo reír último. Logró convertir su compañía, Air-Vend, en una empresa de 5 millones de dólares.

No es nada raro que les lancen chorros de agua a las personas que tienen ideas osadas. Podemos imaginar cuán vigorosas tienen que haber sido la pasión y la perseverancia de los grandes inventores, descubridores y visionarios, que les permitió impedir que otros amortiguaran o extinguieran prematuramente sus ideas.

"LAS COSAS VOLVERÁN A LO NORMAL"

Tenga cuidado con los lanzadores de agua que se resisten al cambio cuando dicen: "Esto también pasará"; "Sólo se trata de una fantasía pasajera"; "Las cosas volverán a lo normal si sólo dejamos que transcurra algún tiempo". Ellos le harán creer que todo va de la inestabilidad a la estabilidad y del trastorno a la normalidad.

La sabiduría convencional nos asegura que todas las cosas suceden en ciclos. Cualesquiera sean los sucesos de hoy, se suponen que las cosas vuelven a iniciar su ciclo. La palabra operacional es "volver", que significa regresar a lo "normal", regresar a los "viejos y buenos tiempos". Los axiomas de quienes lanzan agua, que fomentan su adhesión a lo viejo y recapturan el pasado, son consoladores, pero desilusionantes.

Las cosas jamás regresan a lo "normal" porque tanto lo impredecible como el cambio *son* normales. No hay regreso. Acostúmbrese usted a esta realidad. Después del cambio habrá más cambios. Esto es lo único que *no* cambia. Las olas de este océano no se empequeñecen, sino que cada vez se vuelven más grandes y avanzan hacia nosotros con mayor rapidez.

"ESPEREMOS Y VEAMOS"

La inactividad y el no hacer nada es otra manera de aguar el cambio. En un hospital que estaba sometido a cambios radicales y a una importante reestructuración, un gerente experimentado y veterano me dijo: "Este nuevo presidente sólo lleva ocho meses en el cargo. El anterior también ensayó una gran cantidad de nuevas ideas, pero las cosas no cambiaron mucho.

Yo no me apresuraré a reorganizar o cambiar lo que estamos haciendo. Esperaré a ver qué sucede". No hay nada tan letal como el no hacer nada. Adoptar una actitud estilo "esperemos a ver" en estos tiempos rápidos equivale a dejar caer el ancla de su barco de vela cuando espera un fuerte viento. Mientras usted espera, otras naves virarán con cualquier brisa y dejarán atrás la suya.

UN ASIENTO ROJO EN UN AUTOMÓVIL AZUL

Como corolario, cuando el cambio se produce mediante un edicto proveniente de *arriba* sin participación o elección, no sería raro que los de *abajo* trataran de ahogarlo. Las personas se resisten al cambio cuando sienten que *no tienen* el control o que *las están* controlando. Cuando las empujan aparecen los resentimientos y devuelven el empujón de una manera o de otra.

"Ése es el punto", dice Roger Smith, presidente de la General Motors. "Usted no puede empujar a los demás... ni puede arrastrarlos. Si ellos no quieren hacer algo... permanecerán allí y le sonreirán, pero habrá un asiento rojo en un automóvil azul".[5]

Igualmente, el síndrome denominado "un asiento rojo en un automóvil azul" resulta ser increíblemente costoso. En un informe del *New York Times*, Kate Ludeman menciona una asombrosa estimación sobre la resistencia en el lugar de trabajo: "El despilfarro deliberado y constante de tiempo remunerado les cuesta a las empresas de los Estados Unidos 170 000 millones de dólares [sí, 170 MILLARES DE MILLONES] anualmente — el 12% del valor de la nómina de todas las empresas".[6]

El incumplimiento ha sido fatal para muchas grandes ideas y muchos planes estratégicos. Es natural lanzarles chorros de agua a decisiones que no se han consultado, con las cuales no estamos de acuerdo, o decisiones a las cuales no nos une un sentimiento de "propiedad". Si usted no involucra a las personas en las decisiones que afectan a sus vidas, entonces puede esperar que los demás traten de extinguirlas.

LORO VIEJO NO APRENDE A HABLAR

También se lanzan chorros de agua cuando las personas temen no poder adquirir una nueva habilidad o se creen incapaces de marchar al ritmo de los cambios que se esperan de ellas. Por ejemplo, un distribuidor de automóviles estaba reestructurando su estrategia de ventas y servicios. Como resultado, el personal de servicios al cliente, que hasta ese momento sólo se había encargado de solucionar problemas y reparar automóviles, ahora tenía que vender también los contratos de servicios.

La reacción fue inmediata. "¡Oiga! Nosotros no somos vendedores", dijo un mecánico. "Nosotros pertenecemos a la división de servicios. Casi todos llevamos más de cinco años aquí. Recuerde que loro viejo no aprende a hablar. Dejemos que los amigos que saben vender se encarguen de las ventas. Y sigamos haciendo lo que hemos hecho y lo que ya sabemos hacer. Nosotros no distinguimos un contrato de una torta".

Este gigantesco chorro de agua que lanzó el personal encargado de servicios al cliente tuvo la culpa de que se vinieran abajo los planes del gerente, y demoró varios meses la implantación del cambio.

APAGAR NUESTRO INTERIOR

Está muy mal que alguien nos eche un chorro de agua, pero es peor aún que ese chorro de agua nos lo echemos nosotros mismos. Una manera de extinguirnos a nosotros mismos es suponer que otros apagarán nuestras ideas. Nosotros mismos nos adelantamos al ataque y nos decimos: "El jefe jamás aceptará esto"; "Ellos no me permitirán hacerlo"; "Él jamás lo aprobará"; "¡Ella jamás me dirá que sí!"

Jan Carlzon, presidente de Scandinavian Airlines, un líder de extraordinario éxito, comprende el daño que nos puede causar apagar nuestro interior. "Muchas veces las personas dicen: «Quiero derribar esta pared». Se dirigen a la pared, y cuando les faltan dos metros para llegar, piensan: «Esto no dará resultado, las autoridades no nos permitirán hacerlo, la gerencia no nos autorizará». En consecuencia, se vuelven".[7]

Apagarse uno a sí mismo es acabar con los sueños, las ideas y el entusiasmo, y lo deja a uno con la enfermedad aguda de las cinco "D": Desánimo, decepción, disgusto, derrota y depresión. Lo que es peor aún, a manera de autodefensa, después de habernos apagado nosotros mismos, nos quejamos de la falta de apoyo de los demás. La verdad es que nos rechazamos a nosotros mismos.

MÁS VALE MALO CONOCIDO...

Muchos lanzamos chorros de agua sobre el cambio cuando las cosas *no* van bien, temiendo que el cambio solamente empeore las cosas. El gerente de ventas de una empresa de capacitación en administración se encontraba muy insatisfecho con su empleo. Pensaba que no reconocían sus esfuerzos y que no tenía suficiente voz en la toma de decisiones que afectaban a su grupo. Además, consideraba que los programas de su empresa no estaban al día y que la administración no estaba interesada en desarrollar nuevos programas.

Cuando le pregunté por qué no renunciaba o, al menos, por qué no trataba de conseguir otro cargo, se encogió de hombros y dijo: "Probablemente en otra parte suceda lo mismo. Por lo menos aquí conozco las trampas y sé quiénes son los malos".

Muchos padecemos de este tipo de extinción del ánimo. Aunque estemos insatisfechos con el trabajo o con nuestras relaciones, "nos aferramos" por miedo a lo desconocido y pensamos: "Ciertamente, las cosas no van bien, pero vale la pena luchar por los billetes. Las cosas podrían ser peores.

Aquí por lo menos conozco los trucos". Nos quedamos con lo que tenemos y conocemos, aun cuando nos sintamos desdichados.

EL CLUB CAMPESTRE DE GROUCHO

Dudar de sí mismo es otra manera de apagar el fuego de las nuevas ideas. ¿Alguna vez usted convirtió en realidad un gran invento, un proyecto o un sueño que acariciaba? Usted sabe que la idea es original pero se pregunta: "Si la idea es tan buena, ¿por qué otra persona no la ha realizado antes?", "¿Podré alguna vez llegar a realizarla?", "Si nadie ha hecho esto jamás, ¿quién soy yo para sugerirlo?" o "El asunto es tan lógico que *alguien* tiene que haber pensado en esto ¡antes de mí!"

A medida que el chorro de la manguera crece en intensidad, su entusiasmo va disminuyendo. Finalmente, la chispa se apaga, y usted vuelve a lo que hacía antes, pero con mucho menos entusiasmo. Entonces, se habrá matriculado en el Club Campestre de Groucho, cuyo lema es: "No me afiliaría a ningún club que me aceptara a mí como miembro".

DEFENDER SUS APUESTAS

"Yo pienso que todos sabemos lo que queremos hacer", le dijo Eddie Murphy a Arsenio Hall, pero el asunto es que muchas personas acostumbran decir: "*Antes* de hacer *eso* mejor haré *aquello* en caso de que *eso* no resulte, de manera que pueda contar con algo a lo cual recurrir".[8]

Nos lanzamos chorros de agua a nosotros mismos cuando calificamos nuestro sueño de "fantasía". Procedemos entonces a defender nuestras apuestas hasta cuando, finalmente, como una profecía maligna que tiene que cumplirse necesariamente por lógica, la *defensa* tarda cada vez más tiempo, y dedicamos cada vez menos tiempo a la *apuesta*. Como en el caso del aspirante a novelista cuya energía se agota tras haber pasado todo un día enseñando inglés en la escuela secundaria, gana la defensa.

El hijo de un amigo mío soñaba con convertirse en presentador de noticias deportivas, pero como no creía que hubiese mucha disponibilidad de estos empleos, decidió defender su apuesta y empezó a vender publicidad para una estación de TV. Su plan era aprender de los locutores a transmitir eventos deportivos, en la estación, durante su tiempo libre. Pero esto jamás sucedió. Tuvo que dedicar todo su tiempo a su trabajo. Varios años después llegó a ser gerente de ventas, y aunque su carrera iba en ascenso, su sueño se había frustrado. Hoy, aunque lamenta su previsión, sigue lanzando chorros de agua sobre sí mismo cuando dice: "Ya tengo cuarenta y un años, y creo que es demasiado tarde para comenzar".

EVADIR EL CHORRO

Una de las preguntas que invariablemente me hacen cuando hablo de mangueras extintoras es: "¿Qué puedo hacer para evadirlas?" Cuando la manguera apunta hacia usted o cuando usted la dirige hacia otras personas, el primer paso es *reconocerla* y saber que se trata de una manguera, apenas la vea. Así resulta mucho más fácil protegerse o cortar el chorro.

Hace poco, en una reunión para estimular el desarrollo creativo de ideas sobre nuevos productos en una organización dedicada al cuidado de la salud, puse una pistola de agua en una mesa. Les expliqué a los integrantes del grupo lo de las mangueras y les dije: "Cualquiera que escuche a alguien que trata de extinguir una idea, dispare". Quince minutos después, un vicepresidente hizo una observación autodesaprobatoria. Se detuvo en medio de una frase, sonrió, tomó el arma y ¡se lanzó un chorro de agua! Las compuertas se abrieron y a continuación, cada vez que alguien trataba de apagar una idea, las personas hacían fila para lanzarle agua.

Esto duró unos 25 minutos. Luego sucedió algo extraño:

¡Las personas cambiaron realmente sus expectativas y su comportamiento! Comenzaron a alimentar las ideas y las sugerencias de los demás en vez de lanzarles agua. Ésta fue una de las transformaciones más rápidas y sorprendentes que yo he visto. El resultado de esa sesión fue el desarrollo de una línea de productos que constituye ahora la cabeza de la organización. Un resultado adicional — pero no menos importante — es que esa experiencia intensificó el trabajo en equipo, la camaradería y el buen humor. La organización sigue colocando pistolas de agua en todas las reuniones ... ¡por si acaso!

MANTENER VIVO EL FUEGO

Para seguir afrontando los desafíos de nuestro ambiente en proceso de cambio se necesitan pasión, decisión y valor para desafiar lo convencional. Más que cualquier otra cosa, esta chispa o fuego interior es esencial para poder actuar a alto nivel en esta época de gran tensión. Si el chorro de las mangueras no se detiene, apagará su llama interior, humedecerá su entusiasmo y extinguirá sus sueños y su creatividad. Pero con una pequeña dosis de **SNC,** el chorro de la manguera (perdón por el juego de palabras) se podría extinguir.

En efecto, muchas de las técnicas y guías que se analizan a través de este libro le permitirán reconocer con mayor facilidad la manguera y eludir el chorro. El tiempo y la energía que antes dedicaba a extinguir la pasión y el entusiasmo, lo podrá emplear mejor, avivando fuegos, apoyando ideas y estimulando sueños e innovaciones fundamentales.

La **SNC** *dice:*
¡Avive el fuego, no lo apague!

4

Los sueños son metas con alas

Con frecuencia, el fuego que hay en nuestro corazón se extingue por planes excesivamente rígidos, y por metas y cuotas a corto plazo. Hace poco tiempo fui testigo de esto, cuando una empresa de computación de la lista de 100 empresas publicadas por *Fortune* dejó que se le escapara una buena oportunidad como resultado de políticas empresariales que lanzaron un chorro de agua sobre contratos potenciales.

En este caso, el Departamento de Defensa quería desarrollar un mejor sistema de computación para uno de sus aviones de combate. Se necesitaba una inversión relativamente pequeña en investigación y desarrollo, pero teniendo en cuenta que el contrato representaba cerca de 90 millones de dólares anuales — y había una buena oportunidad de conseguirlo — todos estaban muy interesados. La última palabra de la alta gerencia con respecto a la solicitud fue: "Adelante con el proyecto". Pero después, los encargados de la manguera extintora agregaron: "Siempre que el proyecto no afecte a las cifras del próximo trimestre". Pero las afectó, y no obtuvieron el contrato.

DE CORTO PLAZO Y MIOPE

¿Es ésta una historia real? Infortunadamente sí lo es, e ilustra los principios que prevalecen en muchas empresas de los Estados Unidos. Como cultura, tanto a nivel individual como organizacional, hemos creado una mentalidad de comidas rápidas: queremos gratificación y reconocimiento instantáneos y ganancias inmediatas.

Una de las cosas que Victor Kiam odiaba, cuando fue presidente y director de Benrus Watch Co., era concentrarse en resultados a corto plazo y tener que darles cuenta de éstos a los accionistas. "Constantemente estábamos diciendo: «Si hacemos esto ahora, ¿cuál va a ser el efecto sobre los ingresos de este trimestre?»"[1]

En la búsqueda obstinada de objetivos a corto plazo y del resultado final, hemos desarrollado una miopía cultural. Todas nuestras esperanzas y aspiraciones se relacionan con cumplir con las cifras del próximo trimestre. Con este campo visual estrecho, vivimos y morimos por las cifras del trimestre.

"Necesitamos escapar de esta mentalidad lineal de corto plazo, según la cual usted fija unas metas al comienzo de un período, administra su empresa alrededor de ellas, evalúa posteriormente el desempeño y luego recompensa a las personas cuando, presumiblemente, se logran las metas", dice K. Shelly Porges, vicepresidente ejecutivo del Bank of America. "Todo esto es demasiado limitante. Debemos ser más amplios, nuestras perspectivas deben ser de mayor alcance, y tenemos que reconocer que las metas pueden cambiar durante el período en que se intenta realizar esa visión".[2]

OBJETIVOS RÍGIDOS, RESULTADOS FRÍGIDOS

Cierto año, la meta de Chris Evert era ganar el Wimbledon y ser la número uno del mundo. Ella logró ambas cosas y experimentó ese gran sentimiento de plenitud que nos invade cuando logramos una victoria difícil. Pero, según dijo, esto sólo duró unos 25 minutos. Después todo volvió a la realidad y se concentró en la siguiente meta.

Muchos hemos tenido la experiencia similar de vivir por una meta y, al alcanzarla, sentir que nuestro ánimo decae. Uno trabaja con tenacidad todo el año para "alcanzar las cifras programadas", y a final del año experimenta una sensación agridulce: El año próximo se elevarán las metas o cuotas, y el rendimiento que batió el récord del año pasado será tan interesante como las noticias de ayer y el nuevo logro se habrá dado por sentado. "Todo esto", dice un amigo mío, "envejece con gran rapidez".

Un amigo mío tiene una pequeña empresa de seguros. Siete agentes de ventas trabajan para él, y todos los años reservan un tiempo para fijar las metas del año siguiente. "Debo decirte", me confió, que "cada año me es más difícil motivarlos". Habitualmente, fijamos nuestros objetivos, y todos ganan bastante dinero. Celebramos, hacemos una pequeña fiesta, una cena, y todos reciben una bonificación... y la rutina vuelve a comenzar.

Según una investigación realizada por el doctor Ron Lippitt, no es sorprendente que "durante el desarrollo de las reuniones para fijar metas los participantes se depriman cada vez más. Este desánimo obedece en parte a que [el proceso] refuerza el convencimiento de que el futuro no será distinto del pasado".[3]

"LAS METAS SÓLO NOS LIMITAN"

En la búsqueda inflexible de los mínimos establecidos para el trimestre siguiente hacemos caso omiso de todo aquello que no tenga una relación secuencial con el propósito de alcanzar las cifras. Esta visión de túnel nos vuelve ciegos para las oportunidades de innovación y creatividad y nos impide ver otras posibilidades y opciones — rutas alternativas que podrían surgir como consecuencia del cambio, nuevas tecnologías o una circunstancia imprevista.

Cuando vivimos y morimos por las cifras de corto plazo, es fácil perder de vista las perspectivas. Todo se exagera. Las pequeñas victorias son motivo de celebración y los pequeños reveses se convierten en enormes catástrofes. También los pequeños inconvenientes adquieren gran importancia.

Como resultado, la loca carrera que se emprende para alcanzar cifras de corto plazo nos dificulta la creatividad y la motivación y nos entorpece el espíritu.

Resumiendo esta fijación de metas y objetivos a corto plazo, Scott McNeally, fundador y presidente de Sun Microsystems, dijo que el lema de su empresa — la segunda de más rápido crecimiento en la historia económica — es: "Las metas sólo nos limitan".

*La **SNC** dice: Las metas le crean limitaciones a la imaginación e inhiben la innovación.*

LAS METAS SON SECUNDARIAS

Tener metas no es el problema. Lo que nos crea problemas es la importancia que les damos. Las metas tienen su lugar ... un segundo lugar, después de los sueños. Ellas cumplen un propósito. Nos señalan un lugar específico al cual dirigirnos y nos proporcionan feedback que nos dice cómo estamos actuando. Ellas nos permiten llevar un registro de calificaciones. Pero si las metas han de servirnos para mejorar el desempeño, la productividad y la motivación, deben estar guiadas por algo más grande y significativo, algo que nos inspire y nos infunda pasión, creatividad y valor.

HACIA LOS OLÍMPICOS

Hace varios años, estuve hablando sobre la fijación de metas con John Naber, el presentador de TV que ganó cuatro medallas de oro y una de plata al participar como nadador en los Juegos Olímpicos de 1976. Me contó que durante su entrenamiento había utilizado ampliamente la fijación de metas. Acostumbraba fijar metas muy específicas para cada evento, incluyendo objetivos diarios, semanales, mensuales y trimestrales, algunos de los cuales incluían el mejoramiento de su tiempo en milésimas de segundo.

Me dijo que el hecho de tener metas específicas realmente le ayudaba a evaluar su progreso. Pero tales metas sólo eran un simple paso hacia el logro de un sueño mayor, es decir, un medio para alcanzar un fin. Existía algo mucho más importante para él, sin lo cual cree que no habría podido lograr tanto. El sueño de ganar la medalla de oro y ser campeón mundial lo mantuvo en estado de constante progreso durante todos los días y años de difícil práctica.

No pasó un solo día sin que Naber no se *viera* a sí mismo en el podio de la victoria con una medalla de oro colgada del cuello y la bandera izada. Podía oír las notas del Himno Nacional y las aclamaciones de la multitud. Sin esto, toda la fijación de metas del mundo no habría producido ningún resultado.

Las personas de éxito se comportan como Naber en todas las profesiones de la vida. La clave de un alto y sostenido nivel de desempeño es hallar algo más que una meta, algo más grande por lo cual luchar. Algo que nos mueva. Un sueño que se pueda convertir en realidad. Una visión que sea fuente de inspiración.

LPV: LIDERAZGO POR VISIÓN

"Mi manera de pensar ha sufrido un vuelco total", dice Donald Povejsil, ex vicepresidente de planificación corporativa de Westinghouse. "Hace diez años pensaba que el secreto del éxito era el análisis cuidadosamente detallado de los mercados y de la competencia". Pero en las exitosas y pequeñas unidades empresariales creadas por Westinghouse, Povejsil observó que las personas tomaban decisiones con base en una visión y no en una serie reducida de metas.

"Pude detectar una correlación diferente entre esa visión y el rendimiento de esas aproximadamente veinte unidades empresariales. Las buenas tenían una visión. En cuanto a las malas, era difícil saber por qué la gente iba a trabajar por la mañana... La visión es la pieza clave de la administración estratégica; después de pensarlo un poco, no se puede llegar a otra conclusión".[4]

La observación que hizo Povejsil fue confirmada por una encuesta de opinión que hicieron a los presidentes de la lista de las 500 empresas de *Fortune*. Al preguntárseles qué factores caracterizarán el alto liderazgo en el próximo decenio, el número uno de la lista fue la visión.[5] Las organizaciones necesitan una visión para motivar a las personas, comprometer el espíritu y guiar. El liderazgo por visión — LPV — será para los años 90 lo que la administración por objetivos — APO — fue para los años setenta.

Como en el caso de una organización, todos necesitamos una visión personal o un sueño para alimentar el fuego de nuestro corazón, para darles más significado a nuestros esfuerzos y para aumentar el valor para afrontar los retos venideros.

HICIMOS LO IMPOSIBLE

Los sueños pueden motivar a las personas más que cualquier otra cosa. Tenemos un maravilloso ejemplo en la hoy famosa historia de Eugene Lang, acaudalado empresario de South Bronx. Al acercarse a los sesenta años de edad le solicitaron que les hablara a los estudiantes del colegio de bachillerato elemental en que se había graduado. Los años le habían cobrado su cuota al South Bronx, que ahora se parecía poco a la comunidad centro-erupea de inmigrantes en la cual transcurrió la niñez de Lang. Ahora era un campo de batalla azotado por la pobreza, drogas y pandillas, un campo de cultivo para la depresión y desesperanza.

Lang había preparado un discurso para los graduados del

octavo grado, orientado a "motivarlos" según la sabiduría convencional: "Si yo pude hacerlo, usted también puede". Cuando observó al público y vio que indudablemente no estaba interesado en él, Lang dejó a un lado el discurso que había preparado y dijo una sola cosa: "Si ustedes se gradúan en bachillerato superior" — normalmente el 20% de los jóvenes de South Bronx obtienen un diploma de secundaria — "yo los enviaré a la universidad".

Cuatro años más tarde, el resultado fue fenomenal. Cincuenta y ocho de los sesenta muchachos terminaron el bachillerato, y muchos de ellos han asistido a las mejores universidades. Cuando los medios de comunicación les preguntaron acerca del éxito que alcanzaron, los jóvenes contestaron: "Él nos dio esperanza, la posibilidad de soñar y una oportunidad dorada". Uno de los estudiantes, al encontrarse más tarde con Lang, le dijo directamente: "Señor Lang, nosotros hicimos lo imposible".

Cuando tenemos un sueño y nos esforzamos por convertirlo en realidad, nada es imposible. Hacemos acopio de fuerzas, recursos personales y creatividad que nunca nos imaginamos que teníamos. Podemos lograr lo que anteriormente considerábamos como imposible. Durante el proceso llegamos a descubrir que la mayor limitación está en la mente que nos dice cuáles son nuestras limitaciones.

LA UNIVERSIDAD BURGER KING

El propietario de una concesión de Burger King británico-norteamericana afrontaba los dilemas de la industria relacionados con los problemas del idioma, el alto cambio de empleados (40% anual) y los consecuentes costos de una alta capacitación (40 000 dólares por año).

Estimulado por el ejemplo de Lang, y gracias a una generosa dosis de valor, el propietario encontró una solución: Les ofreció pagarles la enseñanza universitaria a los empleados que permanecieran con él cuatro años. Ése fue el único cambio que realizó. "Ustedes se quedan trabajando conmigo y yo les costeo los estudios". Tras dos años de trabajo con el nuevo programa de "prestaciones extralegales", el cambio de personal bajó a un 9% y los costos de capacitación se redujeron en un 75%.

LOS SUEÑOS SON METAS CON ALAS

Al igual que la mayoría de las funciones creativas, los sueños se alojan en el hemisferio derecho del cerebro junto con la pasión, la imaginación y las emociones. Por otra parte, las metas se forman en el hemisferio izquierdo; son racionales, secuenciales y mensurables. El sueño es un estado ideal, mientras que la meta es un estado real. El sueño brinda vigor, visión y dirección, mientras que la meta nos señala un blanco específico de corto plazo y las estrategias para dar en él. La meta es un paso hacia el sueño. *¡El sueño es una meta con alas!*

El sueño brinda significado y valor intrínseco; es nuestra más profunda expresión de lo que queremos, la declaración de un futuro deseado. El sueño es un ideal que comprende un sentido de posibilidad, más que de probabilidad, de potencial más que de límites. Las metas que se fijan sin tener un sueño utilizan, literalmente, sólo la mitad de nuestra capacidad cerebral. La pasión falta cuando sólo trabajamos con el lado izquierdo racional del cerebro. Sin pasión hay poco entusiasmo y poca vitalidad. Si no hay pasión no hay fuego en el corazón.

El sueño es el manantial de la pasión, nos guía y nos señala grandes alturas. Es una expresión de optimismo, de esperanza y de valores lo suficientemente nobles como para capturar la imaginación y comprometer el espíritu. Los sueños se apoderan de nosotros y nos mueven. Pueden remontarnos a nuevas alturas y superar las limitaciones autoimpuestas.

Los sueños, a diferencia de las metas, no están limitados por aquello que uno cree que puede o no puede hacer, o por aquello que la mente racional le señala que es o no es posible. Los sueños representan algo que uno realmente quiere, en oposición a algo que uno cree que podría lograr. Las metas son tangibles mientras que los sueños son intangibles.

El doctor Martin Luther King, Jr. dijo: "Yo tengo un sueño". No dijo "Tengo un plan estratégico". El sueño de la igualdad racial del cual hablaba el doctor King era un estado deseado y difícil de alcanzar, pero llegó al corazón de la gente y suscitó una respuesta que cambió la historia de toda una nación.

El secreto de hoy está en tener simultáneamente sueños y metas, pasión y una "dosis de racionalidad". El punto inicial de cualquier jornada es un sueño, la visión de algunas posibilidades distantes. Esta visión debe ser emocionante y conmovedora. Cuando a usted le produce entusiasmo el lugar al cual se dirige, fija posteriormente algunas metas y algunos hitos que le ayudarán a llegar. Cuando estas metas a corto plazo se convierten en un fin, la pasión se extingue. De manera similar, los pasos racionales producen los mejores resultados al servicio de la pasión. La **SNC** nos previene que los sueños son metas con alas.

PERSONAS ORDINARIAS, ENSOÑACIONES EXTRAORDINARIAS

Estados Unidos se construyó (y está construido) sobre los sueños de personas ordinarias que al seguir sus sueños lograron cosas extraordinarias. En los años 30, por ejemplo, A. G. Gianninni, aunque muy brillante, abandonó la escuela a los catorce años de edad para encargarse de sus dos hermanos menores en una pequeña granja familiar. Posteriormente consiguió un empleo en un banco, y soñó con un banco propio que les prestara servicios "a los pequeños". Consideraba que sobre la fortaleza de muchos "pequeños" se podría construir un banco nacional. Habiendo tenido el valor de hacer préstamos para automóviles y electrodomésticos, actividad hasta entonces desconocida, su sueño ya se había convertido en realidad en el momento de su muerte, en 1949. El banco que fundó se conoce como el Bank of America.

O veamos el caso de Pete Seibert. Como instructor de ski y ex combatiente de la Segunda Guerra Mundial, desde los doce años de edad, Seibert no había deseado nada más en su vida que fundar un campo de ski. Un día, tras una fatigosa subida de siete horas en nieve profunda, llegó a la cima de una montaña en Gore Range, Colorado. Al observar allá abajo las vastas hondonadas y más allá, los extraordinarios picos, Seibert pensó: "Todo esto es tan maravilloso como cualquier otra montaña que yo haya visto".

En comparación con el arduo trabajo que se avecinaba, la dura jornada de siete horas parecía un suave paseo. Seibert tuvo que escalar montañas de papel, cumplir los inflexibles requisitos del Servicio Forestal de los Estados Unidos y reunir grandes cantidades de capital con la ayuda de "amigos frugales y extraños sospechosos" para poder comprarles tierras a los hacendados y construir una villa.

"Todos pensaron que estábamos locos", dice Seibert, "pero creíamos que lograríamos hacer cualquier cosa que nos propusiéramos". El sueño de Seibert se convirtió en una realidad llamada Vail.[6]

Empresa que perfora tarjetas y vende cortadoras de carne

Cuando lo despidió una empresa en que había trabajado durante catorce años, Tom Watson se vinculó a una compañía que vendía balanzas, cortadoras de carne, relojes y tarjetas perforadas para clasificar información; comprendió que estas sencillas tarjetas perforadas podrían iniciar una revolución en el almacenamiento de información. Tom Watson tomó prestado suficiente dinero como para rescatar la empresa cuando atravesaba épocas difíciles, y le dio un nuevo nombre. "¡Qué nombre tan grande para una empresa perforadora de tarjetas que fabrica cortadoras de carne!", le dijo su hijo. Esto sucedió en 1924, cuando la International Business Machines acababa de nacer.

MÁQUINAS DE SUEÑOS

Un sueño se puede convertir en una magnífica obsesión. Puede comenzar en la niñez y rehusar abandonarnos. Todos hemos tenido sueños, pero no todos hemos tenido el valor o el estímulo que se necesita para convertirlos en realidad. Pero sí han tenido este valor unas pocas personas afortunadas, una vez que su sueño se ha apoderado de ellas.

Samuel Roger Horchow recordaba que había dedicado muchos días felices de su niñez a abrir al azar los catálogos que llegaban por correo. "Para mí, aquellos catálogos eran simplemente máquinas de sueños que podían transportarme sin cesar a sitios lejanos. Decidí entonces formar parte de ese mundo mágico".[7]

El hecho de que existieran centenares y centenares de catálogos con los cuales competir, nunca le permitió un momento de descanso a Horchow. Creó su propio catálogo sobre la base de sus preferencias y su visión. Los catálogos "máquinas de sueños" de Horchow son caprichosos, increíbles y apasionadamente personales. Usted puede pedir una vaca Holstein de 6 pies de longitud, la efigie haitiana de un clarinetista o un botellón de cristal del barco Waterford. Y con cada compra el cliente recibe una pequeña pieza de un sueño grande.

LOS SUEÑOS SE FABRICAN EN TODOS LOS TAMAÑOS Y FORMAS

Su sueño no tiene necesariamente que revolucionar una industria, ganar los Juegos Olímpicos o producir un millón de dólares. Ni siquiera tiene que estar relacionado con una empresa o con algo que produzca dinero.

Los sueños pueden ser generales y abstractos; por ejemplo, hacer algo por mejorar la vida de los demás, tener su propia empresa, alcanzar renombre en su trabajo o tener unas relaciones amorosas. Tony Tiano, presidente de KQED-TV, la estación de televisión pública de San Francisco, dice que su visión es "esquiva como una pintura abstracta, lejos en la distancia. Apenas puedo alcanzar a verla. Es algo que deseo. Ella me motiva".[8]

En otros ejemplos, su sueño puede ser más específico, como el de John Naber, quien soñaba con ganar la medalla de oro; usted puede soñar con llegar a ser presidente de la empresa en que trabaja o con escribir una novela. Nuestros sueños vienen en todas las formas y tamaños. Lo importante es tener un sueño que nos inspire para poder llegar más allá de nuestros límites. Los sueños provocan en nuestro interior un incendio y nos comunican "genio y magia". Consideremos algunos de los siguientes sueños:

- Peter Brown, aseador, sueña con abrir su propio restaurante.

- Catherine Partman, madre de cinco hijos, sueña con organizar un negocio, escribir un libro y producir un vídeo para la educación de las futuras madres y de los nuevos padres.

- Tim y Tina Frederick, analistas financieros, sueñan con abrir un servicio de hospedaje y desayuno en el norte de California.

- Trish McCall sueña con pasar un año en Italia con su familia.

- Charlene Modena, profesora, sueña con vivir de las ventas de sus obras de arte.

Tener un sueño, sea personal o profesional, grande o pequeño, realista o fantástico, y esforzarse por convertirlo en realidad, eso le da un mayor significado a su vida. Ese sueño les imprime a sus actividades cotidianas un mayor sentido de propósito. Y cuando su sueño lo comparten las personas con quienes vive o trabaja, es doblemente emocionante.

Myrtle Harris, una señora de edad, sueña con dirigirse a los grupos de pensionados en todo el país para informarlos de los recursos que ellos tienen a su disposición. Aprovechando uno de estos recursos (tarifas aéreas con descuento), realizó el sueño de asistir al Derby de Kentucky. Como dice ella, "el solo hecho de ir allá fue muy emocionante. Mi caballo no ganó, ¡pero yo sí!"

LOS EMPLEOS DE LAS PERSONAS SON DEMASIADO PEQUEÑOS PARA SU ESPÍRITU

Si usted visita las oficinas principales de Patagonia, la fábrica de ropa y artículos deportivos que funciona en Ventura, California, verá empleados descalzos y con camisetas de manga corta, y verá que hay tablas de surf apoyadas en las paredes. "Usted podría pensar que se trata de una empresa californiana retrasada" dice Yvon Chouinard, el ex montañista, fundador y director de la compañía. "Pero todas estas personas se sienten muy contentas aquí, no desean regresar a sus casas, y trabajan a toda hora. Les encanta estar aquí porque saben qué estamos haciendo, saben que nos dedicamos a algo más que vender ropa o alcanzar un éxito financiero.

"Sin duda, fabricamos productos maravillosos... pero nuestra visión es mucho más amplia. La visión de Patagonia tiene relación también con la protección del medio ambiente. Le estamos pagando una renta al planeta, de manera que les entregamos un porcentaje importante de nuestras utilidades a las organizaciones que protegen el medio ambiente. Ésta es una visión apremiante, e impacta a nuestro personal. Los empleados saben que están haciendo algo más que alcanzar una meta en cifras, y se sienten orgullosos de ello".

Hoy, *los empleos de las personas son demasiado pequeños para su espíritu*. Como lo expresa Chouinard: "Ellos no quieren trabajar para una *empresa* sino para un *movimiento*, algo que tenga más significado y que les dé un mayor sentido de propósito en cuanto a lo que hacen".

El modelo de los años 90 será una visión empresarial y motivadora que responda a los sueños y las aspiraciones de los empleados y que pueda llegar tanto a sus corazones como a sus bolsillos. Estas organizaciones tendrán personal inspirado, altamente motivado y deseoso de trabajar en ellas. Tendrán muy poco de qué lamentarse; aquí en Patagonia, "la gente hace cola para pedir que le den trabajo en esta empresa".[9]

La gente quiere de la vida algo más que salir a trabajar y recibir periódicamente un sueldo. Existe el deseo de más significado y propósito. Todos queremos que nuestra vida y, por tanto, nuestro trabajo, tengan importancia, sean parte de una visión más amplia, y sentir que estamos contribuyendo a la realización de ese ideal. Las empresas necesitan crear visiones que vayan más allá de querer ser "el número uno", si se proponen atraer y retener una fuerza laboral dotada de espíritu.

UNA PERSONA, UN COMPUTADOR

El crecimiento de Apple Computer — la cual fue durante los años 80 una de las empresas de más espíritu — y el impacto de sus productos y de su tecnología en todos nosotros fueron el resultado directo de una visión inspiradora: "Una persona, un computador" que tuvieron sus fundadores, Steve Jobs y Steve Wozniak, dos adolescentes que fundaron la empresa Apple Computer en un garaje.

John Sculley, presidente de la junta directiva de Apple, dice que la visión de ellos tenía doble resonancia: "Ella les hablaba al individuo y a la sociedad. Ella expresó claramente nuestra nueva visión de la sociedad, una visión uniforme de un instrumento de información altamente versátil y de precios accesibles".

"Yo compré el sueño" dice Bill Atkinson, quien encabezó el equipo de tecnología MacPaint de Apple. "Yo compré el sueño de un computador personal. No solamente lo compré, sino que lo saboreé y me di cuenta de que estaba muy bien".

Sculley agrega: "En Apple . . . una visión clara, un conjunto de valores y unas directrices son la fuerza que nos mantiene unidos... Soñar que todo esto es posible se convierte en nuestra fuerza unificadora".[10]

NO SEA TAN REALISTA

En el "mundo real" los sueños no se toman con tanta seriedad y con frecuencia los desprecian. Un gerente de una importante imprenta me relató una charla que había tenido con una tenedora de libros. Aunque ella no había terminado los estudios de secundaria y a pesar de que el inglés no era su lengua materna, era intrépida. Su sueño era tener su propia empresa o llegar a ser la interventora de la compañía en que trabajaba.

Pero entró en acción la *manguera extintora*. El gerente, en nombre de "la realidad y la experiencia" y despreciando la "pasión" de ella, le advirtió: "Usted tiene muy buenas aptitudes como tenedora de libros, pero teniendo en cuenta su nivel de educación, sería mejor que pusiera sus miras en algo que esté más a su alcance, algo que sea un poco más realista". Molesta por esto, un mes más tarde decidió abandonar la empresa... para realizar su sueño.

¿Qué hizo ella? Abrió un servicio de teneduría de libros para pequeñas empresas cuyos propietarios fueran personas ¡que hablaran inglés como segundo idioma! Restaurantes, lavanderías, sastrerías, tiendas de ventas al por menor y estaciones de gasolina fueron su nicho. Hoy, sus actividades se han extendido, y ya tiene cinco oficinas en el norte de California.

Esta experiencia le enseñó a su gerente que "a veces nos va mejor si *no somos* tan realistas". *La verdad es* que no sabemos qué cosas son reales o irreales, o qué son capaces de hacer las personas si están apasionadas con su sueño.

IMPOSICIÓN DE LÍMITES

Hace poco, estuve hablando con un grupo de banqueros, y al terminar mi charla, un vicepresidente me formuló una pregunta típica: "¿Qué pasaría si yo fuera el entrenador de un esperanzado candidato a triunfar en los Juegos Olímpicos con el sueño de convertirse en un Edwin Moses, a sabiendas de que él no tiene la capacidad necesaria para convertir en realidad ese sueño? ¿Mi obligación como entrenador no sería la de prevenirlo contra expectativas que claramente estarían más allá de sus posibilidades? ¿No me correspondería ayudarle a tener una visión más clara de sus propias limitaciones?"

¿Qué habría sucedido si usted le hubiera dicho a Larry Bird, J. B. Fuqua o a cualquier otro gerente de éxito que evidentemente carecía del "talento natural", educación o cualidades para llevarlos a los niveles que ellos alcanzaron? "Ustedes sólo piensan con su mente racional", les respondí sarcásticamente. "¡Ustedes no tienen ni la más remota idea de lo que son las limitaciones ajenas!"

Eso es cierto. No tenemos nada que nos indique cuáles son las limitaciones de las personas. Ninguno de los tests, los cronómetros y las pruebas del mundo puede evaluar el potencial humano. Cuando alguien se esfuerza por convertir en realidad su sueño irá mucho más allá de sus aparentes limitaciones. El potencial que existe dentro de cada uno de nosotros es ilimitado y en gran parte no se ha utilizado.

La SNC dice: Cuando usted piensa en límites los está creando.

"Una de las cosas más importantes en la vida", nos recuerda Norman Cousins, "es la necesidad de NO aceptar las predicciones destructivas de los expertos. Esto es valedero en las relaciones interpersonales y en el mundo de los negocios. Nadie sabe lo suficiente como para predecir el destino".[11]

Pero las mangueras extintoras abundan y todos debemos hacerles frente. "Cuando usted apenas comienza, lo más importante es no permitir que los que siempre dicen no, le roben sus sueños", dice Barbara Grogan, empresaria de Denver. "El mundo está lleno de personas negativas... Estas personas tienen miles de razones para explicarle a uno por qué no se realizarán sus sueños y están siempre dispuestas a expresarlas sin titubear. Bien, esto puede parecer un tanto reiterativo, pero simplemente uno tiene que creer en sí mismo y en su capacidad para lograr que sus sueños se conviertan en realidad".[12]

LOS SUEÑOS SON LA PRIMERA VÍCTIMA

"Yo soy un gran fanático de los sueños", dice el actor superestrella Kevin Costner. "Infortunadamente, los sueños son nuestra primera víctima en la vida — al parecer, la gente tiende a renunciar a ellos con mayor rapidez que a cualquier otra cosa y a cambiarlos por una «realidad»".[13]

En el trabajo, los sueños personales se descartan por consideración a las metas corporativas; en nuestra vida personal, los sueños se van evaporando a medida que envejecemos y nos volvemos más realistas. Pensamos que "por experiencia" sabemos qué es lo que se puede o no se puede hacer, de qué somos o no somos capaces, qué cosa es posible y qué cosa es imposible. Procedemos entonces a apagar con manguera extintora nuestros propios sueños mediante aquello que consideramos como una dosis de "realidad".

La SNC considera que el tono lo da la persona responsable de ello; pero afirma también que usted es la persona responsable de su propio sueño. Con frecuencia, los sueños son la primera víctima porque abandonamos voluntariamente nuestras propias esperanzas y aspiraciones en favor de las esperanzas y las aspiraciones del jefe.

Cuando le hablo a mi auditorio acerca de la importancia de tener sueños, siempre se produce una reacción de simpatía. El tema le toca alguna fibra sensible a la gente. Todos escuchan en silencio... y ponen mucha atención. Somos tantos los que hemos perdido nuestros sueños que cuando hablo de esto en forma directa, la gente me dice que le estoy recordando algo que le hace falta.

LÍBRESE DE LA DECEPCIÓN

Siempre que trato el tema de los sueños, alguien dice en forma defensiva: "¿Sueños? ¡Ja! Si no logro cumplir la cuota programada de trabajo, voy a tener una pesadilla. ¿Sueño? Si desde hace una semana no puedo dormir, ¿cómo voy a tener un sueño? Mi sueño es que se acabe cada día".

La sabiduría convencional ha extinguido muchos sueños: "Quien mucho abarca poco aprieta"; "Saque la cabeza de las nubes" son sólo algunas de las muchas maneras de destruir los sueños.

Acababan de pasar los Juegos Olímpicos de Seúl de 1988 cuando asistí al *Oprah Winfrey Show* con cinco jóvenes atletas que habían estado muy cerca de integrar el Equipo Olímpico de los Estados Unidos. Una atleta había estado a la cabeza durante los preliminares, y accidentalmente se salió de su pista; otra había perdido por una centésima de segundo, y otra, por dos centímetros.

Hablando de la desilusión y la frustración de haber llegado tan cerca, Oprah dijo: "Ahora, hablando en serio, ¿no habría sido mucho mejor, para evitar la desilusión, haber disminuido un poco sus aspiraciones?" La pregunta era interesante, considerando que la hizo una mujer que se convirtió en uno de los mayores éxitos de la historia de las series de televisión, quien, al convertir en realidad sus sueños, realizó cosas extraordinarias.

"¿Qué piensan ustedes?" le pregunté al auditorio del estudio. "¿Sería mejor no convertir en realidad un sueño para evitar una desilusión, o tener un sueño, luchar por convertirlo en realidad, y, finalmente, no lograrlo?" Todos estuvieron de acuerdo en que tener un sueño y luchar por convertirlo en realidad era para cualquier persona la mejor decisión.

Todos los atletas confirmaron lo anterior. Todos dijeron que no cambiarían por nada la experiencia que tuvieron de tratar de convertir en realidad su sueño. El dar todo de sí con el deseo de triunfar en los Olímpicos les dio un significado y un propósito, literalmente les abrió un mundo ante sus ojos. El hecho de luchar por realizar su sueño les ayudó a descubrir algo de cuya existencia no se habrían enterado si no hubieran tenido grandes aspiraciones.

¿QUÉ SUCEDE SI USTED NO TIENE UN SUEÑO?

Con frecuencia me preguntan: "¿Qué sucede si uno no tiene un sueño?" Respondo: "No hay nadie que no tenga un sueño". Todos tenemos esperanzas, aspiraciones, visiones y sueños, pero estamos tan ocupados corriendo de un lado para otro que no sacamos el tiempo necesario para darnos cuenta de éstos. Perdemos nuestros sueños en el frenesí de las actividades diarias.

K. Shelly Porges, del Bank of America, me dijo que ella creía que "el problema no es que las personas trabajen tan intensamente que no tengan tiempo para levantar la vista, sino que trabajan con tanto ahínco porque *no quieren* levantar la mirada". "Temen", dice, "no encontrar nada allí... ningún significado, ningún propósito, ninguna visión... temen caer en el vacío".[14]

Recuerde que cuando usted pierde su sueño pierde algo de su potencial durante el proceso. A medida que su sueño se desvanece, se va apagando su fuego. La vida palidece un poco. Usted pierde vigor, confianza, pasión y vitalidad.

Pero hay buenas noticias: "Aunque usted haya estado vacío" hay muchas maneras de hallar su sueño, realimentarlo y comenzar de nuevo.

INICIAR EL VIAJE

He aquí varias técnicas mediante las cuales usted puede encontrar o recapturar su sueño. La decisión de concentrarse en descubrir su sueño da comienzo a un proceso que puede producir resultados sorprendentes. Dedique un momento a responder cada una de las siguientes preguntas. Deje volar su imaginación. No ponga obstáculos en el camino. No trate de encontrar algún sentido ni de ser realista. Piense en lo que *realmente* desea, es decir, en aquello que le da significado, propósito y pasión a su vida. El solo hecho de pensar en estas cosas es la iniciación del recorrido. Escriba sus respuestas y vuélvalas a leer para usted mismo en voz alta.

1. Algún día me gustaría _____

2. Siempre he deseado _____

3. Me encantaría _____

4. Sería maravilloso si pudiera _____

5. Si el mundo fuera perfecto, yo _____

Sus respuestas a estas cinco preguntas le abrirán el camino para utilizar muchos de los siguientes ejercicios orientados al descubrimiento de los sueños. A medida que los lea, vaya colocándose usted en cada ejemplo, sea su propio conejillo de Indias, piense con toda la libertad que le sea posible...y ¡TENGA CUIDADO con las mangueras extintoras!

El vídeo personal

Cierre los ojos e imagínese que está en su casa viendo una videocinta. Cuando comienza a pasar la cinta usted ve su propio nombre en la pantalla, dentro de cinco años. Usted ha logrado todo lo que se propuso hacer, se encuentra en una situación ideal, viviendo su sueño.

Limítese a observar el recorrido de la cinta. Mientras la observa, no corrija ni suprima nada. Deje que la cinta pase sin complicarla con su mente racional. No la analice, no piense en ella, no la censure. ¿Dónde está usted? ¿Qué está haciendo? ¿Cómo se siente?

Después de haber visto su vídeo, cuando éste todavía esté fresco en su mente, escriba unas cuantas palabras clave que capturen la esencia de lo que usted haya sentido al observarlo y no de lo que usted estaba haciendo en la cinta. Estas palabras "clave" constituyen un punto de partida. Algunos ejemplos típicos serían "orgulloso", "independiente", "valiente" y "creativo". Guarde en su escritorio una tarjeta con estas palabras clave para hacer funcionar el vídeo en su memoria y para recordar su sueño.

Proyección hacia atrás

Imagínese que usted tiene ochenta y cinco años y que está dando una mirada retrospectiva a través de los años. Ha vivido una vida activa y satisfactoria. Observa que llegó mucho más lejos de lo que esperaba ser o hacer. A medida que usted regresa desde los ochenta y cinco años, vaya haciéndose las siguientes preguntas:

1. ¿Qué hizo usted con su vida?

2. ¿Cuáles fueron los hechos sobresalientes a los 30, 40,... 80 años?

3. ¿Cuáles fueron sus cualidades?

4. ¿Cómo describirían su vida otras personas?

5. ¿Lamenta algunas cosas, cuáles?

6. ¿Qué cosas habría realizado de manera diferente?

Héroes y heroínas

Escriba los nombres de sus héroes y sus heroínas en un papel grande. No se preocupe por los caracteres afines que puedan aparecer. Yo conozco esa lista, aunque usted no lo crea: John F. Kennedy, Eleanor Roosevelt, un profesor de inglés de la escuela secundaria, Gorbachov, Nelson Mandela, un primo que pertenece a los Cuerpos de Paz, Madonna, Satchel Paige, Michael Jordan y Katherine Hepburn.

K. Shelly Porges nos habla de una heroína que encontró en un té que dio el decano de Cornell School of Hotel Administration. Los tés casi siempre incluían en su programa expositores brillantes pertenecientes al mundo empresarial, casi todos hombres. Un día la charla estuvo a cargo de una mujer que trabajaba como gerente de ventas en una importante cadena hotelera. Shelly Porges, estudiante de postgrado, formaba parte del auditorio y veía en la expositora todas aquellas cualidades que ella deseaba tener: claridad, éxito, atractivo y visión.

Mientras escuchaba la exposición Shelly empezó a soñar despierta, se puso en el lugar de la expositora y se preguntó: "¿Qué diría yo si le estuviera hablando a este grupo?" Algunos años más tarde, asistió al té del decano como invitada de honor, y comenzó su exposición diciendo: "Ustedes no me creerán, pero yo empecé a prepararme para esta charla desde hace siete años".[15]

¿Cuáles son esas *cualidades* que comparten sus héroes y sus heroínas? ¿Qué los hace atractivos para usted? ¿Qué cualidades de ellos está usted desarrollando? ¿Qué cualidades han permanecido dormidas y debe despertar?

Visualícese usted con esas cualidades. ¿Cómo se ve? ¿Qué está diciendo? ¿Qué haría ahora mismo de manera diferente para poder mostrar esas cualidades?

Recuerde que usted no tiene que hacer lo que *ellos* hicieron para personificar sus cualidades. Si sus héroes son Mick Jagger o Steffi Graf, usted no tiene que volverse cantante de rock o jugador de tenis. Quizás el porte de Jagger o la resolución de Steffi sean las cualidades que usted admira. Al fin y al cabo, ¡un soñador impetuoso y decidido llegará muy lejos en la vida!

La portada de la revista

Imagínese que usted aparece en la revista *Time* como el Hombre o la Mujer del Año, dentro de cinco años. ¿Qué hizo usted para que su fotografía apareciera en la portada? Escriba las notas de las personas que lo describen a usted en la portada. ¿Cuáles son algunos de los adjetivos clave que utilizan? ¿Cuántas de esas cualidades ya ha desarrollado?

Señale tres adjetivos utilizados por *Time* para describirlo a usted. Escríbalos y piense luego en lo que tendría que hacer para que esas palabras lo describieran a usted hoy con exactitud.

REVIVA SUS SUEÑOS

Muchos hemos tenido que sufrir derrotas pasajeras o nos hemos desanimado en la lucha por realizar nuestros sueños. Pero siempre me sorprende la rapidez con que podemos redescubrir nuestro sueño y volver a luchar por convertirlo en realidad.

"Estoy agotado" me dijo el constructor Mike Stanley. "Les tenía un gran cariño a las personas que trabajan conmigo atendiendo a los clientes, y ahora hasta la más pequeña de sus peticiones o el menor cambio me molestan. Ya no disfruto de mi trabajo".

"Quería trasladarme al norte y dedicarme a la construcción de casas", agregó Stanley. "La industria está creciendo vertiginosamente, de manera que allí hay un buen potencial. El ambiente de allá es mejor para la educación de mis hijos, pues hay menos congestión y menos materialismo. Pero como el año pasado perdí una licitación para la adquisición de un lote grande, estoy desanimado. Al parecer, este hecho me hizo perder el entusiasmo. Desde entonces me ha faltado mucha energía. Cada vez me es más difícil obligarme a levantarme de la cama cada mañana. No sé por qué sigo haciéndolo, pero no sé qué más puedo hacer".

Lo hice volver al tema de construir casas "en el norte" y disfrutar de una vida más tranquila. Fue sorprendente. El solo hecho de regresar al tema le renovó la energía. Pude sentir cómo su entusiasmo iba creciendo a medida que yo hablaba no sólo de las posibilidades de trabajar allá sino también de la mejor calidad de vida. "¿Por qué no hace otro viaje para explorar nuevamente el terreno?", le sugerí. Sonrió y asintió con la cabeza. Una semana más tarde, llamó a mi puerta. "¡Me traslado al norte! Encontré allí un terreno todavía mejor que el que vi el año pasado".[16]

Afortunadamente, la experiencia de Mike es común para todos nosotros. Basta prestarles un poco de atención a los viejos sueños para que comiencen a ejercer su magia en nuestra vida, especialmente después de una derrota. Como si se tratara de avivar una brasa, nuestros sueños pueden hacer llamarada e incendiar nuestro corazón en cualquier momento.

MANTENGA VIVOS SUS SUEÑOS

Una vez que usted haya descubierto su sueño o haya revivido uno que creía que se había extinguido para siempre, el trabajo real es *mantener vivo ese sueño*. Una manera de lograrlo es tener recordatorios a su alrededor. Éstos le ayudarán a recordar por qué hace determinada cosa, revivirán su fuego y rejuvenecerán su espíritu. El hecho de recordar sus sueños pondrá sus actividades diarias en una perspectiva más amplia.

Un gerente regional de ventas de Hewlett-Packard soñaba con que esa empresa destronaría a la IBM en su área, bajo su mando. El problema era que al asomarse a la ventana de su oficina veía un gran edificio que ostentaba tres letras: ¡I-B-M!

Así, para recordar continuamente su sueño, tomó una foto del edificio de la IBM, la envió a un estudio de arte donde hizo borrar las letras "IBM" y colocar "H-P" en su lugar. Amplió la foto al tamaño de un *affiche* y la colocó en la pared. En el nuevo "Edificio H-P" señaló con color amarillo la suite del *penthouse* y escribió: "Mi oficina". Todos los días, esto le recordaba gráficamente a dónde quería llegar y cuál era su sueño.

En todos los caminos de la vida encontramos pequeños recordatorios:

- El vendedor que guardaba en la parte superior de su maletín de muestras la foto del automóvil con que soñaba, un antiguo Corvette reacondicionado, de manera que al abrir su maletín, el automóvil fuera lo primero que apareciera ante sus ojos.

- La maestra de escuela que empezó a coleccionar mapas con rutas de ciclismo de todo el país, los cuales le recordaban diariamente su sueño de hacer un viaje en bicicleta, de costa a costa.

- Arnold Schwarzenegger, siete veces Mr. Universo, quien iba a toda hora a la esquina del gimnasio y se visualizaba ganando una vez más el concurso de Mr. Universo.

Todos estos recordatorios nos ayudan a mantener vivos nuestros sueños. Éstos le añaden leña al fuego que arde en nuestro corazón, todos los días. Nos impulsan a seguir adelante y nos dan más vitalidad.

El hijo de Jesse Jackson lo expresó en forma elocuente cuando propuso como candidato a su padre en la Convención Democrática de 1988: *"Lo lamentable de la vida no es dejar de realizar su sueño, sino dejar de tener un sueño para realizar"*.

La **SNC** *dice:*
Los sueños son metas con alas.

5

Tómelo
con calma

ESCASEZ DE TIEMPO

Uno de los mayores límites que les imponemos a nuestros propios sueños y metas es creer que lo más rápido es lo mejor. El ritmo de vida se ha incrementado, y cada vez más cosas se escapan de nuestro control. Tratamos de actualizarnos viviendo la vida a un ritmo más acelerado.

La sabiduría convencional nos dice que para salir adelante debemos apresurarnos: "Pedal al metal". Y a pesar de las advertencias que nos hacen para que trabajemos con más perfección y no con más ahínco, continuamos los juegos desesperados de "apresurarnos" y "mantenernos al día". Ésa es la realidad de hoy.

El tiempo es el más precioso bien de hoy. Casi todos sentimos que nos hemos empobrecido por no tener la cantidad suficiente de tiempo. No nos sorprende que el lamento que se escucha en todos los rincones de nuestra vida sea: "Demasiadas cosas por hacer en demasiado poco tiempo".

LOS "TENGO QUE" PUEDEN LLEGAR A REGIR SU VIDA

La siguiente respuesta se conoce como los "tengo que" en los siguientes ejemplos:

Tengo que cumplir ese plazo.

Tengo que hacer una brillante presentación.

Tengo que terminar este trabajo rutinario de oficina, hacer tres llamadas telefónicas, asistir a una reunión, y ya se me hizo tarde.

Tengo que tomar una decisión.

Tengo que leer todo este material antes de la reunión de mañana.

Tengo que reducir costos.

Tengo que cumplir mi cuota.

Tengo que recoger a mi hijo en la guardería, hacer las compras, preparar la cena y terminar el informe pendiente.

Tengo que tomar ese avión.

(Escriba aquí sus propios *"tengo que"*)_____

_____

LAS TORTAS VELOCES DE CHAPLIN

Tenemos un ejemplo clásico en la escena de la película *Tiempos Modernos*, en la que Charlie Chaplin aparece decorando tortas. De pie junto a una banda transportadora por la que pasan unas tortas blancas, hermosas y cremosas, Chaplin esparce la pasta de decoración, agrega una o dos rosas, pone la torta dentro de la caja y la coloca en una repisa. Todo marcha muy bien, y él disfruta enormemente de su tarea.

Posteriormente, la banda transportadora aumenta su velocidad. En su afán por mantener el ritmo, Chaplin empieza a moverse con su hipervelocidad característica. A medida que las tortas pasan volando junto a él, la pasta decorativa se va esparciendo por todas partes, las rosas parecen manchas de tinta en un test de Rorschach y las tortas suenan *¡paf!* al caer una sobre otra, formando un dulce montículo blanco, en el piso de la pastelería. Chaplin presagió nuestros actuales "tiempos modernos". Solíamos reír durante esta escena; ahora la estamos viviendo y ya no nos parece tan chistosa.

LA LISTA DE VERIFICACIÓN DE LOS "TENGO QUE"

Cuando menciono en mis exposiciones los "tengo que" siempre se produce una respuesta de risa y comprensión. El tema nos resulta muy familiar. Los "tengo que" se han convertido en la principal respuesta convencional para cualquier persona que trate de salir adelante en el vertiginoso ambiente de hoy.

No importa lo que haga usted o en dónde lo haga, los "tengo que" se encuentran en todas partes. Usted se ha sometido a los "tengo que" si:

- Se esfuerza más pero se pregunta si estará logrando mucho más.

- Siempre se siente retrasado ... y llega un poco tarde.

- Es más irritable, más crítico o malhumorado con las personas que lo rodean.

- Ve cada vez menos a su familia y a sus amigos.

- Sufre más dolores de cabeza, de espalda y de estómago.

- Le cuesta más trabajo relajarse.

- Se siente culpable si no está trabajando.

- Sólo trabaja y poco se divierte.

- Se casó con su trabajo.

- Deja a un lado las cosas rutinarias (tales como, devolver llamadas telefónicas, escribir cartas, leer informes, pagar las cuentas mensuales).

- Se cansa fácilmente y siente fatiga.
- Algunas veces está deprimido o triste sin causa aparente alguna.
- Necesita estar continuamente ocupado.

Veamos lo que nos contó Bette Midler sobre la preparación de una fiesta de cumpleaños para su hija de dos años. "Me estoy moviendo por instinto", dijo. "Estoy obsesionada. Esto es una locura, una verdadera locura. Hornear galletas. Colgar adornos. Pasé todo el tiempo diciendo «tengo que, tengo que, tengo que»".[1]

LA PRISA, UNA ENFERMEDAD

Cuando lo asedia a usted una serie de "tengo que" usted camina, conversa, come, escribe, piensa y hace todo con exceso de rapidez. Siempre está corriendo y se siente un tanto rezagado. Esta respuesta "Tipo A" se denomina "enfermedad de la prisa". Es un estado de pánico, difícil de contener.

Esta enfermedad simula los síntomas del Conejo Blanco en *Alicia en el país de la maravillas*, cuando canta: "Se me hizo tarde, se me hizo tarde, para una cita muy importante. No hay tiempo de decir hola o adiós. ¡Se me hizo tarde! ¡Tarde! ¡Tarde!" No se trata sólo de un cuento infantil. Un gerente me dijo que esta situación se parece a un "estado crónico de agobio, el sentimiento constante de quien tiene un peso sobre la cabeza y se encuentra fuera de control".

EL DÉFICIT PRESTACIONAL FINAL: *KAROSHI*

No nos sorprende que mediante la investigación se haya descubierto que la vida y el estilo de trabajo Tipo A son increíblemente estresantes. El doctor Ken Pelletier, destacada autoridad en el tema del estrés en el sitio de trabajo, dice que esta vida "deja a la persona frustrada y nerviosa, y la vuelve hostil".[2]

Usted es mucho más inflexible, impaciente, irritable e intranquilo cuando lo asedia una serie de "tengo que", situación que, a la vez, lo expone más al riesgo de un ataque cardíaco o de alta tensión arterial, por no decir nada de la falta de diversiones en casa o con los amigos, si es que todavía le queda algún amigo. Realmente, los "tengo que" literalmente pueden matarlo, y el fenómeno ha causado tanta alarma en el Japón que los japoneses tienen una palabra para esto. "Los millones de japoneses que están perpetuamente sobrecargados de trabajo y corriendo conocen este fenómeno, desde hace mucho tiempo, como *karoshi*, o muerte por exceso de trabajo",[3] según lo anunció un noticiario. Éste es, según Louis Patler, "el último *déficit* prestacional" para el empleado, pero también les ha cobrado su cuota a las empresas que están siendo demandadas por los herederos de quienes murieron a causa de la negligencia y de los factores relacionados con esta situación.

LA VELOCIDAD MATA LA CALIDAD Y EL SERVICIO

No sólo los japoneses sufren los efectos físicos del estrés. Por ejemplo, las quejas relacionadas con el estrés que formularon empleados de oficina en California, llegaron al 700% en los años 80. Pero las cifras reales "pueden ser casi cuatro veces superiores", informa el Instituto de Indemnizaciones de los Trabajadores de California, el cual calculó que la industria perdió 460 millones de dólares en 1988 por problemas relacionados con el estrés.[4] Y si California se considera una región en la cual las personas son más "tranquilas", imaginemos cuáles serán las cifras en la ciudad de Nueva York.

Para la mayoría, los "tengo que" entran en acción cuando las personas tratan de ser conscientes y desempeñar mejor sus labores. Irónicamente, la evidencia señala que usted en la actualidad es *menos* eficiente cuando trabaja a alta velocidad y precipitadamente.

Por ejemplo, mejorar la calidad y el servicio son dos de las metas más importantes en el ambiente empresarial de hoy.

Pero cuando usted enfrenta una serie de "tengo que", tiene demasiada prisa para realizar el esfuerzo que produciría una calidad superior y/o un servicio excelente. Usted carece de tiempo para poner los puntos sobre las íes y las rayas en las tees a fin de perfeccionar sus diseños y satisfacer el deseo de sus clientes. Suelen faltar los refinamientos que dan alta calidad, lo mismo que esos pequeños detalles extra que diferencian un servicio bueno de uno excepcional.

Cuando usted tiene mucha prisa y da vueltas alocadamente, no podrá concentrarse ni pensar con claridad. Frente a los "tengo que", su mente corre de un pensamiento a otro y cae en errores atribuibles al descuido:

- Pronunciando un discurso, usted omite un punto importante porque su mente está pensando en el punto siguiente.

- En el memorándum que está escribiendo olvida incluir la fecha o el lugar de una reunión, y, por tanto, debe repetirlo.

- En su prisa por llegar a tiempo a una cita, deja por olvido un documento importante sobre su escritorio.

- En su prisa por contestarle a un cliente, cotiza erróneamente un precio o se equivoca en la fecha de entrega.

Solamente hace poco tiempo las empresas han empezado a comprender el alto precio de trabajar a excesiva velocidad. Un importante banco japonés estimó que los errores causados por la precipitación *¡aumentaron en un 25% su presupuesto de gastos!* Simplemente, aumentar la velocidad no garantiza que también se aumenten la productividad y la eficiencia. En realidad, típicamente sucede todo lo contrario.

LA VELOCIDAD MATA LA CREATIVIDAD Y LA INNOVACIÓN

Cuando obramos con precipitación terminamos haciendo las cosas maquinalmente, tal como las hemos hecho antes, pero con mayor rapidez. Trabajando lo más rápido posible para pasar a la tarea siguiente no disponemos del tiempo necesario para la maduración, la contemplación o la experimentación, las cuales son indispensables para la innovación y la solución creativa de problemas. Como resultado de nuestra hambre de tiempo, nos apresuramos a concluir prematuramente los asuntos importantes, atrapamos la primera "solución" y corremos con ésta. Antes de que nos demos cuenta, las respuestas maquinales se vuelven rutina, y la rutina lleva a rutas sin salida, que también matan la creatividad y la motivación.

LA PRISA SABOTEA EL TRABAJO EN EQUIPO Y LA COMUNICACIÓN

Los "tengo que" no sólo sabotean el rendimiento sino que también destruyen las relaciones humanas. A medida que nuestro mundo se parece más a la "villa global" de McLuhan, los individuos, las empresas y los países se van volviendo cada vez más interdependientes. En consecuencia, se han acabado los tiempos en que el individuo trabajaba aisladamente.

El problema es que, si usted tiene muchos "tengo que" y el trabajo lo acosa, el exceso de prisa no le permite comunicarse claramente, ni desarrollar ni cultivar relaciones. La mayoría de las investigaciones revelan que escuchar es la clave de la comunicación, sea que uno se dedique a vender, administrar o trabajar en equipo. Pero, aunque reconozcamos este hecho, ¿quién dispone de tiempo para escuchar si tiene que recorrer una milla por minuto? No sólo no escucha ni se concentra bien cuando lo acosan los "tengo que" sino que, añadiendo la injuria a la ofensa, se vuelve brusco y exigente: más impaciente y malhumorado que de costumbre y le impide a la gente hablar; cada llamada telefónica o sugerencia la considera como una molesta interrupción.

"Cuando estoy corriendo y tengo cantidades de propuestas acumuladas sobre mi escritorio y todo exige atención inmediata, sé que la gente se desanima", me dijo el director de una fundación privada. "No escucho a ninguna persona ni le ayudo a solucionar los problemas; simplemente le digo cualquier cosa para poder seguir con mi trabajo. ¡Ah! Yo odiaría estar al otro lado de la línea telefónica hablando conmigo cuando reacciono así. El problema es que, con todo lo que tengo que hacer, cada vez más me comporto así".

TENGO QUE DECIR SÍ

Con el deseo de aumentar la productividad y disminuir los costos, muchas empresas estimulan e institucionalizan esta mentalidad de "más esfuerzo, más rápido, durante más tiempo". Estas empresas y estos jefes "tengo que" nos hacen sentir que tenemos que decir siempre sí a los aumentos de trabajo, de cuotas o de viajes. Si usted dice no a un nuevo proyecto — aunque ya tenga exceso de compromisos y de trabajo — teme que lo consideren desleal, "la persona no apta", "incapaz de trabajar en equipo" o "no dispuesta a dar el 110%".

Una ejecutiva de un importante banco del Occidente me dijo hace poco que los miembros de la gerencia se estaban dando cuenta de que sus leales y valiosos empleados comenzaban a desgastarse frente a la cultura de alto estrés de la empresa. "A causa de nuestra ética laboral orientada al «tengo que decir sí», mi personal promete demasiado y está demasiado comprometido", dijo. "Como resultado, el rendimiento está *por debajo*".

"Mi personal está agotado", me dijo. "Les hemos exigido demasiado. A este ritmo, acabaremos con las ventas al por mayor. Empezamos a observar muchos errores atribuibles al descuido. En todo momento la moral es baja. Nos olvidamos de la innovación, y eso sucede en todos los niveles", continuó, "empezando por mí. Incluso los que están trabajando bien no durarán mucho a la velocidad que marchan".

LOS ADICTOS A LA ADRENALINA

Para algunas personas, afrontar el reto del cambio rápido con los "tengo que" parece sobrecargarles su vitalidad. "Yo amo la prisa y el ritmo veloz", me dijo el ejecutivo de una agencia de publicidad. "Me emociona la rapidez. Amo las presiones y estar siempre trajinando". Pero ¿cuánto puede durar esto? Cuando usted está pendiente de los "tengo que" y su adrenalina se activa continuamente ¿cuánto tiempo pasará antes de que se *desborden* sus secreciones?

Usted puede canalizar su adrenalina durante algún tiempo, pero la presión y la velocidad se convierten en hábito. Por esta razón muchos empleados bancarios del Japón decidieron trabajar hasta altas horas de la noche durante la semana laboral, cuando el gobierno les sugirió a los bancos que cerraran los sábados. Ellos necesitaban "ajustar" su trabajo dentro de la semana. Los "tengo que" se habían convertido en una adicción.

Infortunadamente, como sucede con cualquier otra adicción, es más fácil adquirir los "tengo que" que deshacerse de ellos. Los "tengo que" se vuelven demasiado grandes para su control desde el punto de vista físico y/o mental, y todos nos convertimos en miembros de una sociedad *trabajoadicta*. Si nuestro fuego interno ruge constantemente con exceso de presión, a la larga podríamos quemarnos nosotros mismos.

La **SNC** *dice: ¡La velocidad mata! . . . (lentamente).*

LOS "TENGO QUE" A HURTADILLAS SE APODERAN DE USTED

Si no tiene cuidado, los "tengo que" se apoderarán de usted, sin que usted siquiera se dé cuenta de ello. Los "tengo que" son tan sutiles como insidiosos. Y lo mismo que Chaplin junto a la banda transportadora, antes de darse cuenta, usted perderá el control.

Algunas veces los "tengo que" empiezan a formular exigencias crecientes de mayor productividad y/o mayor reducción de costos. La sabiduría convencional nos presiona para que enfrentemos el reto del cambio a toda máquina, para no ir a la zaga. Entonces, se suspenden los recursos adicionales y los sistemas de apoyo. Ahora usted es forzado a hacer más con menos, y se espera que corra más. Más exigencias. Más velocidad. Súbitamente, usted se encuentra dando más de lo que puede, trabajando hasta altas horas de la noche y durante los fines de semana, y todavía se siente rezagado.

La verdad es que casi todos corremos lo más rápido que podemos. No podemos ir más rápido, durante más tiempo ni hacer más esfuerzos. Ya llegamos al límite, a la muralla, mental y físicamente. Tenemos que encontrar caminos distintos de correr al máximo. Más tiempo, más esfuerzos, más rápido no abrirán las puertas del futuro; necesitamos tomar la ruta alterna, el camino no convencional.

DISMINUIR LA VELOCIDAD, AUMENTAR LAS UTILIDADES

Las personas más inteligentes eligen diferentes alternativas. Utilizan una mentalidad no convencional que hace dar un vuelco a la ética de la "velocidad para poder mantener el ritmo".

Tony O'Reilly, presidente de la junta directiva de Heinz Foods, fue el rey de la velocidad de los años 80. Como uno de los líderes de un movimiento de "fuerzas especiales", mantuvo la alta rentabilidad de Heinz durante todo el decenio, mediante el cierre de fábricas y la reducción de personal y aumentando la velocidad de las líneas de producción.

Al comienzo de los 90, O'Reilly se dio cuenta de que su censurada modalidad de máxima velocidad podía haber tenido éxito a corto plazo, pero había indispuesto a los trabajadores, había rebajado la calidad de los productos y dejó a la compañía perdiendo millones de dólares al año. Cambiando radicalmente sus tácticas, O' Reilly dijo: "Queremos asegurar nuestra reducción de costos a partir de algo en lo que antes no nos habíamos concentrado: *el precio del inconformismo* [de los empleados sobrecargados de trabajo]... Hemos comenzado a cuestionar todos nuestros procesos de manufactura a través del espectro".

En las plantas de atún StarKist de Heinz, donde la empresa había despedido a los cortadores de pescado y había acelerado la línea de producción, O'Reilly descubrió que los demás empleados estaban tan sobrecargados de trabajo que todos los días dejaban en las espinas toneladas de carne. La solución era reducir la velocidad de las líneas de producción, contratar más trabajadores por hora e incorporar nuevamente toda la fuerza laboral. Como resultado de lo anterior, los costos laborales de StarKist se incrementaron en 5 millones de dólares, pero a la vez disminuyeron en 15 millones de dólares por concepto del atún que se desperdiciaba. Estos dos pasos simples y no convencionales — *aumentar* la cantidad de trabajadores y *disminuir* la velocidad de la producción — produjeron *ahorros anuales netos superiores a 10 millones de dólares.*[5]

En las plantas procesadoras de papa Ore-Ida de Heinz, los gerentes consideraron que la época de "no hacer prisioneros", reducir costos y aumentar la velocidad, había contribuido a reducción en las ventas al producir un cambio en el gusto y en la textura de las famosas papas Tater Tots de esta empresa. Las nuevas máquinas cortadoras de alta velocidad eran tan rápidas que pulverizaban los tubérculos, haciendo que las papas fritas resultaran blandas y no crocantes.

¿La solución? Reducir la velocidad de las máquinas para obtener papas fritas Tots más consistentes. Lógicamente, al disminuir la velocidad se disminuía también la productividad, pero lo más importante era recuperar el gusto y la calidad que habían hecho famosas a las papas Tater Tots. El resultado se tradujo en incrementos de dos dígitos en las ventas durante tres años, lo cual cubrió el costo de disminuir la velocidad, y el aumento en la moral fue incalculable.

TÓMELO CON CALMA

Un ejemplo de esto surge de mi experiencia cuando trabajé con un grupo de corredores de talla mundial; diez de ellos aspiraban a clasificar en los tres lugares disponibles para los Preolímpicos. Durante el calor de la primera práctica, casi todos los atletas padecían un caso grave de "tengo que", por lo cual estaban inquietos y tensos. Durante largo tiempo todos habían trabajado fuertemente en su sueño de formar parte del equipo olímpico. Este encuentro representaba la oportunidad de su vida, de manera que las expectativas eran muy altas.

Después de registrar sus tiempos, les dije que íbamos a medir de nuevo los tiempos, 15 minutos más tarde. Pero esta vez les dije: "No corran al máximo; háganlo aproximadamente a nueve décimos".

¡Los resultados fueron asombrosos! Para sorpresa de todos, cada uno corrió más rápido la segunda vez, cuando se trataba de "tomar las cosas con calma". Y el tiempo correspondiente a uno de los corredores estableció un récord mundial no oficial.

Sucede lo mismo en cualquier otra parte. A usted le será útil tomar las cosas con calma en cualquier aspecto de su vida. La sabiduría convencional nos dice que no debemos dar menos del 110% para salir adelante. Pero, por el contrario, yo he descubierto que dar el 90% suele ser más eficaz. Los "tengo que" nos llevan a esforzarnos demasiado, a ponernos tensos y a presionarnos para ir más allá de nuestra zona de rendimiento máximo y caer en una zona de pánico. Por tanto, en contra de la sabiduría convencional, la próxima vez que usted afronte una tarea difícil, recuerde que un apasionado 90% es mejor que un aterrador 110%.

La **SNC** dice: *¡Tómelo con calma!*

MENOS SIGNIFICA MÁS

Otro desenfrenado "tengo que" que se observa en las organizaciones es éste: "Tengo que transmitir *toda la información posible, ojalá todo lo que sé, en la menor cantidad de tiempo*". Todos hemos sido receptores de estos esfuerzos bien intencionados pero sobrecargados. Todos hemos asistido a reuniones en las cuales los expositores tratan de entregar más material del que una persona pueda asimilar, hablando a dos kilómetros por minuto y utilizando gráficos tan sobrecargados de números, que es imposible ver los espacios en blanco. Todos hemos recibido memorandums, recomendaciones e informes con tal exceso de hechos, cifras, justificaciones y material de apoyo, que se necesitarían "botas de siete leguas"* para cruzar vadeando todo esto y poder descubrir lo verdaderamente importante.

Para comunicarse con eficacia, la **SNC** le presenta a usted una sencilla alternativa: Menos significa más. Poniendo de relieve este punto, Winston Churchill, uno de los grandes pensadores partidarios de romper los moldes, exigía que la correspondencia dirigida a él se limitara a una sola página. Si usted no puede decirlo en una sola página, pensaba Churchill, no conoce bien el tema. Una pieza de sabiduría no convencional que no es del todo mala.

DESHACERSE DE LOS "TENGO QUE"

Reducir la velocidad, hacer menos y "tomarlo con calma" son tres estrategias no convencionales para deshacerse de los "tengo que". Pero como sucede con cualquier otra adicción, si usted realmente quiere deshacerse de ellos, primero debe darse cuenta de ellos y admitir que tiene los "tengo que".

---

*Botas a las que se hace referencia en el cuento de Pulgarcito, que le permiten a la persona que las lleva puestas alcanzar siete leguas de una zancada *(N. del T.)*.

El aprender a darse cuenta de los "tengo que" minimizará el alcance y la magnitud de ellos, y cuanto antes, mejor. El simple hecho de tener consciencia del problema contribuye a disminuir los dañinos efectos del largo plazo. El solo reconocer que usted tiene los "tengo que" le ayuda a alejarse de sus peligrosos efectos.

De Fritz Perls, el padre de la terapia Gestalt, aprendí que "tomar consciencia de un hecho produce de por sí efectos curativos". Una vez consciente de sus "tengo que", dejará de ser víctima y empezará a controlar la situación.

A lo largo de este libro encontrará usted muchos ejemplos no convencionales, guías y técnicas que lo pondrán en capacidad de dominar los "tengo que". Aprenderá cómo hacer más en menos tiempo — con más calidad y más creatividad — rompiendo las normas, cambiando el juego y retando el *statu quo*.

La **SNC** *dice:*
Tómelo con calma.

6

Métase siempre con el éxito

SI NO ESTÁ ROTO, ¡RÓMPALO!

Cuando las cosas van bien, nos advierte la sabiduría convencional, "Déjelas como están". "Si no está roto", el consejo es "no lo arregle". Pero ¿qué validez tiene esta advertencia al afrontar el reto de tiempos inciertos?

Es fácil sucumbir a la idea de que podríamos disfrutar indefinidamente del dulce aroma del éxito si no nos metemos con él. En la práctica, sin embargo, éste es un mal consejo. En nuestro mundo altamente competitivo, seguir estos viejos axiomas los dejarán a usted y a su empresa en la calle.

POR LA CARRETERA DE LADRILLOS AMARILLOS HACIA ABAJO... HASTA LLEGAR A LA PARED

"Con el transcurso de los años, nos hemos vuelto víctimas de nuestro propio éxito", dijo John Young, presidente de la junta directiva y presidente ejecutivo de Hewlett-Packard.[1] Young se refiere a las empresas grandes y a las pequeñas que tienen los mejores y más brillantes líderes, a quienes cegó el éxito del corto plazo y estimuló la sabiduría convencional que dice: "No se meta con el éxito". Estas empresas van bajando por el camino de ladrillos amarillos... directamente hacia una pared de ladrillo.

Barry Diller, presidente de la junta directiva del conglomerado recreacional Fox Inc., dice: "Usted puede llegar a tener una empresa de 22 billones, y... que el cielo ayude a la empresa que se duerme sobre los laureles... porque afuera, en la esquina, puede estar algún loco que tiene una idea mejor que la de usted. Y, no lo dude, él ganará y usted fracasará".[2]

La SNC dice: Si usted no se mete con el éxito, otra persona lo hará.

LA COMPLACENCIA FOMENTA EL FRACASO

Muchos, por ejemplo vendedores, una vez que han logrado hacer una buena cantidad de dinero tienden a sentirse satisfechos. Se vuelven perezosos y descuidados, y dejan de prestar atención a lo fundamental. Un vendedor me dijo que, al comienzo, se preocupaba bastante por la búsqueda de nuevos clientes y por "prepararse, prepararse y prepararse" para cada visita de ventas. "Al romper el alba ya estaba levantado llamando por teléfono a los clientes potenciales; antes de llamar, trataba de adquirir toda la información posible sobre la cuenta, la competencia, el mercado, todo. Después, ensayaba mi presentación formulando las debidas preguntas, anticipándome a cualquier problema que pudiese surgir y teniendo preparadas las respuestas".

"Pero cuando comencé a tener un ingreso de seis dígitos, empecé también a dar por sentado mi éxito. Estaba satisfecho, y echaba por los atajos. Dejé de buscar clientes potenciales, y confié en las cuentas que ya tenía. Me preparaba menos para cada visita. Creía que conocía bien a mi gente. Repentinamente, las cifras empezaron a descender sin que yo supiese por qué. Al principio pensé que se trataba de mala suerte o de no haber encontrado el momento oportuno. Ahora entiendo que olvidé el propósito con que inicié esta actividad. Tengo que volver a pensar como un vendedor hambriento".[3]

Lo mismo sucede en muchos sectores diferentes, cuando las personas o los grupos tienen éxito. El éxito, convencionalmente hablando, es el objetivo, el final, la recompensa, la meta final. Como lo vemos como un fin y no como un medio, existe la tendencia a creer que "ya lo hicimos todo" cuando logramos nuestra meta. Creemos que conocemos todos los fundamentos, que tenemos la habilidad, y "bajamos la guardia", empezamos a dar por sentado el éxito. Como resultado, nos adormecemos en las satisfacción y aflojamos en el esfuerzo.

En los deportes, en que los resultados son tan visibles, la suficiencia reduce el rendimiento. Veamos lo que sucedió cuando Mike Tyson empezó a creer "en los recortes de prensa" que lo señalaban como uno de los mejores campeones de peso pesado de todos los tiempos y sugerían que él era imbatible. No se molestó en prepararse con el debido rigor para su combate con el anteriormente desconocido "Buster" Douglas, y fue derrotado.

Igualmente, en los Juegos Olímpicos de 1988, el nadador Matt Biondi, creyendo que tenía asegurada la victoria en los 200 metros mariposa, avanzó desprevenidamente, no dio la última brazada y fue derrotado por 0.001 de segundo.

LOS LAKERS PIERDEN SU VENTAJA

Comparando la actitud del equipo que ganó el campeonato NBA en 1984, con el equipo que se presentó en el campo de entrenamiento en 1985, recuerdo haberle oído decir a Pat Riley, entrenador del equipo de baloncesto de Los Angeles, que ellos habían dado por sentado su éxito. "Somos los mejores", pensaban los jugadores. "Derrotamos al *Boston*. Derrotamos al Boston *en* Boston. Derrotamos al Boston en Boston, con *Bird*".

Los signos de progresiva suficiencia, explicó Riley, fueron

muy sutiles en un comienzo: los jugadores no se lanzaban en busca de los balones, no corrían con el esfuerzo de antes, algunos jugadores llegaban tarde a las prácticas y se iban un poco más temprano.

No es de extrañar que cuando comenzó la temporada de 1985 entraran en barrena. Dice Riley que la crisis se desató la noche en que iban a recibir las medallas del Campeonato de 1984, al enfrentar al poco cotizado Cleveland. A la hora del "show", frente a los fanáticos de casa, ¡perdieron por 34 puntos!

TRAER LA COPA UNA ... Y OTRA VEZ

Un buen ejemplo del individuo innovador y dinámico que cae en la trampa de "no meterse con el éxito" es el australiano Alan Bond y su experiencia en las carreras de la Copa América. En 1983, los australianos desafiaron a los Estados Unidos por la obtención de la Copa América, que los norteamericanos habían ganado ¡durante 134 años! Suponiendo que el modelo tradicional estaba "roto" y necesitaba "arreglo", Bond, cabeza de la agencia periodística australiana, cuestionó todos los aspectos relacionados con el diseño de las embarcaciones antiguas. De este audaz proceso de puerta abierta surgió un diseño innovador y revolucionario de doble quilla. Este modelo les dio a los australianos una ventaja distinta. En una victoria inesperada, la embarcación de Bond, *Australia III*, batió el récord norteamericano de Dennis Conners en cuatro carreras directas.

Al prepararse para la siguiente carrera por la Copa América en Freemantle, Australia, cuatro años más tarde, Bond cometió un error fatal: Supuso que tenía un "producto acabado", y se aferró a esa idea. Habiéndose olvidado de la mentalidad innovadora tipo "rómpalo" con la cual había diseñado su embarcación ganadora, compitió con la misma embarcación que había utilizado para ganar la copa cuatro años atrás. Ni siquiera llegó a las finales.

Trátese de una embarcación o de una empresa, "no meterse

con el éxito'' lo pone a usted en un remolino. Esta mentalidad concentra la energía y los recursos en mantener el *statu quo,* en vez del crecimiento; la conservación, en lugar de la innovación; y jugar para no perder en lugar de jugar para ganar. Aquí tenemos algunos casos que nos sirven de advertencias sobre el alto precio que les ha correspondido pagar a las empresas que no se metieron con el éxito.

"NO ESTÁ ROTO, DE MANERA QUE PODEMOS AGRANDARLO"

¿Recuerda usted las épocas en que a ningún cocinero amante de la diversión lo podían sorprender ni muerto sin aquel aparato para triturar, picar, moler y rebanar que revolucionó la cocina hogareña, el Cuisinart? Su creador, Carl Sontheimer, demostró que entendía el apetito estadounidense de potentes artefactos de cocina ahorradores de tiempo. El Cuisinart llenó un nicho del mercado . . . y llenó también las cajas registradoras de la empresa.

Asombrosamente, quince años después de haber lanzado el procesador de alimentos Cuisinart, el 85% de los ingresos de la empresa todavía provenían del producto original. El Cuisinart se las había ingeniado para permanecer rentable durante largo tiempo, casi sin hacer nada diferente. "Todavía se vende; no está roto, de manera que no lo arreglamos".

El problema fue que Sontheimer se olvidó de su fórmula para el éxito: innovar y anticiparse a las necesidades del mercado. Prestando poca atención a los cambiantes hábitos de comida y a la creciente falta de tiempo de los estadounidenses (lo mismo que a los aparatos más nuevos, rápidos y baratos disponibles en la ciudad, por ejemplo el Presto Salad Shooter), Sontheimer se atuvo a lo que consideraba como una mano ganadora. En efecto, cuando las ventas empezaron a descender vertiginosamente, decidió fabricar un modelo más grande y más costoso. Pensando que "como no está roto se debe agrandar", Cuisinart estuvo cerca de la quiebra, y a la larga se produjo la ¡bancarrota! "A Cuisinart", según los aficionados al juego de palabras de la revista *Forbes*, "lo rebanaron las empresas con más hambre y con menos suficiencia".[3]

ACTO UNO: DEC DERRIBA A LA IBM

Durante los primeros años ochenta, la IBM quedó atrapada en la no aplicación de la mentalidad que los había convertido anteriormente en líderes. Big Blue* les estaba poniendo mucha atención a sus productos exitosos y muy poca a las cambiantes necesidades de sus propios clientes. "Oigan, nosotros somos Big Blue", parecían decir, "nadie nos podrá derrotar en nuestro propio juego".

"Durante años hemos estado diciéndole a la IBM lo que queremos, pero nunca nos lo dan", se quejaba un gerente de sistemas de un gran banco del sur. "Ahora estamos escuchando lo que DEC nos ofrece".[4] Mientras la IBM dormía sobre sus laureles, DEC (Digital Equipment Corporation) hacía su aparición, y mediante una estrategia innovadora le quitaba a la IBM una gran rebanada del pastel, representada por los computadores medianos. Ellos trituraron a la IBM entre 1984 y 1988, tiempo durante el cual sus ventas se duplicaron y sus utilidades se cuadruplicaron.

ACTO DOS: DEC DERRIBA A DEC

En 1987, DEC se había convertido en un gigante y, en la reunión anual de accionistas, su fundador, Kenneth H. Olsen, manifestó su complacencia por el abrumador éxito que el informe anual describió como una "estrategia brillante": un diseño de computador (VAX) y un sencillo conjunto de software, fabricado en diferentes tamaños y que podían compartir información con cualquier otro computador DEC.

---

* Big Blue es el nombre familiar con el que se designa a IBM (*N. del E.*).

¡Un año más tarde, la situación era diferente! Los clientes se estaban cambiando a redes de escritorio de bajo costo, reduciéndose así las necesidades de minicomputadores grandes. Los clientes empezaron a solicitar también hardware y software que se pudiese conectar con muchos tamaños y marcas diferentes. DEC había seguido los pasos de la IBM, y estaba muy satisfecha. "Pero olvidamos observar lo que estaba sucediendo afuera", dijo Pier-Carlo Falotti, jefe de operaciones europeas de la DEC.

El resultado fue una inversión total del éxito alcanzado durante el año anterior. En el curso de un año, DEC había registrado una reducción del 17% en las ganancias, y descubrió por el camino difícil que "no podrían vivir solamente del VAX".[5] Lo mismo que la IBM, DEC trató de nadar hacia la orilla, y descubrió que en un ambiente de cambio rápido, si nos dormimos sobre nuestros laureles, podríamos despertar cuando ya estemos muy rezagados.

Zenith también aprendió la lección. Como el mayor productor de computadores laptop, Zenith, al igual que DEC, llegó a nadar en dinero. Pero mientras NEC y Toshiba se esforzaban por lanzar una máquina más liviana y más rápida, Zenith se dormía sobre sus laureles. Su anterior liderazgo no le fue suficiente para conservar su lugar en el mercado. Finalmente, tuvieron que abandonar por completo el mercado y venderle a una firma francesa su división laptop.

"NÚMERO DOS" Y SIGUE SUBIENDO

La "guerra de las cervezas" nos sirve de interesante ejemplo de aquella actitud orientada a dar por sentado en demasía. "Corona es el recién llegado que está trayendo la soda pop mejicana", dijo Leo Van Munching, Jr., presidente de la empresa norteamericana que distribuye la Heineken, la número uno de las cervezas importadas. Subestimando tanto a la competencia como a los cambios que han tenido lugar en el mercado en los últimos años, Heineken redujo los gastos publicitarios en un 78%.[6] Durante el mismo período, Corona elevó su presupuesto publicitario en un 245%.

Como resultado, las ventas de Heineken descendieron un 15% en el mercado de las cervezas importadas, mientras que las ventas de Corona aumentaron en un 15%. Ahora Corona es la *número dos* y continúa apoderándose de una participación de mercado de Van Munching.

RANAS EN AGUA CALIENTE

Se pueden narrar muchas historias de suficiencia, arrogancia y letargo de sectores comerciales como el farmacéutico y químico y los de materiales para construcción, bicicletas, teléfonos y herramientas. Tenemos lo que sucedía con la industria automotriz de los Estados Unidos, mientras que los japoneses y los alemanes adelantaban a nuestros conductores poco considerados en pequeños autos deportivos.

Si usted deja de hacer mejoras constantemente, si supone que "todavía no está roto", otras personas *trabajarán* sobre la base de su idea, la mejorarán y *usted* no tardará en verse quebrado.

La mentalidad de "si no está roto, déjelo así" alimenta un falso sentido de satisfacción. Esta manera de pensar lo lleva a usted a comportarse según el viejo cuento de las ranas bien alimentadas que nadaban en las tibias y tranquilas aguas del éxito. Lo mismo que estas ranas, cuando usted se da cuenta de que el ambiente ha cambiado, el agua está hirviendo, y usted se encuentra demasiado débil para salir de ella.

La **SNC** *dice: Métase con el éxito o el éxito lo mete a usted en problemas.*

LOS PRODUCTOS "ACABADOS" NO EXISTEN

La mentalidad de "si no está roto, déjelo así" supone que existen los productos "acabados". Esta actitud estática, conservadora y convencional es contraria a la naturaleza. En los sistemas de facturación no hay nada acabado. La tendencia natural de todas las cosas vivas, dice el laureado Premio Nobel Albert Szent-Györgyi, es seguir creciendo, cambiando y evolucionando. Todo lo que nos rodea está en estado de cambio continuo. Es una locura pensar que usted puede salir adelante repitiendo el pasado. Todas las cosas están en proceso. Todo. Animales, plantas, tecnologías, estilos de vida, el mismo mapa del mundo... todo. Sin excepciones.

No sólo todo está cambiando sino que todas las cosas existen en relación con otra cosa que está cambiando: un servicio en relación con una necesidad, un producto en relación con un consumidor, un líder en relación con su grupo de votantes, la producción en relación con el medio, el entrenador en relación con el equipo. Si usted o sus productos no crecen, mejoran y evolucionan, como sucede en la naturaleza, ellos (y usted) tendrán que hacer frente a la extinción.

La SNC dice: Trate su producto como si estuviese vivo y tuviese que seguir viviendo.

KAIZEN

Los japoneses tienen gran claridad sobre su concepto de que "nada está totalmente acabado". En efecto, tienen una palabra para referirse a esto, *kaizen,* que significa "mejoramiento continuo". *Kaizen* es la base de la cultura corporativa en la mayoría de las empresas japonesas de mayor éxito. "El espíritu de *kaizen",* comenta el asesor internacional de gerencia, Kiyoshi Suzaki, "comienza por aceptar que el *statu quo* no es perfecto".[7]

Toyota, la empresa automotriz más rentable del mundo, mejora cada día más. Numerosas entrevistas hechas a ejecutivos de Toyota en los Estados Unidos han demostrado la dedicación total de la empresa a mejorar continuamente. Simultáneamente, la empresa reestructura su administración, refina su proceso de manufactura, ya bastante sofisticado, y planifica su estrategia global para el siglo XXI, mejorando su cultura corporativa, e incluso convirtiéndose en un líder de moda. Iwao Isomura, jefe de personal, dice: "Nuestro actual éxito es la mejor razón para cambiar las cosas".[8]

PEPSICO: NO BUSCA LO INSIGNIFICANTE

PepsiCo es una organización que no sólo cree en el mejoramiento continuo sino que también lo practica. Pepsi-Cola es el mayor vendedor de productos alimenticios en el mercado de los Estados Unidos, y constituye una marca de 13 000 millones de dólares a nivel mundial. Las operaciones de Pepsi Doritos, Kentucky Fried Chicken y Pizza Hut son bien conocidas en todo el mundo.

"Algunas personas podrían decir que nosotros no debiéramos introducir cambios en estas marcas, en cuanto a imagen o sustancia", dice Wayne Calloway, presidente de la junta directiva de PepsiCo. "Pero no estamos de acuerdo. Sabemos que, en un mundo que avanza rápidamente, la marca más popular de hoy podría convertirse en un asunto insignificante de mañana".[9]

CREER EN EL PROCESO, NO SÓLO EN EL PRODUCTO

Muchas personas y organizaciones que han triunfado empiezan a creer que el producto es lo que atrae el éxito. Pero un producto destacado es el resultado de un proceso: estudiar el mercado, escuchar al cliente, realizar experimentos, innovar, correr riesgos y renovarse constantemente. Éstos son los factores que crean el producto y lo venden.

El error común es adherirse al producto, más que reconocer el proceso. El producto y el productor se estancan, mientras que el mercado y la competencia cambian. Mientras usted avanza con su producto hacia el estrellato, en alguna otra parte alguien está a punto de sobrepasarlo. Si deja de centrarse en el proceso, se frenarán también las posibilidades de aprendizaje, cambio e innovación.

ESTABILIZACIÓN

El resultado directo de los consejos que nos da la sabiduría convencional, por ejemplo: "No se meta con el éxito", y la suficiencia que lo acompaña, es la *estabilización*, circunstancia que se da cuando el individuo o la organización deja de crecer y avanzar. La curva de rendimiento cae, lo mismo que las innovaciones y el desarrollo de nuevos productos. Empresas como la IBM, DEC, Cuisinart y Heineken, lo mismo que muchas otras que se han dormido sobre sus laureles, han descubierto que tras la estabilización viene el *hundimiento*.

Las personas y las organizaciones que han tenido éxito corren el riesgo de caer en la suficiencia. Por ejemplo, en la administración de nivel medio, veo que muchas personas han perdido su fuego y se han "jubilado" en el cargo. Temiendo que no existan posibilidades de progreso y no queriendo correr riesgos en estos tiempos inciertos, se sienten atrapados y se resignan a permanecer donde están.

Como resultado, "se apoltronan", y hacen apenas lo necesario para sobrevivir. Se jubilan en el trabajo. Se limitan a seguir instrucciones y se resisten activamente al cambio o a los nuevos desafíos. Lo que menos desean en la vida es correr riesgos o hacer algo que pueda mover la barca. Esta actitud, que he observado en muchas empresas grandes, es increíblemente contraproducente. Uno de los resultados es que estos gerentes pierden lo único que han querido conservar en forma desesperada: su empleo.

Ésta es una manera tediosa, inerte, apagada, de gastar ocho o diez horas diarias. No hay chispa, sustancia ni diversión cuando nos limitamos a obrar como por pura fórmula. Cuando el individuo se da por vencido, no disfruta de su actividad. Cuando se apaga el fuego, todo es tedioso, monótono e insípido. Se va el entusiasmo que le da tanto significado al trabajo y a la vida. Hasta las tareas menores implican un mayor esfuerzo cuando no hay energía ni impulso. Este estilo de trabajo, que también produce efectos muy profundos en la vida del individuo fuera del trabajo, se convierte en un círculo vicioso.

INICIAR UN CICLO VITAL

Aunque ya no haya más espacio en el nivel más alto, aún es posible sentirse en el trabajo con más fuerza y vitalidad, y revivir la vieja chispa. En contra de la sabiduría convencional, el secreto para mantener viva la chispa es *dejar de concentrarse en la meta*, trátese de seguir adelante o, como sucede frecuentemente hoy en día, de conservar simplemente el empleo.

La **SNC** *dice: Concéntrese en el proceso, no en la meta.*

Sé que esto parece una herejía, pero escúchenme: Más que llevar a las personas a concentrarse en una idea fija acerca del éxito, yo las invito a pensar en cómo podrían revitalizarse en el trabajo, pensar en lo que pueden hacer para ganar entusiasmo. En otras palabras, más que preocuparse por alcanzar cifras, el logro o la supervivencia de la meta, esfuércese por volver a cargarse.

Al comienzo, la reacción típica de las personas es reírse y hacer observaciones similares a ésta: "Lo mejor que puedo hacer para volver a cargarme es quedarme en casa". Pero cuando llegamos a un serio análisis del tema, la respuesta casi siempre me asombra.

Cuando las personas hurañas y "apagadas" empiezan a pensar cómo revitalizarse, cambian de actitud. La jefe de recursos humanos de una firma de asesoría en administración me dijo: "Estoy encargada de reclutar personal, voy siempre a las mismas universidades y escuelas de postgrado, entrevisto y, por último, contrato al mismo tipo de muchachos, año tras año. No sólo siento que estamos perdiendo unas buenas posibilidades, sino que estoy TAN ABURRIDA que bien podría «grabar» lo que digo. Pero éstas son las personas que la empresa me pide y yo — saludó militarmente — "soy una experta en obedecer órdenes".

"Creo que voy a cambiar un poco las cosas", dijo con una sonrisa. "Comenzaré a visitar algunas escuelas no pertenecientes a la corriente principal y hablaré con diferentes tipos de estudiantes. Creo que de esta manera conseguiremos una buena y nueva fuente de energía y vitalidad, y, ciertamente, disfrutaría más de mi trabajo".

Todos nos cansamos de vez en cuando. Aunque usted puede hacer el ejercicio siguiente cuando esté aletargado, no es necesario que espere hasta entonces. Hacerlo le puede ayudar a evitar el cansancio.

Hágalo ya. Conteste las siguientes preguntas en la forma más imaginativa y espontánea posible. Cuidado con las posibles mangueras extintoras.

1. ¿Qué podría hacer usted por volver a cargarse en el trabajo y para sentirse más despierto y vital?

2. ¿Qué haría usted distinto y qué cambiaría en relación con la forma en que actúa y piensa hoy?

3. Visualícese pensando y actuando en la nueva forma.

El hecho de volver a cargarse incrementará su energía y su entusiasmo. Recuperar su chispa no sólo lo hará sentirse mejor sino que también lo pondrá en condiciones de realizar mejor su trabajo. Cuando combine la energía y la capacidad, usted será más productivo y creativo y, ciertamente, estará más motivado y más activo. En otras palabras, cuando tenga más energía trabajará mejor, y a la vez, se sentirá mejor . . . y habrá iniciado un ciclo muy vital.

"ARRÉGLELO" CONSTANTEMENTE

Aunque piense que ya llegó a la cima, que ya se estabilizó o que sigue en ascenso, no puede permanecer inactivo. "Usted tiene que seguir cambiando para afrontar los retos actuales", dice J. B. Fuqua, presidente de un conglomerado de 1 000 millones de dólares anuales que vende artículos deportivos, implementos de jardinería y servicios financieros. "Usted conoce el antiguo adagio: «No lo arregle si no está roto». El hecho es que si usted no lo arregla *constantemente*, se romperá".[10]

El columnista sindicalizado John Heilborn informa que en la industria de los computadores las cosas "se mueven con tal rapidez que cuando se acaba de lanzar un producto al mercado, generalmente ya está saliendo uno nuevo de algún laboratorio, para reemplazarlo".[11] Si un producto o idea ha permanecido en el mercado más de un año sin cambio alguno, podemos estar seguros de que ya se rompió, sepámoslo o no lo sepamos.

Permanecer con lo que da buen resultado hoy, en un mundo en que el mañana se aproxima con más rapidez, es un asunto muy arriesgado. Ichak Adizes, de la UCLA, profesor de administración y autor de *Corporate Lifecycles*, dice que cuando una organización está en la cumbre del éxito "esto no quiere decir que ya haya llegado... Si no se mantiene abasteciéndose de combustible... si no se mantiene alimentándose, perderá su ritmo de crecimiento, y, a la larga, su vitalidad se estancará".[12]

LA VIDA IMITA AL ARTE

Cuando existe el compromiso de "involucrarnos con el éxito" nuestra vida debe imitar ahora más que nunca al arte. Analicemos los siguientes casos:

- A James Michener le pidieron que dijese cuál era su libro favorito entre todos los que había escrito. "El preferido, entre los treinta y cinco libros que he escrito", dijo después de una larga pausa, "es siempre el próximo. Soy un antiguo profesional. El trabajo de un viejo profesional es siempre pasar a la tarea siguiente".[13]

- David Harrington, violinista del vanguardista Cuarteto Kronos, se hace eco de los sentimientos de Michener: "Para mí... ser artista es una fuente de renovación continua, pues es una tarea que realmente no tiene un final".[14]

- El investigador médico J. William Langston hizo grandes avances en el conocimiento de las causas de la enfermedad de Parkinson y le atribuyó a Picasso gran parte de su éxito. "Algo que recuerdo de Picasso", dijo, "es que él siempre estaba cambiando, siempre ensayando algo nuevo. En el campo de la ciencia esta actitud es igualmente importante".[15]

- A Jessica Tandy, ganadora de un Oscar por su papel en *Driving Miss Daisy*, le preguntaron si alguna de sus actuaciones la había dejado insatisfecha. "Todas" fue su respuesta instantánea. "Jamás salgo de la escena al finalizar una actuación diciendo: «Esta noche todo estuvo perfecto». Siempre habrá alguna pequeña cosa que se deba corregir mañana".[16]

LOS MEJORES JAMÁS ESTÁN SATISFECHOS

Como sucede con los grandes artistas y atletas, todos los directivos de alto nivel saben que no pueden permanecer inactivos durante largo tiempo. Siempre están buscando la manera de mejorar. Tony Gwynn, el primer jugador en ganar tres campeonatos consecutivos de bateo después de Stan Musial, dijo: "Creo que jamás llegaré a estar satisfecho... Cuando uno considera que llegó al sitio a donde deseaba llegar, nunca se queda en ese sitio".[17]

Haciéndose eco de Gwynn, K. Shelly Porges, vicepresidenta ejecutiva del Bank of America, manifiesta: "El mayor desafío que todos afrontamos cuando alcanzamos el éxito es no dormirnos jamás sobre nuestros laureles, nunca creer que hemos logrado nuestro propósito. Cuando creamos haberlo logrado, será el comienzo del fin".[18]

Dos de los mejores jugadores de baloncesto de los años 80, Larry Bird y Magic Johnson, son un gran ejemplo de la mentalidad de "jamás terminado, jamás satisfecho". Fuera de temporada, ambos se dedican a subir el nivel de sus capacidades. Durante un verano, por ejemplo, Bird estuvo levantando pesas; durante otro verano se dedicó a correr más; y durante otro, construyó un campo de baloncesto reglamentario, con tableros transparentes y todo, en el césped frontal de la casa de su madre, sólo para "aprender algunos nuevos movimientos".[19]

"Una vez que a uno lo catalogan como el mejor... uno quiere permanecer en ese lugar, pero no podrá lograrlo si despilfarra su tiempo" dice. "En baloncesto, los jugadores cada vez son más grandes, más fuertes y más rápidos, el juego es cada vez más rápido y más sofisticado... Si no me preocupo por un cambio constante, habré pasado a la historia".[20]

Magic practicó durante un verano tiros para encestar de rebote y el enganche aéreo "junior, junior".[21] "En realidad, mi especialidad no son los tiros de enganche; *quiero aprender algo nuevo*... Lo importante es que constantemente deseo agregarle nuevos trucos a mi juego".[22] El metajuego de Magic y Bird, lo mismo que para todos los directivos de alto nivel, es mantenerse aprendiendo, día tras día, llueva o brille el sol.

EL ÉXITO ES UN TRAMPOLÍN Y NO UN PEDESTAL

Sacando una lección de los problemas que la IBM tuvo a comienzos de los años 80, el presidente de la junta directiva, John Akers, ya no permite que la empresa se vuelva a dormir sobre sus laureles. Jacques Maisonrouge, ex jefe de operaciones europeas de la IBM, nos permite penetrar profundamente en el pensamiento de Akers. Mencionando un estudio que hizo *Fortune* sobre las empresas más admiradas, y en el cual la IBM ocupó el primer lugar (con el mejor puntaje en cinco indicadores, de un total de ocho), Maisonrouge dijo que "cualquier otra empresa" hubiera abierto el Dom Perignon. Pero John Akers procedió inmediatamente a designar fuerzas operativas en misiones especiales para averiguar qué se podría mejorar en relación con los demás factores.[23] (Lo único que Akers podría haber hecho mejor, creo, habría sido ¡abrir la botella de champaña y comisionar a la fuerza operativa!)

La **SNC** *dice: Utilice el éxito como un trampolín y no como un pedestal.*

El pedestal es estático y presenta un gran objetivo estacionario que le facilita a cualquier persona derribarlo a usted. El trampolín le permite moverse y saltar constantemente para alcanzar mayores alturas.

Un gran ejemplo de la utilización del éxito como trampolín nos lo da el escritor Frank Deford, cuya conquista de elogios y logros alcanzados es realmente asombrosa. A los cincuenta años de edad, había comentado muchas veces los más importantes eventos deportivos. Deford ganó seis veces el premio anual de escritor deportivo del año, había colaborado en *Sports Illustrated* durante veintisiete años y había escrito diez libros, dos de los cuales fueron llevados al cine.

En abril de 1989, Deford, el más célebre escritor deportivo de esta generación, empujó hacia atrás su vieja máquina de escribir Olympia, se levantó de su escritorio y se alejó del empleo más idílico que existe en el periodismo deportivo.[24] Considerando que ya no había ningún reto allí y con el deseo de meterse con el éxito, aceptó el muy arriesgado puesto de jefe de redacción del *National,* cuya meta era convertirse en el primer diario deportivo de los Estados Unidos.

CAMBIE CUANDO NO TENGA QUE CAMBIAR

La mayoría de las organizaciones no cambian hasta el momento en que se ven obligadas a cambiar. Esperan hasta cuando las cosas andan mal, y buscan desesperadamente un arreglo rápido, cambiando estrategias, productos o servicios, cualquier cosa, para salir del aprieto. El problema es que uno no puede pensar con claridad cuando tiene un revólver apuntándole a la cabeza. La deficiente toma de decisiones, la falta de innovación y la baja moral, características de las organizaciones que juegan a salir del apuro, crean un círculo vicioso que las mantiene significativamente rezagadas.

El pensamiento innovador, y la calidad y el servicio resultantes, tan necesarios en la actualidad, no provienen de una organización que lucha porque "tiene que" realizar algunos cambios rápidos para poder mantener la cabeza por encima del agua.

La SNC dice: El mejor momento para cambiar es cuando no hay que cambiar.

Si usted inicia el cambio cuando se encuentra abajo, se mantendrá en esa situación. En contra de la sabiduría convencional, el mejor momento para cambiar e innovar es cuando uno se encuentra en la cumbre. Entonces la confianza es alta.

"Nosotros hacemos reorganizaciones por buenas razones empresariales", dice John Akers, presidente de la junta directiva de la IBM. "Una de esas buenas razones empresariales es que no nos hayamos reorganizado durante algún tiempo".[25] Éste es el tipo de mentalidad que nos evitará caer en el exceso de satisfacción.

UNA RECEPCIÓN DE BIENVENIDA

"Volverse autosuficiente o estar satisfecho con el *statu quo* es la ruina", dice Paul Viviano, presidente y director ejecutivo de Saint Jude's Hospital, un servicio de salud altamente rentable e innovador de California del Sur. "Cuando las cosas van bien es el momento de seguir pensando en lo que está por venir. El personal tiene sentimientos positivos y hay optimismo, lo cual constituye un buen ambiente para fomentar la innovación".[26]

En un taller sobre innovación que di en Saint Jude's Hospital, uno de los problemas identificados para su mejoramiento estaba en el área de admisiones, que por lo general en los hospitales es fría, burocrática, de trámites prolongados y humillantes para el paciente. Aunque en mejores condiciones que otros, los gerentes consideraban que el aparcadero de Saint Jude's Hospital quedaba lejos del área de admisiones, lo cual implicaba que los pacientes debían recorrer largos trechos, portando maletas, en algunas ocasiones. Además, tenían que esperar mucho tiempo antes de ser admitidos, y no sabían a dónde dirigirse cuando ya estaban adentro.

Demostrando el espíritu creador e innovador de que hablaba Viviano, los gerentes tuvieron la brillante idea de que podrían aprender de los verdaderos profesionales de las admisiones, la industria hotelera. Como resultado del taller, se hicieron planes para la contratación de un portero, un botones para cargar las maletas, un conserje para dar información sobre el hospital y un sistema de admisiones computarizado. Igualmente, señalizaciones más grandes y más claras; un agradable trabajo de decoración y música en el vestíbulo también formaron parte del plan.

"Muchos hospitales, especialmente en el área de admisiones, cuando generalmente el paciente es el más temeroso y desorientado de todos, suelen decir: «Le estamos haciendo a usted un favor»", manifestó un gerente. "Nosotros queremos que las personas se sientan mejor atendidas, y nos preocupamos por ellas. Al fin y al cabo, ése es el objetivo de los hospitales — curación, salud y bienestar. Debemos reflejar todo ello desde el momento mismo de la admisión".

ROMPA EL MOLDE Y VUÉLVALO A ROMPER

Todas las cosas que se encuentran alrededor de usted están cambiando continuamente. Un alto gerente de Hewlett-Packard, también ingeniero, con gran seriedad me entregó una prueba muy importante de su sabiduría: "Si su producto tiene éxito, ya está desactualizado".

Manténgase mirando nuevas tecnologías, nuevos materiales, nuevos sistemas de entrega, nueva información. Manténgase consultando con el cliente. Mantenga los ojos puestos en la competencia. Cambie continuamente para afrontar los cambios que tienen lugar en el mundo que lo rodea. Como lo hacen los practicantes de *surf*, manténgase mirando "hacia afuera" para observar qué se aproxima en el horizonte. Si no lo hace, la próxima ola lo dejará nadando contra la corriente.

"El éxito nunca termina", dice John Wooden, el "mago de Westwood", quien convirtió más equipos de la UCLA en campeones NCAA que cualquier otro entrenador en la historia del baloncesto.[27] Los grandes directivos de todos los campos podrán beneficiarse de la **SNC** que incluye la poesía que el entrenador Wooden les recita a todos sus deportistas:

> *El fracaso espera siempre a todos los que se quedan*
> *con alguno de los éxitos de ayer.*

Las personas que se adhieren a la sabiduría convencional de "Si no está roto no lo arregle", estarán mal preparadas para recibir los días que se aproximan. Cuando aumenten el ritmo y la intensidad del cambio, la tentación será buscar un puerto seguro. Pero, como lo veremos más adelante, la constante búsqueda de seguridad, de posibilidad de pronosticar y de protección tiene un precio muy alto.

La **SNC** *dice:*
Si no está roto, ¡RÓMPALO!

Una tribu aborigen hizo el ensayo de trasladarse cuando la cosecha era abundante, al igual que los alimentos. Cuando la vida era demasiado fácil, ellos sabían que corrían el peligro de engordar, volverse perezosos y no estar preparados para las temporadas de inevitable escasez, cuando se necesite la capacidad de supervivencia.

7

Jugar con demasiada cautela... ¡puede ser peligroso!

Cuando las cosas se vuelven difíciles, la sabiduría convencional nos brinda una gran cantidad de recomendaciones gratuitas — e inútiles — incluyendo algunas favoritas como "No hagan olas", "Juegue a lo seguro", "Refrénese". En consecuencia, en vez de dar todo nuestro potencial, nos concentramos en reducir las pérdidas.

A mediados de los años 80, cuando la IBM atravesaba una época difícil, me invitaron a hablar en varias conferencias que da la empresa sobre administración. Antes de los programas, John Steuri, gerente general de una división, me dijo: "Hábleles sobre la importancia de correr riesgos. Estamos en dificultades. Debemos ser más emprendedores. Nadie quiere correr riesgos, y todos juegan a lo seguro. De esta manera no vamos a recuperar el liderazgo. Jugar con demasiada cautela es peligroso".

JUGAR "A LA DEFENSIVA"

El deporte nos ofrece un buen terreno para observar cómo las personas juegan con demasiada cautela y a la defensiva cuando se encuentran sometidas a presión. El golfista preocupado ante la posibilidad de perder golpeará la pelota con vacilación, y el tiro resultará demasiado corto. Deseando asegurarse de que el segundo servicio vaya al rectángulo, el tenista sirve con gran cuidado y lo hace demasiado suavemente — *plink*, justo en la red.

Con frecuencia observé esta estrategia de jugar con cautela en mis programas de *Inner Skiing*. Temerosos de caer, los esquiadores se movían "con demasiado cuidado". Esquiaban con vacilación, inclinándose hacia atrás, hacia la parte superior de la colina. Pero cuando su peso se recarga en la parte posterior de los esquís, salen volando desde abajo y pierden el control. ¡Paf! Sus grandes temores se convierten en realidad. Jugar con demasiada cautela es *peligroso*.

Después de ganar el campeonato de la NCAA, veintinueve juegos seguidos, Ray Meyer, entrenador del equipo de baloncesto perteneciente a la Universidad De Paul, experimentó un sentimiento de alivio cuando su equipo por fin resultó perdedor. ¿Por qué? Porque Meyer vio que el equipo temía tanto interrumpir su racha de triunfos que había dejado de jugar su propio juego, el estilo veloz de carreras y lanzamientos que había puesto en marcha la racha. Los jugadores actuaban con vacilación y con el deseo de proteger su récord. Finalmente, cuando perdieron, el entrenador Meyer, con sentimiento de alivio le dijo a la prensa: "Ahora podemos volver a jugar para ganar en lugar de jugar a la defensiva".

JUGAR PARA GANAR VERSUS JUGAR A LA DEFENSIVA

En las finales del torneo de Wimbledon de 1990, tuvo lugar un contraste muy visible entre jugar para ganar y jugar a la defensiva.

A un lado de la red se encontraba Mónica Seles. Su oponente era Zina Garrison. No obstante, a medida que el partido se desarrollaba, se pudo observar cada vez con mayor claridad que la contrincante más formidable de Seles no era Garrison, sino ella misma.

"El partido fue muy reñido", dijo posteriormente la desanimada Mónica Seles. "Yo iba por los tiros seguros. Me pareció realmente difícil golpear la pelota, e incluso en el segundo servicio, tuve miedo de golpear para ganar".

Zina Garrison, por el contrario, no jugó a lo seguro: "Simplemente me dije a mí misma que debía correr por la pelota", dijo. "Nada de vacilaciones. Si hubiera perdido, por lo menos sabría que esta vez sí fui por la pelota".[1] Ventaja, juego, set y partido para Garrison.

STANDOFF

Los juegos son un gran medio de aprendizaje. El *standoff* es uno de mis favoritos. En este juego dos personas se colocan frente a frente, a un brazo de distancia, aproximadamente. El objetivo del juego es lograr que el contrincante pierda el equilibrio dando palmadas o esquivándolas. El tamaño o la fuerza en sí representan poca o ninguna ventaja, mientras que los factores de oportunidad, rapidez y estrategia marcan la diferencia.

Al comienzo les digo a las personas: "Juegue con una sola

meta en mente: *No perder.* No pierda el equilibrio, y juegue a la defensiva. El objetivo es sobrevivir. Suponga que si a usted le hacen perder el equilibrio, perderá su empleo".

Después del juego les pido a los participantes que describan las actitudes y las estrategias que los jugadores utilizaron para asegurarse de no perder durante el juego. A continuación se encuentran las respuestas típicas con las palabras dichas por muchos jugadores de *standoff:*

Jugar *standoff* a la defensiva

    Vacilación
    Cautela
    Defensa
    Tanteo
    No correr riesgos
    Retirada
    Reacción
    Intranquilidad
    Concentración en la derrota
    Incomodidad
    Retención
    Tensión
    Tedio

Jugar a la defensiva en el trabajo

Luego trasladamos la discusión al tema de cómo jugamos a la defensiva en el trabajo. A continuación presentamos una lista representativa de las respuestas que dio un grupo:

    No tomar decisiones
    Convocar muchas reuniones
    Decirles a las personas lo que ellas desean oír
    Vender precios, más que valores
    Establecer un comité

Mantener el *statu quo*
Mantener la base de cuentas en lugar de buscar la apertura de nuevas cuentas
Reducir todo
Comprometerse, no enfrentar
Enviar cantidades de memorandums con copias para todos
Parálisis por análisis
No ensayar cosas nuevas — aferrarse a lo conocido

Jugar *standoff* nos demuestra rápidamente que jugar a la defensiva es un juego para no ganar. Cuando usted juega con cautela no corre riesgos, no busca innovaciones ni afronta los retos necesarios para ganar. Cuando usted juega a la defensiva no utiliza habilidades ni estrategias que lo podrían sacar adelante. Si usted se preocupa por la posibilidad de perder, fracasar o cometer errores, se tensiona, se intranquiliza, tiene temor, lo cual le impide dar lo mejor de usted y disfrutar del juego. Y cuando no disfruta de lo que hace no podrá hacerlo bien.

LO BUENO NO ES SUFICIENTEMENTE BUENO

De vez en cuando, jugando con cautela, usted podría realizar un bonito juego; pero en nuestra cultura, que se basa en la acción, estamos rodeados de actuaciones "suficientemente buenas". Pero se está poniendo de manifiesto que lo "bueno" no es "suficientemente bueno". El simple hecho de hacer un "buen" trabajo no le dará a usted la ventaja que necesita en el mercado actual de grandes presiones. Lo "suficientemente bueno" apenas lo coloca con el resto del grupo.

En los deportes, la diferencia entre una buena actuación y una gran actuación, frecuentemente se mide en centésimas de segundo. Esta misma línea delgada tiene validez tanto en la empresa como en el colegio. El factor que diferencia a los grandes ejecutantes de los buenos no suele ser el grado de habilidad; es la manera de pensar y actuar cuando están sometidos a presión; y conforme aumenta la presión, aumenta la importancia del juego mental. Los grandes ejecutantes son osados y resueltos; no juegan con cautela ni a la defensiva.

PUNTOS CIEGOS Y BROTES DE PÁNICO

Todos jugamos a la defensiva en algunos campos de la vida y en determinadas situaciones. Para poder actuar a gran altura usted necesita tener la capacidad de reconocer sus puntos ciegos y comprender dónde, cuándo y cómo deja de correr riesgos o afrontar retos personales.

Jugar a la defensiva tiene raíces tan profundas que muchos lo hacemos automáticamente. Cuando nos hallamos frente a un reto imponente o a una situación difícil, "jugar con mucha cautela" es el mensaje subliminal.

Todos tenemos puntos ciegos, viejos hábitos y brotes de pánico, especialmente cuando nos encontramos sometidos a presión. Tener consciencia de esto es el primer paso para romper el molde y evitar que nos conduzcan al fracaso en el futuro. Cuando usted sale de viaje, si se entera de los barrancos, los obstáculos y las curvas que podrían haberlo sorprendido o bloqueado o haberle causado demoras, puede cambiar su ruta y evitar completamente tales obstáculos. El comprenderse a *usted mismo* y comprender *su* manera de pensar cuando está sometido a presión, es un factor crítico para alcanzar el éxito.

He aquí algunos ejemplos de las maneras más comunes de jugar a la defensiva los individuos y las organizaciones. Vea usted con cuáles ejemplos podría identificarse:

R&M: LA DEFICIENTE DIETA CORPORATIVA

Cuando Harry Truman era presidente tenía sobre su escritorio un letrero que decía: HASTA ACÁ LLEGA LA PELOTA. Significaba que él era el último responsable. Con la mentalidad de jugar con cautela, la actitud prevaleciente es "pasarles la pelota a los demás".

En un mundo vertiginoso, la toma de decisiones puede parecer un tanto arriesgada. Nadie quiere quedarse aislado ni correr el riesgo de que lo señalen como culpable. Una manera de eludir la responsabilidad de tomar una decisión es tratar de que todos estén "a bordo" utilizando la "estrategia de las reuniones y los memorandums" — las R&M de la empresa. Se convocan reuniones, se integran comités, se realizan más investigaciones, se forma un grupo foco — cualquier cosa para zafarse de hacer un escogimiento, asumir una posición o llegar a una decisión. En consecuencia, en lugar de generar negocios se generan resmas de papel; en vez de tomarse medidas se llevan a efecto reuniones interminables.

Tanto la empresa como los "reunidos" pagan un alto precio por toda esta serie de comités y reuniones. Muchos estudios han calculado que el gerente promedio gasta aproximadamente un 40% de su tiempo en reuniones. En realidad, cuando menciono esta cifra, casi todos se burlan de ella; dicen que ojalá fuera *tan bajo* el porcentaje de las reuniones. "Yo asisto a tantas reuniones", me dijo un gerente de marketing, "que el único tiempo que tengo para realizar algún trabajo es después de las cinco, cuando se acaban las reuniones y puedo llegar a mi escritorio". Al finalizar un largo día de reuniones, cuando las personas están cansadas y tienen prisa, no pueden hacer un trabajo muy creativo y de calidad. Es difícil pensar con claridad cuando uno está exhausto, después de todo un día de reuniones, y le zumba la cabeza.

CSR-c.c. [copias carbón]

Todos los días se envían millones de memorandums. Eso de por sí es bastante malo; pero, tras de bocio paperas, de cada memorándum hacen diez copias CSR (cubra su retaguardia) para distintas personas. Esta combinación de la mentalidad de memorándum y CSR implica una gran pérdida de tiempo, energía y recursos. Pensemos en la gran cantidad de tiempo que se gasta diaria o semanalmente en leer, analizar, archivar y realizar el "control de errores" que no tiene nada que ver directamente con uno, pero lo envió alguien para protegerse.

"Tengo más basura para leer; esperan que yo adquiera más pericia; estoy expuesto a mayor cantidad de trabas. Recibo tantos memorandums que parece que mis iniciales fueran «c.c.», me dijo el asesor legal de una importante empresa de energía. Finalmente tuve que escribir un memorándum con c.c. para todos los empleados de la oficina, a fin de que ellos dejaran de escribir más memorandums con c.c. para mí. ¡Y punto!"

DECISIONES, DECISIONES Y MÁS DECISIONES

Lee Iacocca amplía el panorama del problema cuando señala que muchas personas se abstienen de actuar hasta que reúnen toda la información necesaria. Pero cuando llegan al 75% de lo que creen que necesitan, el primer 15% generalmente está ya desactualizado. El secreto para la toma de decisiones es que en algún punto usted debe confiar en su instinto, lo cual les produce muchas noches de insomnio a las personas que prefieren jugar a lo seguro.

Steven Bochco, creador de espectáculos de televisión de enorme impacto como *Hill Street Blues* y *L. A. Law,* dice que en la industria de la TV las personas hacen pruebas, pruebas y más pruebas, basadas en montañas de investigaciones y datos de mercado, antes de tomar una decisión acerca de un nuevo espectáculo. Él confía en una sola cosa: su "instinto".

Infortunadamente, las investigaciones realizadas demuestran que la abrumadora mayoría de los estadounidenses (el 85%) son reactivos y estáticos, no orientados por la acción, la dinámica o el instinto. Todos esperan, se reúnen, se reúnen y esperan. Teniendo a su disposición un gran arsenal de sabiduría convencional conservadora, tratan de controlar los resultados en un mundo que está fuera de control. Sienten el impulso de arriar las velas del navío y esperar la tormenta.

Refiriéndose al peligro de jugar a lo seguro y aplazar la toma de decisiones, Thomas Watson, Jr., fundador y ex presidente de la IBM, dijo: "Yo nunca me aparto de la norma administrativa según la cual lo peor que podemos hacer es no hacer nada cuando se presenta algún problema. Resuélvalo, resuélvalo rápidamente, bien o mal. No hacer nada es una alternativa cómoda, porque no implica un riesgo inmediato, pero sí una forma absolutamente fatal de dirigir una empresa".[2]

EL CONSENSO CONDUCE AL COMPROMISO

La toma de decisiones jugando con mucha cautela busca el consenso, y generalmente lo hace un comité. En este sentido, esto se parece mucho a la definición clásica de camello como "caballo ensamblado por un comité". Aunque el consenso tiene un gran mérito, también puede constituir un truco subconsciente para jugar con cautela y no responsabilizarse.

Llegar por consenso a una decisión de "ganar/ganar" puede generar un compromiso mediante la identificación del común denominador más bajo y no del más alto, es decir, un no ganar para todos. La idea innovadora más caliente se puede entibiar cuando es temperada por cada miembro del comité y por cada una de las consideraciones posibles.

En muchas empresas se considera anatema que un comité tome una decisión. "En una cultura de libre desarrollo (la de PepsiCo), el comité se define como «un callejón siniestro a través del cual se conduce a las ideas... para estrangularlas»".[3]

PRUEBAS, PRUEBAS Y MÁS PRUEBAS

La mentalidad conservadora de Procter & Gamble, una de las cuentas publicitarias con que trabajé en los años 60, era un gran ejemplo de jugar con cautela. Si teníamos una nueva idea para un producto, una promoción, un nuevo paquete, un nuevo texto publicitario, primero había que someterla a prueba en grupos foco; luego, en tres o cuatro ciudades de prueba diseminadas por todo el país; y posteriormente, en una región. Pruebas, pruebas y más pruebas ... investigación, investigación y más investigación — incluso hasta, no me creerán, qué estructura de empaque o promoción aparecería primero en la película publicitaria. En consecuencia, si la idea llegaba a tener algo de bueno, la competencia recibía información al respecto, antes de que usted pudiera desarrollarla y le tomaba la delantera.

Pero hace poco, Procter & Gamble realizó algunos cambios importantes. Al revisar su estrategia de jugar con cautela, la empresa está modificando su estructura centralizada. Demostrando nueva agilidad, Procter & Gamble lanza ahora productos para distribución nacional con muchas menos pruebas de mercado que antes. Este paso es muy importante para una empresa en la cual, según mi propia experiencia durante años, todos tenían que aprobar un texto publicitario para cada marca. Con esta nueva actitud de apertura, P&G ha podido reafirmarse como líder del mercado sobre su archirrival Colgate-Palmolive.

"NO ESTÁ EN EL PRESUPUESTO"

Una de las maneras más comunes de jugar con cautela los gerentes y los ejecutivos es aferrarse rígidamente a los "números". Probablemente las palabras "No está en el presupuesto" han destruido más innovación de la que podemos imaginar. Dependiendo del presupuesto para orientar las decisiones, los gerentes no se ponen en peligro, no tienen que arriesgarse.

Una de las razones por las cuales las organizaciones regidas "por los números" se estancan en un ambiente de movimiento rápido es que habitualmente se elaboran los presupuestos, mucho tiempo antes del período que cubren. Un presupuesto anual, por ejemplo, generalmente se elabora por lo menos tres meses antes de comenzar el año fiscal, y la planificación que dio como resultado esos números se había hecho mucho antes.

En un mundo que cambia segundo a segundo, con algunos productos que tienen un promedio de vida inferior a seis meses, estos números y pronósticos de presupuesto se desactualizan rápidamente y llegan a carecer de significado ante los cambios impredecibles del mercado, la nueva competencia o un avance tecnológico. Así, los presupuestos se convierten en una traba e impiden responder rápidamente a estos cambios imprevistos.

No solamente los números correspondientes a los presupuestos se desactualizan rápidamente sino que otro tanto sucede con la mentalidad que se oculta detrás de ellos. Dice Jean-Marie Descarpentries, quien dirige la compañía franco-británica CMB Packaging, empresa de miles de millones de dólares que crece a una tasa anual del 26%: "Si el presupuesto es la base de un plan, usted está satisfecho con una extrapolación del pasado".[4]

GASTAR MENOS NO SIGNIFICA GASTAR BIEN

Donald A. Curtis, importante socio de una importante firma de servicios financieros, Deloitte & Touche, va más lejos: "Depender del presupuesto", dice, "es el error fundamental de la administración estadounidense". Esto sucede porque los gerentes suponen que uno puede administrar la empresa manejando el dinero. "Se equivocan", dice Curtis. "El hecho de que un presupuesto no se haya sobrepasado no quiere decir que se haya utilizado bien".

Los presupuestos son útiles para llevar un registro, pero las decisiones no se toman por el mérito de una nueva idea o servicio para el cliente sino porque encajan o no encajan en el presupuesto. Algunos gerentes hacen grandes esfuerzos por elaborar presupuestos, especialmente si está en juego un incentivo monetario; se cortejan clientes marginales, se reducen los precios significativamente y se sobrecarga de mercancías a los distribuidores.

Jugar con mucha cautela y depender únicamente de los

números (muchos de los cuales ya se han desactualizado en el momento de su utilización) podría parecer una práctica segura, e incluso pragmática, pero ella le impedirá reaccionar rápidamente a los cambios increíblemente rápidos que se producen en el mercado. Como lo dice Alan Jacobsen, director ejecutivo de 3M: "No quiero oír decir que alguien echa abajo un proyecto porque no está en el presupuesto".[5]

CORTAR Y RECORTAR

Tenemos aquí otra versión de jugar a la defensiva: ¡Cuando las cosas sean difíciles, reduzca sus pérdidas! Recorte presupuestos, reduzca costos, recorte los gastos generales, recorte los gastos de investigación y desarrollo, recorte el inventario. Recorte, recorte y recorte. Desde Apple hasta Zenith, muy pocas empresas estuvieron exentas de la mentalidad de cortar y recortar de los años 80.

Como resultado de ello, algunos eufemismos como "reducción del tamaño" y "reestructuración" entraron poco a poco a formar parte del vocabulario en las empresas de los Estados Unidos. Como lo aconseja la prudencia, recogí mi periódico matutino y encontré los siguientes titulares en la página comercial:

- RAYCHEN REDUCIRÁ EN 900 SU FUERZA LABORAL. LOS DESPIDOS OBEDECEN A UN ESFUERZO DE REESTRUCTURACIÓN

- IMPORTANTE PROVEEDOR DE HOSPITALES SE PROPONE HACER 6 400 DESPIDOS

- EL NEW ENGLAND BANK ELIMINARÁ 5 600 PUESTOS

Aunque parezca sensato que "nos apretemos el cinturón", recordemos que en una época más competitiva y de cambios más rápidos, nos corresponde pagar un alto precio por la reducción de costos. A pesar de todos los despidos del decenio pasado, de la creciente automatización y de los sistemas de inventario "justo a tiempo", la productividad en los Estados

Unidos "creció un escaso 1.2% anual en promedio durante los años 80 . . . Esto significa que, prácticamente, no hubo ninguna mejora en comparación con los años 70". Todas esas reducciones lograron muy poco en el sentido de aumentar la productividad.

¿Quiere usted más pruebas? Piense en lo siguiente: Más de la mitad de las 1 468 empresas reestructuradas, que fueron investigadas por la Sociedad para Administración de Recursos Humanos, informaron que la productividad de los empleados había permanecido igual o se había deteriorado después de los despidos.

Si usted desea que los empleados quieran al cliente y le presten un gran servicio, que tengan la calidad como primer objetivo, si usted quiere que ellos aprendan a ser más productivos, asuman mayor responsabilidad, corran más riesgos y tomen decisiones más rápidas, tenga mucho cuidado con la idea de apretarse el cinturón. El setenta y cuatro por ciento de los gerentes que pertenecen a empresas cuyo tamaño se redujo dijeron que los trabajadores tenían la moral más baja y desconfiaban de la administración.[6]

La mentalidad de "cortar y recortar" crea una atmósfera que "recorta" igualmente la calidad, la innovación y la motivación. El desempeño es reemplazado por la conformidad, y la innovación por la conservación del *statu quo*. El espíritu y la moral caen verticalmente. El personal tiene miedo, y mira constantemente de reojo. La motivación está en conservar el empleo y no en seguir progresando; se juega a la defensiva, y no para ganar. Como resultado, aunque usted pueda haber recortado sus costos, con frecuencia habrá recortado su recurso vital.

Bell & Howell, golpeada por haber sido absorbida por otra empresa, e igualmente por escaramuzas y rumores sobre despidos, tomó consciencia de que el "nerviosismo y la depresión resultantes cuestan dinero".[7] Los rumores se difundían con mayor rapidez que el correo oral. Según se dijo, los representantes de ventas dedicaban gran parte del tiempo a las charlas telefónicas para actualizar rumores, al igual que a las ventas de campo. Al estudiar el comportamiento de las ventas durante este período, B&H determinó que se había perdido por lo menos un 11% de las utilidades — millones de dólares — por la tristeza que les produjo a los empleados *retenidos* el "apretamiento del cinturón".

INVESTIGACIÓN Y DESARROLLO: EL SONIDO DE NINGUNA MÚSICA

Robert S. Miller, Jr., vicepresidente ejecutivo de la Chrysler Corporation, nos relata una historia, extravagante pero cierta, que ilustra otro aspecto negativo de los recortes:

"El propietario de un cine extranjero pensó que la película que se proponía exhibir era demasiado larga, de manera que decidió recortar lo que, en su concepto, carecía de importancia. Bien, la película era *The Sound of Music*. Y ¿sabe usted lo que hizo? Recortó todas las canciones. Dios me ayude, pero, créalo o no, ¡acortó *The Sound of Music*, suprimiendo las canciones! Me imagino que su versión de la película debe haber comenzado con la persecución de los nazis a la familia von Trapp cuando ascendían por la montaña. Seguramente esa versión duró unos quince minutos.

"Por supuesto, esta decisión fue absurda, miope e impopular; a usted y a mí esto nos suena literalmente como una locura de tamaño mundial", dice Miller. Y luego prosigue, haciendo una comparación de interés a nivel mundial: "Cuando se hace algo así, ¿qué diferencia habría, por ejemplo, con el hecho de recortar los gastos de investigación y desarrollo en una empresa cuando simultáneamente se desestabiliza con una impresionante deuda orientada a «mejorar el valor de los accionistas»?"[8]

EL ROBOT LOCO QUE SE COMIÓ A TOKIO

El gran director Akira Kirosawa realizó una serie de éxitos taquilleros con grandes presupuestos durante los años 50, la llamada época dorada del cine japonés.

Pero en los años 60, con el advenimiento de la televisión, se redujo la asistencia del público. Como reacción a esta disminución del público, los estudios cinematográficos del Japón empezaron a jugar a lo seguro. Recortaron los presupuestos y empezaron a darle vueltas a la manivela para producir películas baratas y con formato de títulos como *El robot loco que se comió a Tokio* (el título no es exacto, pero usted me entiende). Los auditorios se redujeron aun más, lo cual a la vez provocó más recortes, más películas malas y menos público. La espiral descendente continuaba. Hace apenas poco tiempo la industria ha empezado a recuperarse y alejarse de esas prácticas presupuestarias orientadas a jugar a la defensiva.[9]

La fijación mental de reducir-reducir-reducir constituye una estrategia defensiva que frena el avance.

La SNC dice: Tratando de "sostener la fortaleza", ésta suele caerse encima de usted.

LA DEFENSA NO ES EL MEJOR ATAQUE

Cuando los grandes ejecutores están sometidos a presión, no juegan a la defensiva. Cuando están sometidos a presión, emprenden la ofensiva. "Cuando llegué aquí no estábamos haciendo dinero", dice Jan Carlzon, director ejecutivo de Scandinavian Airlines Systems, quien comprende bien a la SNC cuando nos dice que en la reducción de costos hay muchos costos ocultos. "Nos encontrábamos en una situación desesperante, y es *el peor momento para concentrarnos en prevenir errores y reducir costos.* En primer lugar, tendríamos que incrementar los ingresos... Luego podríamos pensar en reducir costos, pues sólo entonces sabríamos qué costos se podrían reducir..."[10]

Otro ejemplo sobre la actitud que se requiere para triunfar en un ambiente competitivo nos lo da McCormick & Co., los mayores productores de condimentos. Frente a las utilidades de 1986, que no fueron superiores a las de 1981, como resultado de cambios en los hábitos del consumidor, muchas empresas habrían tenido la tentación de jugar con mucha cautela y proceder a las reducciones necesarias para hacer mejoras a corto plazo en el resultado final del informe financiero. Lo mismo que Carlzon, el director ejecutivo de Scandinavian, "Buzz" McCormick, Jr., jugó para ganar, y no a la defensiva. En lugar de recortar productos o personal, la empresa empezó a destinar dinero para su propia reconstrucción. "Revitalizamos toda nuestra línea de distribución al por menor, la reempacamos y la repromovimos", dijo el director ejecutivo. Por esta razón se espera que las utilidades de McCormick "continúen creciendo en más del 10% anual durante los próximos años".[11]

Para *lograr* un margen en estos días, se necesita que usted se sitúe dentro de su propio margen. Pero no lo logrará con cautela y vacilaciones. Steffi Graf dijo una vez que, cuando está de por medio el triunfo en el juego, hay que golpear con más fuerza. En uno de mis seminarios, un gerente de una cadena de comidas me dijo inteligentemente: "Si uno juega a la defensiva, no podrá ganar".

PREPARARSE A LA DEFENSIVA PARA "EL GRAN JUEGO"

Preocuparnos por la posibilidad de perder o de cometer errores frecuentemente nos lleva a jugar a la defensiva. En una conferencia de la IBM, un ingeniero de ventas que había jugado fútbol americano en un importante equipo universitario me contó la siguiente historia: Su equipo siempre había tenido el mejor puntaje de la conferencia y clasificación a nivel nacional. Pero casi siempre, al enfrentarse con el rival de la conferencia, el equipo perdía. "Nuestro equipo siempre era el mejor — al menos en el papel", agregó.

"Pero el entrenador siempre nos preparaba para el partido gritándonos: «¡Éste es el gran juego! ¡No lo pierdan! ¡Usen la cabeza, y no cometan errores estúpidos! ¡No corran riesgos! Procedamos con nuestro juego»".

"Todos nos lanzábamos al campo tensos e inquietos, actitud que normalmente no acostumbrábamos adoptar antes de un partido. Nos preocupábamos más por no cometer errores que por ganar el juego". La actitud del entrenador de jugar a la defensiva, realmente predisponía al equipo a perder.

Cuando yo trabajaba en publicidad, con frecuencia prevalecía el mismo tipo de mentalidad de jugar a la defensiva. "Esta reunión es muy importante", nos decía nuestro jefe. "No se confundan. No presenten ideas nuevas ni digan nada que no hayamos probado. Simplemente, limítense al guión preparado". Así, llegábamos a la reunión totalmente petrificados por el miedo de cometer un error. Ciertamente, nos preocupábamos más por no cometer errores que por un buen desempeño y por ser creativos. La tensión y el estrés resultantes nos convertían en robots. No teníamos confianza en nosotros mismos, y éramos indecisos en todo lo que hacíamos; como futbolistas, jugando a la defensiva, nos negábamos la posibilidad de ganar.

Charles Lynch, presidente de la junta directiva de una empresa de entregas rápidas, DHL, y ex jugador de tenis a nivel internacional, alguna vez me comentó que su preparación para un gran partido o para una reunión importante abarcaba un análisis de las posibles eventualidades, incluso lo peor. Preparándose de esta manera antes de la reunión o del partido, la posibilidad de perder jamás tenía cabida en su mente. Solamente se concentraba en lo que debía hacer para ganar.

La SNC dice: Si usted está preocupado por la posibilidad de perder, es muy probable que pierda.

EL ALTO PRECIO DE LOS LANZAMIENTOS POR LO BAJO

Hace unos cuantos años, los combatientes de la "guerra de las colas" también descubrieron que hacer lanzamientos por lo bajo puede ser una forma peligrosa de jugar. Después de haber comprado Coca-Cola y Pepsi a precios "de guerra", los consumidores no entendieron por qué debían pagar más por el producto después del "cese del fuego". Estas empresas han necesitado varios años para recuperarse de estos absurdos precios promocionales.[12]

*La **SNC** dice: El precio de vender por lo bajo resulta ser muy alto.*

Una de las quejas más comunes que presentan los gerentes de ventas es que muchos vendedores juegan a la defensiva lanzando bolas bajas. Venden el precio en vez de poner énfasis en el valor, calidad o servicio.

La propietaria de un negocio próspero estaba desesperada por obtener la importante cuenta de Pan Am para el suministro de maletines e implementos de viaje. En su prisa por "congraciarse" con el cliente, les concedió un precio muy bajo para un artículo menor, los portapasaportes de vinilo.

El pedido fue grande, pero no le produjo ninguna utilidad puesto que su oferta era demasiado baja. Sin embargo, ella interpretó la operación como una "pérdida líder", es decir, una manera de establecerse como proveedora de Pan Am. Cuando se hizo la solicitud de ofertas para el lucrativo contrato de suministro de maletines a la aerolínea, ésta ni siquiera se puso en contacto con la empresa. Al preguntarle ella al agente de compras de Pan Am por qué la habían dejado por fuera, le contestó que habían decidido utilizar a sus antiguos proveedores porque eran "conocidos" y realizaban trabajos de gran calidad. El agente de compras le dijo que más adelante la tendrían en cuenta como futura proveedora de productos tales como portapasaportes y portapasajes.

JUGAR PRUDENTEMENTE

En un discurso que pronunció en el Commonwealth Club de San Francisco, Hedrick Smith, jefe de la oficina del *New York Times* en Washington y autor del best-seller *The Washington Power Game*, dijo cómo la estrategia de "jugar a la defensiva" puede afectar al campo de la política. Teniendo en cuenta que la prensa saca tanto provecho de los escándalos, los errores y las fallas humanas, el que mejor satisface los requisitos en cada partido — dice Smith — es un candidato seguro, uno demasiado cauteloso, que no asume actitudes atrevidas, que no se pronuncia sobre las controversias y que no define posiciones.

Por tanto, lo que los votantes eligen es la mediocridad, "líderes" carentes de coraje, de visión y de pasión. Un subproducto en las elecciones presidenciales de 1988 fue la votación más baja que se haya registrado en sesenta y cuatro años.

NO SE PUEDE JUGAR SIN PUGNAS

Muchos jefes juegan a la defensiva evitando enfrentamientos con empleados difíciles; actúan como si los problemas no existieran o como si se solucionaran por sí solos. No quieren afrontar ninguna pugna o discusión. Pero, al evadir el problema, estos jefes refuerzan implícitamente el comportamiento negativo, que a la vez crea más problemas.

Esperar a los que llegan tarde para iniciar una reunión es un ejemplo común de este deseo de mantener las cosas como están. Pero esperarlos y no enfrentarlos es rendirles homenaje a los que llegan tarde y transmitirles a los demás el mensaje de que está bien llegar tarde. Los asistentes empiezan a dar por sentado que las reuniones empiezan 10 minutos después de lo anunciado. Las personas que llegan tarde empiezan a llegar aun más tarde, y el círculo vicioso continúa. En una importante empresa pude observar esto en forma directa. Nadie sabía a qué hora se debía asistir a las reuniones. ¿El resultado? Algunas personas dejaban de asistir, otras se presentaban con media hora de retraso. Un verdadero caos.

Un gerente me hablaba de una empleada complicada cuyo desempeño dejaba que desear pero a quien no deseaba enfrentar: "Yo podría desanimarla, o incluso perderla, si le llamo la atención", explicó. Nunca enfrentó el comportamiento de la empleada, pero la actitud de avestruz que asumió el gerente les transmitió este mensaje, a ella y a los demás empleados: "El desempeño mediocre no tiene repercusiones, nada sucederá". A la larga, tuvo que despedirla.

No afrontar los problemas cuando se presentan equivale a dejar crecer la maleza. Muy pronto queda fuera de control, y es necesario tomar medidas extremas.

JUGAR PARA MANTENERSE

Tony La Russa, director del equipo de béisbol campeón mundial, el Oakland A, dice que el mejor consejo que le han dado es éste: "No dirija para conservar su empleo. Dirija para ganar". Al describir una situación en que la estrategia convencional de jugar a la defensiva exige dar un golpe muy suave, La Russa dice que a veces uno debe permitirles a sus bateadores dar un *golpe en swing*. Si usted golpea la pelota suavemente y fracasa siempre podría decir: "Yo ordené el juego apropiado. Mis jugadores no lo ejecutaron". "Pero", dice él, "los jugadores están al tanto de la situación. Si ven que usted trata de protegerse — si usted golpea suavemente en tal situación — ellos le perderán el respeto". En este caso — dice La Russa — la realidad es: "Si usted trata de proteger su retaguardia, no podrá ganar".[13]

JUGAR CON CAUTELA

Jugar con demasiada cautela es como practicar *surf* en sesenta centímetros de agua. Puede que usted no caiga, pero tampoco tendrá la profundidad suficiente como para atrapar aunque sea la más insignificante de las olas.

La estrategia más peligrosa es jugar con demasiada cautela. Por el contrario, los que piensan romper el jarrón corren riesgos, rompen las reglas y desafían lo convencional, y convierten el cambio en un verdadero aliado.

La **SNC** *dice:*
Jugar con demasiada cautela es peligroso.

8

No compita... cambie el juego

DEFINA SU PROPIO MERCADO

En la actualidad, la economía de cada nación afecta a aconteci-mientos de las demás naciones, y es afectada por ellos. En nuestra economía global, cada vez más empresas aprenden a deshacerse de viejos y costosos hábitos. Un hábito especial-mente malo es que usted deje que su competencia defina el mercado.

Por ejemplo, la división de ropa masculina de Levi-Strauss estaba compitiendo sin éxito en un mercado creado por Hag-gar, el líder en la confección de pantalones para hombre consagrado desde hacía mucho tiempo.

ATAQUE A MOUNT HAGGAR

Los resultados de este "ataque a Mount Haggar", dice Bob Siegel, presidente de la división, "fueron un gran dolor de cabeza. Al parecer no había una vía, o por lo menos, no la había para ascender por el frente de Mount Haggar. Pero descubrimos que podía haber otro camino para escalar la montaña. En vez de enfrentar directamente a Haggar, tal vez podríamos tomar una ruta por los flancos hacia la cumbre.

Sabiendo que la generación de la explosión demográfica,* que había comprado jeans durante toda la vida, se aproximaba a los cuarenta y buscaba otro tipo de pantalón informal, la maniobra lateral de Levi- Strauss fue implantar una nueva categoría de pantalones informales, los Dockers®.

Pero eso fue apenas el comienzo. Los Dockers® cambiaron literalmente el juego, es decir, la forma de comercializar y vender los pantalones. Antes que nada, los diseñadores de Levi alteraron el talle de los pantalones, a fin de que fueran más cómodos, holgados y de moda, con una silueta más atractiva.

REDISEÑO DEL CAMPO

También idearon exhibiciones para los Dockers® en pisos principales, audaces, brillantes y atractivas, que revitalizaron el departamento de ropa masculina, antes monótono y oscuro. Para atraer a los clientes, las tiendas de departamentos colocaron a los Dockers®, con sus exhibiciones visualmente atrayentes, cerca de los pasillos de más tránsito. También, Levi-Strauss les ha suministrado a las grandes tiendas el servicio de promotores de ventas para mantener en existencia y en exhibición los productos de mayor rotación.

---

*Las personas que nacieron después de la Segunda Guerra Mundial, entre 1946 y 1965, período en el cual se produjo un fuerte incremento en la tasa de natalidad (*N. del T.*).

El resultado de todo esto fue nada menos que increíble. Al tomar un camino diferente de la competencia convencional frontal, las ventas de los Dockers®, de la división de ropa masculina de Levi, pasaron de 1 millón de dólares en 1986 a ¡500 millones en 1990! La sabiduría convencional nos dice: Para ganar, debemos atacar a la competencia de frente, hasta derribarla a golpes. Utilizando la **SNC**, Levi — división de ropa masculina — cambió el juego y se convirtió en el gran ganador.[1]

NO COMPITA DE FRENTE

Continuamente Patagonia ha tomado rutas que van por los flancos de la competencia y ha creado un nuevo estándar de ropa deportiva mediante la práctica de esta **SNC**. "Jamás compito de frente", dice Yvon Chouinard, fundador y presidente de Patagonia. "Cuando los demás copian nuestro producto y venden más barato, no entramos en la pelea. Más bien cambiamos el producto o lo descontinuamos. Nuestra tarea es crear productos únicos, y no competir. Yo no estoy interesado en participar en otra guerra de las colas".[2]

Levi-Strauss y Patagonia no han sido los primeros en ganar mediante la actitud de no competir directamente. En los años 50, Volkswagen cambió el juego cuando lanzó el "escarabajo", que les volaba por la cara a los monstruos alados que salían de las plantas ensambladoras de Detroit. No compitiendo directamente con los grandes y exaltando las virtudes de "pensar en lo pequeño", la VW fue la gran ganadora. Avis también ganó no compitiendo de frente. Evitando un enfrentamiento directo con Hertz, Avis hizo historia al exaltar las virtudes de ser el número dos y "trabajar más duro".

Enfrentarse a la competencia de frente y tratar de derrotarla a golpes es una manera de jugar para ganar. Pero, en contra de la sabiduría convencional, competir de frente, como acabamos de verlo, puede limitar el éxito y no ser necesariamente la manera más eficaz de jugar.

LA COMPETICIÓN FOMENTA EL CONFORMISMO

La persona que influyó más en mí con sus enseñanzas acerca de los límites de la competición fue el ex jefe del departamento de psicología educacional en la Universidad de Columbia, el doctor Brian Sutton-Smith, una de las autoridades mundiales en juegos. A comienzos de los años 70, Brian era el asesor de mi investigación doctoral cuando vino a conversar con un grupo de entrenadores y profesores que yo dirigía. Como educador de gran experiencia, él hacía que comenzáramos con un número de juegos infantiles como capturar la bandera, jugar al escondite y *ringalevio*.

Brian, como individuo muy jovial y alejado del académico estereotipado, practicaba todos estos juegos con nosotros. Pero había en él una peculiaridad molesta: continuamente rompía las reglas, reorganizaba los papeles, cambiaba los límites, modificaba las estrategias. Todo era posible, según su mentalidad dada al reto.

Cuando le preguntamos acerca de sus métodos, nos explicó que, cuando competimos, implícitamente aceptamos practicar el juego como siempre se realiza, guiándonos por las reglas y los papeles formales e informales, e igualmente por los rituales tácitos. Aunque la competición puede ser divertida y emocionante, no es muy creativa, y limita la imaginación.

*La **SNC** dice: La competición fomenta el conformismo.*

Los niños siempre cambian las normas, los límites, los papeles y la manera de practicar el juego. La investigación nos muestra que con frecuencia los niños dedican más tiempo a crear y re-crear los juegos que a jugarlos como son. En vez de adherirse a una serie de normas establecidas, tratan continuamente de rediseñar el juego para adaptarlo a las necesidades de la situación y de sus propios deseos. En los juegos, los niños no se limitan a conformarse sino que continuamente crean y re-crean.

YO TAMBIÉN, YO TAMBIÉN

Otro tanto sucede en el mundo empresarial. Cuando uno compite de frente, implícitamente acepta jugar el mismo juego, regido por determinadas normas y supuestos que limitan la creatividad. Si su pensamiento está restringido por ciertos parámetros, la innovación estará limitada por las normas y, por tanto, restringida a pequeños cambios incrementales.

La innovación es un cambio en nuestra manera de hacer las cosas: innovar es adoptar nuevos métodos. Hoy, lo que se entiende por innovación no es otra cosa que una variación de lo que ya se ha hecho: un nuevo diseño de empaque, un aparato más rápido, una promoción especial o un nuevo nicho de marketing.

Cuando uno compite de frente se concentra demasiado en la competición y en cómo derrotar a la otra persona. Buena parte de la "innovación" se convierte en una forma de "yo-también-ismo", en la cual los pequeños cambios nos permiten persistir u obtener una ventaja mínima durante un corto período de tiempo. Alguien baja los precios, y los demás lo imitan rápidamente, con un precio aun inferior. Una empresa automotriz concede una garantía de 50 000 kilómetros durante tres años, y otra sube estas cifras a 80 000 kilómetros y cinco años...

Veamos lo que ha sucedido con los programas de viajeros frecuentes en las aerolíneas. Lo que fue una idea creativa, ahora ha sido copiada tanto que todas las aerolíneas tienen un programa, y ninguna aventaja a las demás. Otro tanto sucede en el mundo altamente competitivo de la banca. El Bank of the Avenue ofrece más horas, más cajeros automáticos, servicio bancario los sábados o tasas de interés más bajas. El Bank of the Boulevard y el Bank of the Boardwalk inmediatamente saltan al vagón de los músicos y siguen el ejemplo. John B. McCoy, presidente del Bank One, dice: "El problema con la industria bancaria es que, cuando uno descubre algo bueno, 150 personas dan el salto para utilizarlo".[3]

Este "yo-también-ismo" competitivo no solamente se da en

las industrias automotriz, aérea y bancaria, sino también en todas las demás industrias. Una empresa ofrece un costo innovador, un servicio o un beneficio de calidad, y todos los demás tratan de superar al líder. Y el juego continúa.

TV-TAMBIÉN-ISMO

Un ejemplo visible de "yo-también-ismo" lo constituyen los espectáculos matutinos de TV que compiten encarnizadamente por el puntaje de *rating*, que vale cientos de miles de dólares. Pero algunos programas matutinos son esencialmente iguales. En esta industria enormemente competitiva, la conformidad es aterradora. Todos los animadores son idénticos: cada espectáculo tiene una mujer rubia, un hombre moreno y un alegre pronosticador del tiempo (hombre). Todos entrevistan a las mismas personas en lo que parece ser un estudio igual. Todos realizan viajes similares y presentan las mismas noticias al mismo tiempo.

Todos tienen miedo de ensayar algo nuevo y romper la tradición. No es raro que los *ratings* de televisión estén descendiendo paulatinamente. En esta batalla competitiva, todos se han conformado.

Esta tendencia al conservatismo tiene validez para las tres grandes redes en casi todas las áreas de programación. Aunque dos recientes hits, *The Simpsons* y *Twin Peaks* demostraron que vale la pena correr riesgos creativos y romper las reglas, básicamente la temporada de TV entre 1989 y 1990 también estuvo atestada de clichés gastados y se caracterizó una vez más por una audiencia en descenso. Lentamente, y gracias a los agresivos Fox Network, TV cable y vídeos domésticos, los tres grandes tardos están aprendiendo una lección, como lo dice Brandon Tartikoff, presidente de NBC Entertainment: "Lo verdadero y probado equivale a estar muerto y enterrado".[4]

TERRENO DE JUEGO INCLINADO

"Se ha producido un gran debate en los Estados Unidos sobre el nivel que debe tener el campo de juego", dice C. V. Prahalad, profesor de la Escuela de Administración de Empresas de la Universidad de Michigan. "Yo pienso que el nivel de un campo de juego es una noción fundamentalmente equivocada. La estrategia no se refiere al nivel del campo de juego. Más bien tiene que ver con una ventaja diferencial", dice Prahalad. "Debemos… preguntarnos: «¿Cómo puedo cambiar las reglas del juego en mi empresa, de manera que yo pueda sostenerme en el terreno alto de un campo de juego no nivelado?»"[5]

Una buena ilustración de este proceso es la forma en que una empresa pequeña como Cannon retó a una industria gigante como Xerox. El éxito considerable de Cannon no provino de ponerse en actitud de pelea contra las máquinas grandes de Xerox y su concepto centralizado del fotocopiado; en lugar de ello, Cannon hizo un nuevo juego; creó máquinas más pequeñas y personalizó las fotocopias.

NO COMPITA

Sería ingenuo y tonto decir: "No compita, no ofrezca un nuevo beneficio, servicio o precio que le represente una ventaja competitiva". Cualquier cosa que le deje un margen, así sea un punto sobre la competencia, tiene importancia hoy en día. Pero aunque pueda lograr algunas pequeñas ventajas incrementales al competir de frente y derrotar a la competencia a golpes, usted no logrará los avances que realmente se necesitan para estar adelante del montón.

JUGAR A LA PELOTA RÁPIDA

Para explicar este punto, acostumbro pedirles a las personas que participen en un juego que yo llamo pelota rápida. Divido a los voluntarios en tres equipos de diez a quince jugadores cada uno. A cada equipo se le da un balón de fútbol y a los jugadores se les pide que formen un círculo, guardando entre sí unos 70 centímetros de distancia, y que cuenten el tiempo. "El objeto de este juego", les digo, "es hacer que todos los del equipo toquen el balón en orden. El tiempo comienza con el primer toque y acaba con el último. En sus marcas, listos, ¡adelante!"

Cada equipo pasa el balón alrededor del círculo con la mayor rapidez posible, como la brigada hiperactiva que lanza cubetadas para apagar un fuego. El equipo ganador tarda menos de 45 segundos. "No está mal" les digo. "Pero el récord es de 5 segundos".

"¡Cinco segundos! ¡Imposible!", responden ellos. Luego les doy un minuto para idear una manera más veloz de jugar a la pelota rápida. Entonces vuelven a jugar. Dos equipos hacen ajustes y reducen su tiempo a menos de 35 segundos.

Abandonando totalmente su antigua estrategia, el equipo ganador termina en 9 segundos. ¿Cómo? En lugar de pasar el balón alrededor del círculo, lo colocan en el suelo, en el centro del círculo, ¡se inclinan y lo tocan! No tenemos que decir nada más. Las 300 personas reunidas en el salón captan el mensaje.

En las sesiones de "trabajo" posteriores a este juego, los niveles de creatividad y las ideas innovadoras fueron muy superiores a los de antes. Aprendiendo una lección de la pelota rápida, la gente supera su forma tradicional de solucionar problemas y tomar decisiones. La frase "así se ha hecho siempre" y otras mangueras extintoras ya no pueden seguir ahogando su creatividad.

MISIÓN IMPOSIBLE

La sabiduría convencional nos aconseja que establezcamos metas que impliquen reto pero que sean alcanzables. John Young, director ejecutivo de Hewlett-Packard, optó por una alternativa diferente. En vez de fijar objetivos razonables, fijó algunos irrazonables:

- Les dijo a sus empleados que quería una impresora laser-jet que se pudiese vender *por menos de una tercera parte* del precio actual.

- También les dijo que deseaba *reducir en un 50%* el tiempo que un producto tardaba en pasar de la etapa de idea a su colocación en el mercado.

"¡Imposible!", contestó uno de los gerentes, "él está loco; vamos tan rápido como es posible en la actualidad. En nuestra operación no se pierde un minuto".

El gerente tenía razón. La meta de Young era imposible... pero sólo si se quería lograr en la forma tradicional de hacer la misma cosa — con mayor rapidez. Si aceptaban el desafío de Young, tenían que romper el modelo convencional. En vez de la mentalidad "más rápido, más tiempo, más esfuerzo", el reto de Young forzaba a la gente a pensar en maneras radicalmente nuevas de entregar las cosas a tiempo. Lo lograron. Las metas "irrazonables" se alcanzaron en un tiempo récord. El pensamiento convencional — comprendió Young — no puede mantener el ritmo del cambio exponencial.

LA MENTALIDAD DE "RÓMPALO"

Si usted quiere realmente superar a la competencia, no se puede limitar a jugar de la misma manera, utilizando las mismas estrategias y premisas que lo guiaron en el pasado. Para lograr una ventaja real, debe cuestionar sus antiguas formas de pensamiento y los supuestos básicos sobre la manera de practicar el juego. Es necesario que rompa su viejo molde mental.

Nosotros conocemos esto como la *mentalidad "rómpalo"*. Los partidarios del "rómpalo" no triunfan por cumplir determinada serie de normas o por competir con más esfuerzo, más

velocidad y más tiempo; ellos *reinventaron* el juego. No juga-
ban según las normas establecidas sino creaban nuevas normas. Violaban las normas, pero no la ley. Los partidarios del
"rómpalo" no se rigen por la forma en que siempre se han
hecho las cosas. Ellos cuestionan todo. Los partidarios del
"rómpalo" son disidentes cuyas mentes no aceptan las maneras cerradas y tradicionales de pensar y actuar. Esto explica
por qué los niños son los mejores partidarios del rómpalo:
ellos no se conforman... ellos crean; no repiten... inventan.

No podemos darnos el lujo de adherirnos a la idea de
perpetuar para siempre "la forma en que tradicionalmente se
han hecho las cosas". Debemos romper con lo establecido, con
aquello que se ha dado por sentado, con lo nunca cuestionado
y lo convencional. En esta época no tenemos otra alternativa.

A continuación presentamos algunas historias de los partidarios del "rómpalo", quienes le dieron una nueva forma a la
sabiduría convencional que tradicionalmente había dirigido
su juego. Como se podrá ver, para la mayoría de estas innovaciones no se necesitaron genios, sino la simple voluntad de
cuestionar la forma en que "esto" se había hecho siempre y el
deseo de hacer algo por cambiarlo. Muchos partidarios del
"rómpalo" son personas comunes que hicieron lo extraordinario porque tuvieron el valor, según palabras de Robert
Frost, de tomar el camino menos transitado.

Invertir el juego

Probablemente el deporte es el vehículo competitivo más
visible en nuestra cultura. Adondequiera que vayamos podremos ver equipos y jugadores que avanzan hombro a hombro
para ganar. El énfasis se pone en jugar con más esfuerzo, con
más rapidez y durante más tiempo que el rival, y en "que gane
el mejor o la mejor".

Teniendo en cuenta la importancia de ceñirnos a determinada serie de normas en el deporte, es irónico que algunos de
los más importantes avances los hicieran personas que rom-

pieron la tradición. Estas personas no se ciñeron a la manera convencional sino crearon nuevas maneras de "jugar", las cuales llegaron a cambiar el juego en sí.

Cuesta abajo... más rápidamente

Cuando Jean-Claude Killy formó parte del equipo francés de ski en los años 60, estaba listo para trabajar con más ahínco y durante más tiempo que cualquier otro para convertirse en el mejor. Al despuntar el alba ascendía por las colinas, con sus eskís puestos, actividad increíblemente fatigosa. Por la noche, practicaba levantamiento de pesas, participaba en carreras, hacía visualización, cualquier cosa para alcanzar un pequeño margen adicional.

Con gran sorpresa, Killy descubrió que otros miembros del equipo trabajaban tan fuertemente como él y durante la misma cantidad de tiempo. Se dio cuenta de que no bastaba simplemente trabajar con más ahínco y durante más tiempo.

Entonces empezó a poner en duda las premisas básicas de la técnica de carreras existente, y se dedicó a hacer experimentos constantemente. Cada semana ensayaba algo diferente, tratando de encontrar una manera mejor y más rápida de descender por la montaña.

Su mentalidad orientada al "rómpalo" produjo como resultado el desarrollo de un nuevo estilo, el *avalement*, la "vuelta de jet", que se conoció como la técnica francesa. Los principios del *avalement* eran casi completamente opuestos a las técnicas de ese entonces. El *avalement* incluía el esquiar con las piernas separadas (no juntas) para lograr un mejor equilibrio, y *sentarse hacia atrás* (no hacia adelante) en los eskís al llegar a la vuelta, lo que "impulsaba como jet" al deportista durante la vuelta.

Killy llegó a ganar tres medallas de oro en los Juegos Olímpicos de 1988, lo mismo que la Copa Mundo, y prácticamente todos los premios importantes. Comúnmente, a Killy lo consideran el mejor esquiador de todos los tiempos. Aunque era un gran talento y trabajaba con el mayor empeño, Killy se convirtió en el más grande por tener las agallas suficientes para retar el *statu quo* y la sabiduría convencional, y el coraje de obrar con la mentalidad de "rómpalo".

La caída de Fosbury

Lo mismo que Killy, Dick Fosbury, experto en salto alto, le dio un viraje de 180 grados a la mentalidad tradicional de esa época. La modalidad convencional que todos sus rivales practicaban era la de "primero los pies", conocida como el *Western Roll*. Fosbury revolucionó el salto alto al poner ¡literalmente patas arriba! a la sabiduría convencional. Se aproximaba a la barra en un ángulo de 45 a 60 grados, de espaldas a ella, y la saltaba ¡pasando *la cabeza primero*!

Así nació lo que la prensa llamó "la caída de Fosbury", que le mereció a este deportista una medalla de oro en los Juegos Olímpicos. La "caída" se convirtió en el estándar de la técnica de salto alto que se practica hoy.

Cambiar el juego

Otro ejemplo de retar la mentalidad existente tuvo lugar durante el Abierto Francés de 1989. Michael Chang, estadounidense de diecisiete años de edad, acababa de derrotar al jugador de mayor talla mundial, Ivan Lendl, al ganar el torneo. Pero lo que hizo levantar murmullos en la multitud no fue precisamente *que* Chang hubiese derrotado a Lendl, sino *la manera* de derrotarlo.

Herido y exhausto hacia el final del partido, Chang quebrantó dos de los mandamientos más importantes para ganar un partido de tenis. En primer lugar, en un deporte en que el servicio por lo alto suele ser la clave para ganar, Chang *sirvió por debajo*, y la devolución del confundido Lendl fue a dar a la red.

En segundo lugar, en *match-point*, haciendo frente al servicio de Lendl a 200 kph, Chang se *acercó más* a la red y se colocó en la línea de servicio. El perplejo Lendl, con doble falta, sufrió una de las más memorables derrotas en la reciente historia del tenis. ¡Ésa es la mentalidad de rómpalo! Desafiando la sabiduría convencional sobre estos aspectos anteriormente sacrosantos del juego — servir y devolver los servicios — Michael Chang cambió radicalmente su estrategia y su posición en el mundo tenístico.

VENDER, DISEÑAR, FABRICAR

Después de cuatro años de trabajo, Connors Peripherals, fabricante de unidades de disco, se ha convertido en el productor de más rápido crecimiento en los Estados Unidos, con ingresos superiores a 1 000 millones de dólares. El éxito de Connors es el resultado de darle un vuelco a la sabiduría convencional: empezar por la venta, diseñar luego lo vendido y después fabricarlo.

"La mayoría de nuestros competidores hacen lo contrario: tratan de obtener pedidos para aquello que fabricaron", dice Finis Connors, fundador y presidente de la junta directiva de la empresa.

En Connors, ¡la venta se hace primero! Ellos no diseñarán un nuevo producto a menos que un comprador importante lo haya solicitado.[6] "Primero, concebimos los productos que podemos fabricar. Después, los vendemos... Hablamos con el cliente acerca del concepto. Tenemos que estar preparados para introducir cambios en lugar de hacer lo que uno desea. Teniendo ya las especificaciones en la mano, estamos preparados para trabajar en el diseño".

"Si todas las empresas concibieran sus productos de conformidad con las especificaciones del cliente, este país gastaría mucho menos dinero en investigación y desarrollo", dice Connors. "Yo creo que esta idea produce buenos resultados en cualquier parte. El propósito es muy sencillo: Uno no necesita tener existencias extra y ¡jamás tiene que recibir un pedido devuelto!"[7]

EL ABOGADO QUE QUEBRANTÓ LA LEY

Gary Friedman, el socio más joven de una firma de abogados de la Costa Oriental, amaba el drama de la corte y actuaba muy bien en ésta. Bien conocido en toda el área, se perfilaba como estrella naciente con un futuro muy prometedor.

Pero Friedman se sentía cada vez más limitado por aquellas tácticas legales tradicionales, combativas y arbitrarias, en las que nadie parecía ganar. Igualmente, observó que, tras una victoria, su sentimiento de euforia era muy transitorio. En realidad, en todos esos veredictos tipo "todo o nada", Friedman ya no disfrutaba de las victorias.

De acuerdo con sus valores, Friedman llegó a la conclusión de que no podría hacer lo que era "bueno" para él y para sus clientes dentro de los confines del derecho. Empezó entonces a preguntarse si podría haber una alternativa.

Como resultado de una intensa búsqueda, Friedman dio comienzo a una práctica jurídica de "mediación". En lugar de crear una atmósfera belicosa y ofensiva, en la cual las partes se enfrentaban en una encarnizada batalla, Friedman trabajó con *ambas* partes, ayudándoles a encontrar un acuerdo basado en la rectitud y la imparcialidad, más que en la codicia. En la mediación, el poder reside en que ambas partes llegan a *una decisión de común acuerdo*, lo cual se aparta visiblemente del escenario tradicional, en el cual el juez toma la decisión, y las partes muchas veces no se ven, y ni siquiera tienen la oportunidad de hablar entre sí. Ahora, el papel del abogado mediador era ayudar a las partes a hallar soluciones satisfactorias para ambas — tratar de unir a las personas, no de separarlas.

Actualmente, el trabajo novedoso de Friedman es muy conocido, y goza de amplio respeto. Además de su exitoso centro de mediación del área de San Francisco, es profesor de la Facultad de Derecho de Standford y dirige los programas de capacitación en mediación para abogados y jueces en todos los Estados Unidos y en Europa. Ceñirse a sus valores le permitió a Friedman darle un vuelco total a la sabiduría convencional y hacer posibles un ejercicio del derecho y un litigio más humanos. Teniendo el coraje de poner en tela de juicio las normas de un juego muy antiguo, Friedman creó uno nuevo: un juego que tiene como valores la imparcialidad y la rectitud, y que les dio un valor a todos.

PRICE [EL PRECIO] ROMPE LAS REGLAS

En el campo de las ventas al por menor hay tres reglas cardinales: 1) Haga todo lo posible por atraer clientes; 2) construya sobre la base sólida de la "ubicación, ubicación, ubicación"; 3) mantenga sus puertas abiertas durante el mayor tiempo posible. Díganle esto a Sol Price, el fundador de una cadena de almacenes de descuento al por menor, empresa de miles de millones de dólares, denominada Price Club. Para que usted tenga una idea del volumen de ventas, un amigo comentó graciosamente que "la línea de despacho rápido de Price Club es de dos mil artículos o menos".

Las enormes bodegas de descuento de la Price Club no solamente están situadas en sitios atípicos *fuera de la vía* (rompiendo la regla número dos), sino que las personas *pagan* por entrar (rompiendo la regla número uno) y ¡se necesita una memoria de elefante para recordar las horas en que abren! (rompiendo la regla número tres). Como partidario del "rómpalo", Sol Price descubrió que cuando el valor es alto, las personas están dispuestas a gastar una pequeña fortuna y a ir a sitios lejanos.

LOS PIONEROS DE AMEX

Poco después de haberse posesionado como presidente de AMEX Life Assurance Company, Sarah Nolan manifestó su decisión de extender los límites del juego: "El mundo cambiará, querámoslo o no. Las personas y las empresas que sobrevivan y prosperen no sólo se anticiparán a ese cambio sino que lo moldearán".[8]

Más que reorganizar, remodelar o cambiar la estrategia de AMEX Life, Sarah Nolan separó un pedazo de la empresa y formó una pequeña unidad empresarial que denominó Equipo Pionero. Era una empresa independiente con una pequeña oficina fuera de la sede. Las instrucciones de Sarah estaban orientadas a cambiar la naturaleza y las premisas sobre la manera de hacer negocios. "No investiguemos nada sobre lo ya hecho, pues eso pertenece al pasado; supongamos que hay equivocaciones... Volvamos a crear esta empresa a partir de cero y atengámonos a dos reglas: Poner al cliente en primer lugar y generar utilidades".

La mentalidad de "rómpalo" de Sarah Nolan se basaba en la idea de que las empresas grandes se mueven lentamente porque están abrumadas de estrategias antiguas, lo mismo que por sistemas y procedimientos obsoletos. El modelo del futuro debe ser pequeño, rápido y flexible. Iniciar un negocio con espíritu verdaderamente empresarial — dijo Sarah — crea principios y prácticas que pueden "migrar" hacia la empresa mayor.

Los resultados fueron impresionantes. Transferirle a la organización mayor la mentalidad de "comienzo fresco" del Equipo Pionero, dice Karen Gideon, vicepresidente de marketing estratégico y jefe del equipo, "incrementó la comunicación interna y externa, nos dio más flexibilidad y proporcionó un servicio verdaderamente bueno". En la actualidad, Sarah Nolan y Karen Gideon están transfiriendo piezas clave del Equipo Pionero a AMEX Life. Y, por supuesto, el Equipo Pionero pudo reducir los gastos en un 40% y aumentar significativamente las utilidades ¡en el primer año!

EXCLUIRSE A SÍ MISMO DEL NEGOCIO

Los futuros líderes de mundo de los negocios deben estar dispuestos a "transformar a sus empresas", dice Abraham Zalesnik, escritor y profesor de la Facultad de Administración de Empresas de Harvard. Ellos no deben "preparar la sopa con una receta estándar".[9]

Probablemente Zaleznik estaba pensando en Christopher Whittle. La revista *Inc.* dice, refiriéndose a Whittle, presidente de Whittle Communications, la empresa publicitaria de 200 millones de dólares al año, que él "parece estar retando las reglas y las convenciones más sagradas de su industria".

Whittle le dio un vuelco a la mentalidad predominante sobre los aspectos más básicos de la actividad publicitaria. La actitud tradicional en la publicación de revistas, por ejemplo, es conseguir el mayor número posible de anunciadores. En cambio, Whittle creó un grupo de revistas de gran éxito para estudiantes universitarios que tenían solamente ¡un *anunciador* en cada revista!

Pero Whittle no se detiene ahí. Retando las prácticas industriales básicas, considera que la persona debe reinventar constantemente su propia actividad comercial. Whittle expresa abiertamente: "Estar uno dispuesto a *excluirse a sí mismo del negocio* es algo crucial para preservar el espíritu de innovación. Usted tiene que estar dispuesto a hacer que su negocio se vuelva obsoleto..."[10]

*La **SNC** dice: La única manera de entrar en el futuro es desprenderse del pasado... y del presente.*

EL BODY SHOP

En la era del MBA, cuando los estudios empresariales se consideran como una necesidad absoluta para tener éxito, Anita Roddick es un fenómeno. Contradiciendo la sabiduría convencional, dice: "Sobrevivimos gracias a no tener un conocimiento racional de las empresas".[11] El Body Shop, empresa fundada por Anita Roddick en 1976, hizo algo más que sobre-vivir. Ésta es en la actualidad la compañía de cosméticos más grande y más rentable de la Gran Bretaña; su logotipo es más conocido en Inglaterra que los Arcos Dorados de McDonald's. El avance de Anita Roddick hacia el éxito ha roto la mayoría de normas del éxito en la industria de los cosméticos.

- En este campo altamente competitivo, donde son tan importantes el marketing y la publicidad refinada, el Body Shop no hace publicidad, sino que depende de la información oral.

- En una industria en que las empresas gastan millones en investigar al cliente, la única investigación de márketing que hace el Body Shop es un bien utilizado buzón de sugerencias colocado en cada tienda.

- En una industria que vende empaque e imagen más que producto y esencia, el Body Shop emplea frascos reutiliza-bles originalmente diseñados ¡para recoger muestras de orina!

- En un proceso de manufactura que tradicionalmente pro-duce libras de desecho para elaborar unas pocas onzas de cosméticos, el Body Shop ha logrado avances notables, tanto en rentabilidad como en su preocupación por la Tierra y sus habitantes. Por ejemplo, muchos de sus pro-ductos utilizan aceite de plátano, cuyo procedimiento deja millares de cortezas de plátano como desecho. De modo que Anita Roddick y su personal buscaron la manera de convertir estas cortezas en papel. Establecieron una planta para la producción de papel en Nepal y lograron varios contratos importantes. Y en una era en que se rinde culto a la utilidad final, *el Body Shop le entregó la planta de papel a la comunidad local*. Y no solamente eso sino que cada tienda del Body Shop debía comprometerse a destinar el 25% de sus utilidades a un proyecto comunitario que, según Anita Roddick, captura el corazón de sus empleados.

Otros dos principios básicos del éxito de Anita Roddick, además de elaborar magníficos productos, son lo agradable que es trabajar allí y el deseo de que el trabajo comprometa el corazón de los empleados. La visión que guía al Body Shop es contribuir en todas las formas posibles a la conservación del planeta. Rompiendo la tradición en todas las formas posibles, Anita Roddick creó una empresa rentable, desde cualquier punto de vista.

Y, a propósito, sus informes anuales se imprimen en ¡tarjetas postales!

TOCAR UNAS CUANTAS CUERDAS DIFERENTES

Sabiendo que pocos campos son tan competitivos como el musical, los miembros del Cuarteto Kronos, pupilos de Julliard, rompieron radicalmente con la imagen tradicional de un cuarteto de cuerdas. Muchas personas creen que un cuarteto de cuerdas es un grupo de músicos maduros, serios y vestidos de negro, que ejecutan, en ambientes muy sobrios, música clásica de los siglos XVIII o XIX. Bien, el Cuarteto Kronos tiene una sorpresa para usted:

Sus integrantes visten indumentarias de color "altamente *punk*" y utilizan aparatos electrónicos y escenarios muy elaborados. Tocan solamente obras del siglo XX, y combinan "la pasión por una teatralidad exuberante... la energía apropiada para un vídeo de rock... y un moderno sentido del humor". "Aunque a Mozart le habría encantado", al principio el mundo sobrio de la música de cámara quedó desconcertado.

Después de varias giras exitosas en los Estados Unidos y en otros países, el violinista Michael Harrington expresó algunas ideas que son comunes para la mayoría de los partidarios de la mentalidad "rómpalo": El propósito de ser artista es explorar nuevos contextos audaces para nuevas ideas audaces, con todo el desenfado posible.[12] La mentalidad de "rómpalo" de Harrington es aplicable a todos nosotros.

PRACTICAR SU PROPIO JUEGO NOCTURNO

La batalla dirigida a conquistar a quienes ven televisión a altas horas de la noche, en la cual cada punto del *rating* vale centenares de miles de dólares, se parece a una guerra. Por los altos intereses que se encuentran en juego, todas las personas temen correr riesgos o ensayar algo nuevo e innovador. Interpretando acertadamente las tendencias de jugar a la defensiva en la capital del cine, Arsenio Hall dice: "Normalmente esta comunidad [Hollywood] teme hacer algo nuevo. Yo entiendo eso. Quien fracasa aquí se marcha". Pero, demostrando la actitud de un partidario del "rómpalo", Hall agrega: "Pero si gano, gano en grande".

Demostrando cómo pone en práctica esa actitud, Arsenio Hall le dio un vuelco a la tradición. Observó todos los demás espectáculos — Joan Rivers, David Letterman, Pat Sajak y Johnny Carson — y dijo: "El error que cometieron los demás fue diseñar una situación igual a la de Johnny: conseguir un escritorio, un individuo que se siente junto a usted... Carson fue el arquitecto de mis sueños... pero no es posible derribar una leyenda. No es posible descartar a Johnny-Johnny. ¿Por qué ha de querer uno apoderarse de la audiencia de Johnny? Solamente quiero a los chicos de su audiencia".

Utilizando la mentalidad de "rómpalo", Arsenio toca con la banda, lleva las cámaras a la calle, hace cambios, canta, escribe libretos y formula preguntas sugestivas.

En menos de nueve meses, el fresco de las altas horas de la noche le ayudó a Arsenio a saltar del último lugar al segundo en el competitivo mercado de la TV. Algunos analistas de la industria están convencidos de que, transcurrido algún tiempo, él podría retar a Carson para conquistar los más altos honores.

Dando muestra de su mentalidad de "rómpalo", en relación con las mangueras extintoras de los "amigos", Arsenio cuenta: "Todos me decían: «Eso es difícil, muy difícil». Veamos cómo fracasó Joan [Rivers]. Los negros me decían: «Tú, baby, eres negro». Tenemos que desanimar a este toro de color. Nadie le dijo a Johnny que fuera demasiado blanco para los hermanos de Detroit. Yo voy a ser yo mismo".[13] Y esta actitud describe cómo él lleva su propio juego hasta el final.

ENTRENAMIENTO PARA UN JUEGO DIFERENTE

Rolan Ortmayer, "Ort", quien ha sido entrenador de fútbol estadounidense durante los últimos cuarenta y pico años en La Verne College, California del Sur, entrena para un juego que difiere de la mayoría. El presidente de La Verne lo considera como "una especie de Sócrates" y el *Sports Illustrated* lo llama "el entrenador más extraño de los Estados Unidos".[14] "No, mucho más que eso", dice un ex alumno. "Todo lo que Ort hace es cambiarle a uno la vida totalmente". Los siguientes son algunos ejemplos que se refieren a la mentalidad de "rómpalo" de Ort:

- Ortmayer, al ganar: "Algunas veces siento que no prevalecerá la justicia si ganamos". De manera que en cada temporada él programa tres juegos que espera ganar, tres que, según calcula, perderá y tres en que puede ocurrir cualquier cosa.

- Al ejercer su autoridad como entrenador: "Si los jugadores prefieren terminar con alguna jugada de la formación 'I' en vez de los *splitbacks,* eso está muy bien. Les enseño que hacen bien en utilizar su cerebro. Solamente les insisto en que hagan algo que yo pueda comprender de manera que yo pueda seguir con el programa".

- Refiriéndose a los juegos y a los manuales de juego: "Yo pido que se hagan determinadas jugadas en el partido. Pero puede suceder que los jugadores no quieran hacerlas. Eso está bien. Considero que yo debiera contribuir de alguna manera".

- Al ganar (parte 2): "Estoy pasando por una miserable temporada de fútbol pero una extraordinaria clase de tiros al arco".

Nadie es tan inconformista como Roland Ortmayer, pero —
ánimo — usted podría aplicar la misma rigurosa mentalidad
no convencional a cualquier cosa que haga, y a cualquier
nivel. No es necesario que usted desplace a Ort más de lo que
Arsenio trató de desplazar a Johnny Johnny. No obstante,
aproveche lo que ellos le enseñan, y no compita de frente —
cambie su juego.

ROMPA EL MOLDE... RÓMPALO OTRA VEZ, Y OTRA VEZ

La mentalidad de "rómpalo" es la estrategia adecuada para
desenvolvernos en el mundo de hoy, tan involucrado en la
acción. A usted le corresponde retar constantemente el presente para abrirse paso hacia el futuro. Usted tiene que *invertir*
los problemas e *inventar* soluciones, día tras día, para poder
triunfar en los tiempos inciertos de hoy.

La mentalidad de "rómpalo" es un proceso y no un producto; es un medio y no un fin. Es un estado mental que
fomenta el aprendizaje continuo, la creatividad incesante y el
crecimiento permanente. El éxito no es un *punto final* sino un
paso en el camino. No existe límite de tiempo, no hay un
máximo, no hay una escena final en este juego.

Los Dockers® de Levi-Strauss... Patagonia... el viraje
"jet" de Jean-Claude Killy... los servicios y las devoluciones
de Michael Chang... la "caída" creativa de Dick Fosbury... el
quebrantamiento de la ley por Gary Friedman... los almacenes de Sol Price en sitios lejanos... los "negocios reinventa-
dos" de Chris Whittle... Kronos, el cuarteto de cuerdas altamente *punk* — todos son ejemplos de una mentalidad de
"rómpalo" que se encuentra en el corazón mismo de la sabiduría *no* convencional y que todos necesitamos a medida que
nos vamos acercando al siglo veintiuno. Para conseguir lo que
lograron estas personas necesitamos osadía y creatividad.
Todo esto significa también que esas personas estaban decidi-
das a romper con la tradición, ensayar nuevas maneras y

aplicar la mentalidad de "rómpalo" en todos los niveles de su organización.

> *La* **SNC** *dice:*
> *La competición estimula el conformismo,*
> *de manera que debemos romper las reglas y*
> *cambiar el juego.*

9

Con las vacas sagradas se hacen las mejores hamburguesas

ASÍ ES COMO SE HA HECHO SIEMPRE

Los partidarios del "rómpalo" a quienes nos referimos en el capítulo anterior lograron resultados impresionantes al tener el valor de desafiar las formas antiguas y romper con lo convencional. Los viejos hábitos — hacer las cosas como se han hecho siempre — son el principal inhibidor de la innovación, el crecimiento y el progreso.

"En la cultura empresarial con frecuencia hay una manera inmodificable de hacer las cosas, algunas vacas sagradas", dice Robert "Toro" Durham, ex director ejecutivo de Phelps Dodge. "Ellas nos impiden darnos cuenta de lo que podríamos hacer".[1]

Las vacas sagradas son aquellos sistemas, estrategias, políticas, procedimientos y rutinas que se han convertido en "procedimientos operativos estandarizados" en muchos sectores del comercio. Son cosas sagradas porque damos por sentado que "así se han hecho siempre". El resultado es que gastamos una gran cantidad de tiempo, energía y dinero alimentando nuestras vacas sagradas, sosteniendo el sistema, en lugar de hacer que el sistema nos sostenga a nosotros. Como lo afirmó la Comisión sobre Productividad Industrial del MIT, las corporaciones de los Estados Unidos sufren de "un profundo depósito de actitudes y políticas pasadas de moda".

Las vacas sagradas suelen ser una creación de fuerzas poderosas que se oponen al cambio. Por ejemplo, las personas capacitadas para comportarse de determinada manera atraen a los nuevos empleados que creen en esa determinada manera de hacer las cosas. La nueva información que podría desafiar los viejos hábitos se elimina o se descarta por acción de la mentalidad adherida al *statu quo*. Tras de bocio paperas: A los individuos que dan un paso adelante para retar la sabiduría predominante, pronto los notan, y los ponen en el camino más expedito... hacia otra empresa.

El consejo que da Durham acerca de las vacas sagradas es "salir de ellas... siendo despiadadamente objetivos. Ninguna cosa es sagrada".[2] "Las vacas sagradas... ahogan nuestra creatividad y debilitan nuestra fuerza competitiva", comenta el presidente de SPX, Robert D. Tuttle.[3]

RUTINAS Y COSTUMBRES

Seríamos ingenuos y simplistas si pensáramos que debemos eliminar todos los controles y las rutinas. Esto obviamente crearía un caos. Algunos procedimientos y políticas nos ayudan a evitar el riesgo de despilfarrar tiempo y reinventar continuamente la rueda. Pero hoy, cualquier cosa que permanezca intacta durante largo tiempo, pronto se volverá obsoleta, ineficaz y contraproducente.

Estos hábitos entorpecen los sentidos, inhiben la creatividad y obstaculizan el pensamiento libre. Si nosotros mismos no nos deshacemos de las rutinas pasadas de moda, rápidamente éstas se convertirán en rutas con baches.

LAS VACAS SAGRADAS SON DIFÍCILES DE ENCERRAR

Muchos controles y sistemas rápidamente se convierten en vacas sagradas, porque no disponemos del tiempo o no empleamos la energía necesaria para renovarlos y refrescarlos. Como resultado, estos controles y sistemas se vuelven invisibles, se convierten en una parte del ambiente y se incorporan a la estructura de nuestro inconsciente.

Las vacas sagradas están bien camufladas porque muchos nos distraemos buscando un juego mejor: el nuevo contrato, la fusión, el incremento de la productividad, el nuevo producto. Atrapados en esta persecución, es fácil perder de vista las vacas sagradas y las dejamos pasar sin tocarlas ni revisarlas.

Con frecuencia algunas personas se creen intocables porque son "los bebés del jefe" o porque pertenecen al "terreno" ajeno y nosotros creemos que no tenemos la facultad necesaria para realizar cambios. De manera que los dejamos solos y los observamos con enojo mientras ellos siguen consumiendo tiempo y esfuerzo valiosos.

Algunas veces nos es más fácil seguir con lo familiar aunque sepamos que no funciona bien. Algún cambio podría empeorar las cosas, de manera que mejor es malo conocido... Para intentar eliminar una vaca sagrada o cualquier otro hábito se requieren tiempo y energía que, hoy por hoy, se encuentran solamente en cantidades limitadas.

El resultado de "seguir adelante con el programa" y no encerrar nuestras vacas sagradas es la contribución que hacemos inconscientemente a perpetuarlas, aunque ya no tengan utilidad. Pero cuando uno les permite seguir errantes, continúan creciendo y acabando con su paciencia, lo mismo que con las utilidades y la productividad.

Las vacas sagradas vienen en todos los tamaños y formas. Entre las variedades más comunes tenemos las siguientes:

- Vacas corporativas: Cultura corporativa obsoleta.

- Vacas empresariales: Políticas complejas y arcaicas.

- Vacas departamentales: Guerras separatistas por los terrenos.

- Vacas industriales: Procedimientos operativos estandarizados y no cuestionados, en toda la industria.

- Vacas personales: Rutinas y hábitos improductivos.

A lo largo de lo que resta de este capítulo, encontrará usted ejemplos que le ayudarán a reconocer algunas de estas vacas sagradas genéricas.

Vacas corporativas

Cultura corporativa. Con frecuencia, las vacas sagradas más invasoras y sutiles son aquéllas inherentes a la cultura corporativa misma: Creencias compartidas, supuestos y valores de las corporaciones. La cultura es el *modus operandi,* los principios guías de la organización, la forma en que ésta funciona.

Para adelantarnos a los cambios de la época es imperativo tener una cultura corporativa que sea por naturaleza empresarial: de movimiento rápido, innovadora y que permita correr riesgos. Desarrollar este tipo de cultura con frecuencia equivale a retar la mentalidad básica y la estructura de una organización, desde arriba hasta abajo. Por el estudio sobre productividad que realizó el MIT se sacó en conclusión que los ejecutivos de los Estados Unidos tienen que *repensar fundamentalmente* sus supuestos y sus hábitos.

Algunas organizaciones *están* modificando su cultura corporativa arcaica y han introducido cambios significativos, tanto en sus maneras de operar como en sus creencias y sus principios guías. No obstante, muchas organizaciones soportan todavía la pesada carga de su pasado, y, como resultado, han experimentado grandes dificultades al reaccionar con respecto a la velocidad, la flexibilidad y la innovación que exige el mercado.

La buena anciana Ma Bell. AT&T es un ejemplo perfecto de esta cultura de tipo lento y vacuno, y, como resultado de ella, pasó por una época realmente difícil, después de su enajenación. Por lo general, los empleados preferían trabajar para la buena anciana Ma Bell por considerarla digna de confianza y segura. Después de todo, ¿qué otra empresa podría ser más segura que la empresa de teléfonos? Como resultado, a AT&T no le había sido posible atraer a los partidarios del riesgo y a las personas de mentalidad innovadora que se necesitaban cuando las reglas cambiaban y cuando la competencia se volvía cada vez más feroz en la industria de las comunicaciones. La prevención de riesgos funcionó bien mientras AT&T era ciertamente *la* compañía telefónica. Pero después de la enajenación, el juego de las telecomunicaciones cambió por completo. "La buena anciana Ma Bell murió", dijo el presidente de la junta directiva de AT&T, Charles Brown. Pero gran cantidad de personas se aferraron a los tirantes de su delantal aun mucho después del así llamado traspaso.

Después de un período inicial muy difícil, AT&T está comenzando a desarrollar una cultura más empresarial. Se han eliminado estratos de gerentes, se le ha conferido más autoridad al personal y se ha tratado de implantar más orientación hacia la acción. "Ellos son capaces de hacer cosas sin necesidad de tener gran cantidad de supervisores diciéndoles cómo hacerlas", dice Jeffrey McCollum, director de capacitación de la unidad de productos de consumo.

En la actualidad, esta autonomía se está implantando en todos los niveles. Cathy Ann Gallo, gerente del Centro Telefónico de AT&T en Summit, New Jersey, necesitaba previa autorización para algo tan sencillo como reparar un teléfono descompuesto. En la actualidad, dice Cathy, con la ausencia de muchos gerentes de nivel medio, "me facultaron para hacer todo aquello que haga felices a mis clientes".

Un ejemplo final: Se necesitaba que más de 200 personas trabajaran más de 12 horas diarias y durante los fines de semana para producir cursos de capacitación en AT&T. Después de eliminar algunas vacas sagradas, como por ejemplo, informes sobre los avances y los esfuerzos divididos en departamentos, actualmente la empresa tiene menos de 100 personas dedicadas a "producir un mayor número de cursos en una semana laboral normal", dice McCollum.[4]

De regreso al pasado. Con frecuencia la cultura de la corporación refleja las creencias, los valores e incluso el estilo de su fundador. Aunque la cultura haya estado en la vanguardia cuando se fundó la empresa, ahora podría estar desactualizada y ser obsoleta. El mundo cambia, pero las viejas formas se convierten en ley, una ley que se esculpe en bronce y se sigue al pie de la letra.

"No sería raro que nos encamináramos a la decadencia económica", dice Stanley Davis. "Nuestros modelos de administración no encajan en los negocios de hoy. Todavía estamos utilizando el modelo que desarrolló Alfred Sloan, fundador de la GM, para organizar a las corporaciones de los Estados Unidos por allá en los años 20. Como resultado, hemos modelado industrialmente unas organizaciones que manejan negocios postindustriales".[5]

El síndrome de los seguidores. Aunque Alfred Sloan haya sido en su época un innovador y partidario de correr riesgos, muchas de las personas que lo siguieron no lo eran. No sería raro que cuando se desarrollaron los sistemas, los controles y los procedimientos, el espíritu empresarial e innovador de la GM ya estuviese muy disminuido.

"El sistema GM es como un manto de niebla que les impide a las personas hacer lo que ellas saben que se debe hacer", dice Ross Perot, desde su punto de vista como miembro de la junta directiva de la GM. Tenemos que deshacernos del libro escrito por Sloan *Mis años con la General Motors*. Todavía creemos que podemos encontrar la página correcta y el párrafo que nos darán la respuesta a cualquier pregunta de hoy... Tenemos que cambiar el sistema GM...

"En la GM, si usted ve una serpiente, lo primero que hace es contratar un experto en serpientes. Posteriormente convoca un comité especializado en serpientes para después analizar el problema durante un par de años. El paso siguiente probablemente será no hacer nada. Usted imagina que la serpiente no ha mordido todavía a nadie, de manera que se limita a dejar que ella se deslice por el piso de la fábrica... Yo vengo de un ambiente en el cual, la primera persona que ve la serpiente procede a matarla", dice Perot.[6]

No es de extrañar que Roger Smith, cabeza de la GM, haya pagado ¡centenares de millones para sacar a Perot de la GM! Sin duda, Perot estaba rompiendo la tradición de la GM, y Smith acudió a una de las peores respuestas convencionales: matar al mensajero que trae malas noticias.

Romper los cerrojos. William R. Hewlett, cofundador de Hewlett-Packard, es un gran ejemplo del líder que trabajó para mantener viva la cultura empresarial en H-P. Un día, al entrar en la bodega para recoger un microscopio, encontró cerrada la caja donde estaba el equipo. La leyenda dice que forzó la cerradura, tomó su microscopio y dejó una agria nota en la que le pidió al encargado que no volviera a dejar cerrado el salón. Corrió la voz acerca del incidente, y se esparció rápidamente por toda la empresa, dejando como enseñanza que reprimir la innovación era peor que el riesgo de robo. Varios decenios después, H-P está aún imbuida de ese mismo sentido de libertad, y se sigue fomentando una cultura de creatividad, apertura y "errores inteligentes".[7]

Vacas empresariales

"Es política de la compañía". En muchas empresas las vacas sagradas se perpetúan mediante un clásico catch-22:* "Si todavía está ahí debe funcionar; y si funciona es porque todavía está ahí". Muchas de las cosas que se ofrecen como políticas y procedimientos de la empresa perpetúan este tipo de mentalidad.

La mayoría de las políticas y de los procedimientos corporativos son una herencia de los predecesores. "Es la política que estaba vigente cuando asumí el cargo", me dijo un gerente. Con frecuencia, parece que nadie sabe cuándo "nació" determinado procedimiento. Pocas personas cuestionan su utilidad. Se presume que si se encuentra "en la sangre" de la organización vale la pena conservarlo.

El hecho de creer que las normas, las políticas y los sistemas son sacrosantos, contribuye a que exista una resistencia al cambio. Retar la política de la empresa, aunque esté pasada de moda, se interpreta como un acto de deslealtad, como si uno se estuviese "apoderando" de la empresa. Entonces a las vacas sagradas se les permite pastar en las ganancias y consumir la paciencia de uno.

Independientemente de la lealtad, un creciente número de empresas está revisando sus principios básicos, y las premisas básicas de sus políticas corporativas. Uno de los ejemplos más impresionantes es el de Harry Quadracci, fundador de Quad/Graphics.

El Grupo Quad. Harry Quadracci es el director ejecutivo de Quad/Graphics Inc., empresa de 500 millones de dólares, entre cuyos clientes se encuentran *Time*, L. L. Bean, *Playboy*, *The Atlantic Monthly* y *Newsweek*. Quadracci ha desafiado a unas doce de las vacas sagradas más comunes en las empresas

---

*Catch-22: Título de una novela de Joseph Heller, publicada en 1961. En sentido figurado, generalmente se emplea como dilema cuyas dos opciones son indeseables (*N. del Ed.*).

de los Estados Unidos. Las acciones de Quadracci nos proporcionan ideas acerca de lo que se puede hacer cuando se aplica la mentalidad de "rómpalo" a las políticas de la empresa y a los supuestos convencionales de ella. Como él dice:

- "Elimine los *presupuestos*... Utilice su computador. En cualquier momento se le puede pedir un análisis sobre algún empleado, una cuenta, el repuesto de un equipo que se necesita en la empresa. Éste es un control más oportuno y más exacto que cualquier otro presupuesto.

- Utilizar *planes*... es como disparar una bala de cañón. Esto está bien si le dispara a un castillo. Pero los mercados de hoy son blancos móviles.

- *Delegue las funciones del staff en los demás niveles.* ¿Quién sabría mejor cómo dirigir un departamento que el individuo a quien se le paga por dirigirlo?

- *Venda el departamento de compras*... Las personas que utilizan determinados implementos deben tener la responsabilidad de comprarlos.

- *Se pueden suprimir los departamentos de personal.* Que cada gerente contrate su propio personal [sic]. Él podrá actuar en forma más activa y ambiciosa para hacerlo funcionar.

- *Deje que todos toquen al cliente.* Permita que los clientes entren en su planta.

- *Rechace al departamento de control de calidad.* Usted no puede inspeccionar la calidad en cualquier cosa; el CC puede ser simplemente otro proceso burocrático que le imprima lentitud al trabajo. Haga que todos los empleados sean responsables de la calidad.

- *Eche a la basura su reloj.* Si no confía en que las personas trabajan hasta que terminen la tarea, no las contrate.

- *Elimine todos los niveles de organización que pueda:* No se puede formar un equipo con individuos desiguales".[8]

Cambios rentables. Un asombroso número de empresas se está dedicando a acorralar a sus vacas sagradas. Por ejemplo:

- Oryx, productor de petróleo y gas con sede en Dallas, ahorró 70 millones de dólares de sus ganancias netas anuales de 139 millones, una cifra asombrosa. ¿Cómo? se preguntará usted. Eliminando normas, procedimientos, revisiones, informes y aprobaciones que "difícilmente se centraban en descubrir petróleo [su actividad principal]".[9] Utilizando un enfoque de equipo, ellos pudieron reducir la aprobación de gastos de capital, *de 20 a sólo 4* y recortar el tiempo dedicado a la preparación del presupuesto anual, de *siete meses a seis semanas.*

- Cuando Jerre Stead se convirtió en Director ejecutivo de Square D, destacado fabricante de equipos eléctricos, le presentaron cuatro gruesos manuales que contenían las políticas y los procedimientos oficiales. Las 760 normas cubrían aspectos tales como quién podía hablar con quién, acerca de qué y en qué circunstancias. Recortando algo más que los simples adornos, Stead redujo los manuales a once sencillas declaraciones de política.[10]

- U.S. West Communications descubrió que sus empleados gastaban mucho en muy poco, y gastaban demasiado tiempo en ello. Por ejemplo, ¡había 350 personas dedicadas a preparar el presupuesto anual! En el curso de un año lograron reducir este número a 100.

Comentando lo que aprendió durante el proceso de liberar a su empresa de muchas vacas sagradas, Gary Ames, Director ejecutivo de U.S. West Communications dijo inteligentemente que "en algún punto del proceso de su dieta [es decir, reducción de costos] uno llega a darse cuenta de que para mantener el peso debido tiene que cambiar de hábitos".[11]

*La **SNC** dice: Los partidarios del "rómpalo", que constantemente están alerta acerca de las vacas sagradas y los procedimientos* *pasados de moda, son aquellas personas que adquieren el hábito de romper sus hábitos.*

Vacas departamentales

Guerras de los terrenos. Muchos sistemas parecen ser "sagrados" e "intocables" por haberse generado en otro departamento. El departamento de finanzas necesita un análisis de costos; por tanto, nadie de otro departamento se atreve a cambiarlo o desafiarlo. De mala gana, otros lo aceptan, aunque los procedimientos estén pasados de moda. Otra vaca sagrada consiste en que el terreno ajeno se considera como sacrosanto. En consecuencia, las guerras de los terrenos frecuentemente se fomentan, por una parte, con miedo, y, por otra, con el deseo de retener el control y el poder.

En todas las organizaciones se da la guerra de terrenos, en la cual la lealtad ciega a una parte de la empresa bien puede actuar en detrimento de la empresa, en conjunto. Manufactura se resiste a la reorganización o desea largas jornadas de fabricación de productos no probados. Marketing desea nuevos artículos, y cuanto antes mejor, sin preocuparse por los correspondientes costos en investigación y desarrollo o en producción. Finanzas quiere reducir las existencias: los artículos de gran demanda se venden, y el resto permanece en los anaqueles. En realidad, muchos gerentes dedican más tiempo a discutir quién debe pagar qué cosa, en lugar de atender al cliente. Estas guerras de terrenos no tienen como objetivo el dinero, sino el control y el poder.

Allan Loren, ex presidente de Apple USA, fue también presidente de sistemas de información en Cigna Insurance. El trabajo de Loren en Cigna era lograr la computarización de los agentes independientes, de manera que "la sede de suscripciones y servicios al cliente se trasladara de una oficina centralizada hacia los agentes independientes, lo cual ampliaría enormemente el servicio al cliente y mejoraría la suscripción". Pero entre bastidores, la historia no era la distribución de los terminales sino el cambio cultural por el cual se había luchado durante *más de cinco años* contra los empleados de campo y los suscriptores clave en la sede corporativa, quienes se sentían amenazados por la pérdida de control que "percibían", y se resistían al cambio.[12]

En el Bank of America, como en la mayoría de los bancos, una de las guerras de terrenos se libró entre el departamento de marketing y el de crédito. Al darse cuenta del efecto negativo de estas guerras, K. Shelly Porges, vicepresidenta ejecutiva de marketing dice: "Cruzamos amistosamente cercas, y empezamos a trabajar juntos con mayor frecuencia... y sin gastar dólares en marketing, doblamos nuestra participación en el mercado de préstamos para automóviles en el curso de un año, y logramos una participación de mercado superior al 5% sobre Wells Fargo y Security Pacific juntos".[13]

Los muros se vienen abajo. Un ejemplo perfecto de cómo las guerras de terrenos se oponen a la innovación y a la productividad proviene de Ingersoll-Rand. "Se estaban necesitando tres años para producir una herramienta, luego se necesitaron tres y medio, y ya íbamos para los cuatro", comenta James Stryker, jefe de desarrollo empresarial. Esta demora se atribuía a una sucesión de muros: marketing pensaba en un producto y se lo lanzaba por encima de la pared a ingeniería; ingeniería hacía un diseño y se lo lanzaba a manufactura; manufactura a ventas... que, posteriormente, trataba de vendérselo a los clientes, quienes habían perdido el interés en él. Sin embargo, tras de bocio paperas, las cosas se lanzaban de ida y vuelta sobre el mismo muro dos o tres veces y "el momento en que el producto finalmente hacía su aparición estaba determinado por el momento en que los brazos de las personas se cansaban de tirar más cosas por encima del muro".

Finalmente dijimos: «¡Basta!», comenta Stryker. Media docena de diseñadores de herramientas se adhirieron al sueño de modernizar el proceso productivo. Integraron una unidad de diseño interfuncional con representantes de cada enclave "cercado". Como lo expresa un miembro del equipo: "Todos jugábamos en la misma caja de arena. Compartíamos nuestros baldes y palas".[14] Y, compartiendo sus baldes y sus palas, lograron reducir en dos terceras partes el tiempo de desarrollo.

Los superequipos derriban muros. La innovación no es igual a la labor de ingeniería o de investigación y desarrollo. Cada vez un mayor número de empresas está formando "superequipos" interfuncionales para solucionar problemas y desarrollar nuevos productos. Estos equipos pueden incluir personal de ventas, manufactura, marketing, finanzas, ingeniería, sistemas de información y recursos humanos, que trabajan en equipo y con los clientes.

Uno de los aspectos positivos de estos superequipos es que cada miembro mira hacia un mismo objetivo desde una perspectiva diferente, lo cual conduce a una producción más creativa, más eficiente y más eficaz. Como vimos en el ejemplo de Ingersoll-Rand, la velocidad se incrementa enormemente cuando los grupos que antes competían trabajan conjuntamente.

Hasta hace pocos años, solamente se encontraban superequipos en unas cuantas empresas. Hoy, según una encuesta hecha a 476 empresas de las 1 000 de *Fortune,* la mitad de ellas dicen que confían en esos superequipos. Para conservar una actitud innovadora y liberar a nuestras organizaciones de las vacas sagradas y de las guerras de terrenos, es necesario derribar los muros. El éxito de los "Dockers"® de Levi fue obra de un equipo integrado por personas de distintas áreas de la organización. Algunas organizaciones tienen superequipos en cada parte de su operación. Corning, por ejemplo, bajo el liderazgo del presidente Jaime Houghton, tiene ¡3 000 equipos! Jerry Junkins, presidente de Texas Instruments dice: "No importa qué negocio tenga usted; estos equipos son la ola del futuro".[15]

Vacas industriales

Seguir la manada. "Seguir ciegamente los conceptos organizacionales que han funcionado en otras partes", dice B. Charles Ames, director ejecutivo de Uniroyal Goodyear, "es una forma segura de despilfarrar talento y de lograr resultados mediocres".[16]

Como sucede con cualquier otro tipo de vaca sagrada, hay que desafiar las prácticas difundidas en toda la industria — por ejemplo, "así se han hecho siempre las cosas" —, a fin de lograr una ventaja sobre la competencia. En el capítulo anterior vimos que personas como Chris Whittle, Gary Friedman y Sol Price rompieron las prácticas tradicionales de la industria y se hicieron líderes en sus respectivos campos. Whittle dijo: "Ser pionero es la mejor estrategia empresarial. Siempre deseo que las personas encuentren mi hoguera porque para entonces estaré en la loma siguiente".

*La **SNC** dice: Usted no podrá moverse con rapidez si anda tras una manada de vacas sagradas.*

Tenemos aquí algunos ejemplos de personas y organizaciones que han desafiado los supuestos y los hábitos de sus empresas y han logrado algunos avances extraordinarios.

¿Hacerlo en el exterior? Bettis Rainsford, presidente de la junta directiva de Delta Woodside, retó la creencia de la industria textil de que los Estados Unidos no podrían competir con la mano de obra extranjera barata, los precios bajos y los subsidios gubernamentales. Comprando viejas plantas textileras al borde de la quiebra; cambiando las líneas de productos; dotando las fábricas de maquinaria usada y barata; y poniendo énfasis en el marketing sobre la producción, logró "con una sola mano, revivir la industria textilera de los Estados Unidos cuando todos los demás se rendían ante los competidores extranjeros que tenían mano de obra barata y subsidios gubernamentales".[17]

La planta de Hewlett-Packard en Roseville, California, retó recientemente la creencia que tiene la industria de alta tecnología: que es necesario producir en el extranjero para poder competir en cuanto a precios. Al desafiar todos los aspectos de su funcionamiento, logró avances espectaculares.

Durante el proceso, nada se consideró como sagrado, no se dejó intacto ningún detalle del proceso de manufactura. Por ejemplo, H-P logró un acuerdo especial mediante el cual el proveedor de componentes y terminales les hacía los despachos en un contenedor que H-P reutilizaba para despachar el producto terminado. Esta innovación, aparentemente pequeña, le ahorró el costo de cajas adicionales y de materiales de empaque, y eliminó la necesidad de tener que deshacerse de miles de toneladas de cartón y desechos de plástico. Esto es solamente un pequeño ejemplo. Como resultado, H-P llegó a una conclusión: "El ingenio estadounidense puede derrotar la mano de obra extranjera barata cuando se trata de manufactura de alta tecnología".[18]

Traer a alguien de fuera. Una empresa normal de contabilidad visita a sus clientes en determinadas épocas del año para revisar sus libros. Pero Arthur Andersen & Co., una de las empresas más grandes, se sale de lo normal y desafía, no muy calladamente, las tradiciones más importantes de la industria contable. Además de desarrollar una exitosa práctica de asesoría sobre administración, la firma ofrece ahora el servicio de un gerente Andersen que actúa como director ejecutivo financiero en la organización del cliente, durante determinado período de tiempo. De esta manera, se cambian los papeles: ¡El que viene de afuera se convierte en el de adentro, el asesor se convierte en jefe!

"Éste es un mundo diferente", dice Gary Peterson, jefe de administración financiera por contrato de Andersen. "Si usted quiere seguir creciendo tiene que hacer este tipo de cosas".[19] Desafiando a algunas vacas sagradas de la industria, Andersen está en camino de reinventar la contabilidad.

Tarjetas sagradas. A un nivel muy distinto, la presidenta de una pequeña oficina de locutores de California del Sur tenía en su escritorio una hilera de papel más larga que la expedición de Lewis y Clark. "Todos los datos de mis clientes están escritos en tarjetas 8 × 13 cm, incluyendo los programas que se van a realizar, calendario para la devolución de llamadas telefónicas, etc. Estos datos son la vida de este negocio y, en realidad, de esta industria", me dijo. "Así aprendí el negocio y así ha funcionado esta industria durante muchos años".

Cuando ella se dio cuenta de que "gastaba más tiempo haciendo tarjetas que haciendo dinero", instaló computadores personales en su oficina. Nada radical ni espectacular; pero este paso simple y pequeño realmente constituyó un gran cambio en las prácticas estandarizadas de ella (y de su industria).

"No creí que fuera gran cosa", me dijo. "Pensé que eran cosas de los años 90; todo el mundo había renunciado a las tarjetas, y simplemente yo quería actualizarme. Asistí después a una reunión que tuvo lugar en una de las oficinas más grandes, diez veces más grande que la mía, y lo primero que vi en el escritorio de un amigo fue... una hilera de tarjetas 8 × 13. Me dio mucha risa, y me di cuenta de que ahora ¡yo tenía también una ventaja!

Las cosas pequeñas significan mucho. Como lo hemos visto, los cambios sencillos pueden significar mucho para una organización. Hay muchos casos similares en todas las industrias y las empresas y en todos los empleos. Veamos, por ejemplo, la carta comercial. Pocas actividades están más repletas de viejos hábitos, supuestos y vacas sagradas que los componentes de una carta comercial "apropiada". Las cartas "apropiadas" no necesariamente son "apropiadamente" leídas.

"Los saludos formales son una tragedia", dice Jay Jones, autor de *Write Bussines Letters Right*. Utilice un "sustituto creativo" para "captar la atención de los lectores, cree un *goodwill* y ponga a los demás en primer lugar".[20] En vez de empezar una carta dirigida a un corredor de bienes raíces diciendo "Estimada señora Thompson", ¿qué tal decir: "Caramba, Carol, quisiera saber qué pasa con los bienes raíces"?

Vacas personales

Preparación para el primer rodeo. En mis seminarios hago que los asistentes contesten las preguntas que aparecen al final de este capítulo como primer paso para acorralar a sus vacas sagradas y llevarlas a pastar afuera.

Después de haber realizado con más de 10 000 personas este ejercicio de las "vacas sagradas", más del 90% de ellas sacaron dos conclusiones:

1. Todas estaban gastando más tiempo en hacer lo que no les gustaba, que en hacer lo que les gustaba.

2. Las cosas que les gustaban generalmente estaban relacionadas con personas, creatividad y nuevos desafíos. Lo que no les gustaba generalmente estaba relacionado con papeles.

Luego les preguntaba: ¿Qué factores contribuyen más a la productividad y la rentabilidad de una organización: las personas o los papeles? Usted mismo puede contestar esta pregunta.

En casi todos los casos, el hecho de hacer las cosas que a uno le gustan — tareas retadoras, trabajo creativo, trabajo de las personas — está más directamente relacionado con las utilidades de la organización que los papeles.

Muchos sistemas que generan papeleo se ven bien en el papel, pero desde el punto de vista operativo, realmente no funcionan. Estos sistemas requieren más personas y más tiempo, y terminan costando mucho más dinero. Igualmente, desgastan a la gente y le impiden hacer las cosas que son realmente importantes.

Con mucha frecuencia, los papeles que nos empantanan se relacionan más con la desconfianza, el control y la supervisión que con la motivación, la innovación y la producción. Las hileras de papeles representan a las personas que tratan de controlar a los demás.

Por el contrario, los que tienen mentalidad de "rómpalo" saben que el propósito de cualquier sistema debe ser liberar a las personas para que puedan realizar su trabajo de manera más creativa — liberarlas, no atarlas; conferirles facultades, no controlarlas.

He aquí varios ejemplos de personas que han tenido éxito en la tarea de acorralar a las vacas sagradas que les impedían la productividad, la creatividad y la motivación. Estas ilustraciones le estimularán a usted los pensamientos y le darán algunas ideas útiles que incrementarán su productividad, sus utilidades y su paciencia.

Reducir los informes a su justo tamaño. Conozco un jefe de división que identificó a una de las vacas sagradas en una de las 50 empresas de manufactura de la lista publicada por *Fortune;* era el informe financiero mensual de 10 columnas que se enviaba a todos los funcionarios de la corporación. "Hay que gastar mucho tiempo y hacer muchos esfuerzos, y, francamente, me pregunto qué importancia puede tener recibir la información con esa frecuencia", me dijo. "Quiero decir: ¿Hasta qué punto se puede utilizar? Todo este material lleva aquí más tiempo que yo", agregó, moviendo las manos en señal de frustración.

En una reunión mensual de seguimiento, uno de los gerentes sugirió que se eliminaran dos columnas porque "ya nadie necesita esa información. Es obsoleta". El grupo asintió y envió la información abreviada. Para su alivio, no se produjo crítica alguna. En realidad no hubo ninguna reacción.

Sintiéndose un poco más confiado, en la reunión siguiente uno de los miembros sugirió que se combinaran las dos series de números "puesto que no son en absoluto diferentes". El grupo asintió, y el informe de ese mes se presentó con seis columnas. Esta vez tampoco hubo ninguna reacción.

En la reunión subsiguiente, alguien dijo en broma: "¡Quizá no haya nadie allí! Saltémonos un mes a ver qué pasa". El gerente de división, responsable del informe, se puso pálido, pero finalmente aceptó. No se envió el informe. Nuevamente, ninguna reacción.

Dos meses más tarde, enviaron el *Tercer Informe Trimestral, con cuatro columnas.* Esta vez el feedback fue rápido: Un mensaje, manuscrito sobre el informe, y enviado por el director financiero que decía: ¡Buen informe! Es claro y va al grano. Sigan haciéndolo así. De 10 columnas mensuales el informe se redujo a cuatro columnas trimestrales... y se le envió un mensaje al responsable de la división. Cazar todas las vacas sagradas es cacería legal.

Reducir las reuniones a su justo tiempo. En estos días, las personas pasan más tiempo en reuniones que sentados a su escritorio. El problema — me dijo una empleada — es que las reuniones van mucho más allá de su punto de productividad. "Tenemos reuniones de staff todas las semanas", me dijo el director de un periódico. "Duran hora y media, pero a los tres cuartos de hora se convierten en una pérdida de tiempo. La gente se cansa, se intranquiliza, se desasosiega. Después de 45 minutos, la productividad y creatividad casi no existen.

"Entonces les sugerí algo obvio: fijar la duración de la reunión en 45 minutos. La idea funcionó maravillosamente. Los asistentes empezaron a traer sólo temas importantes", dijo. "Dejamos de malgastar el tiempo. Le diré algo: En cuarenta y cinco minutos hicimos más y realizamos un trabajo mejor que en reuniones que duraban el doble. Otra ventaja fue que también se redujo el número de reuniones".

La **SNC** dice: *Todos tratamos de llenar siempre el tiempo disponible; de manera que debemos reducir el tiempo disponible.*

La docena del panadero. En otra importante organización de alta tecnología, el dolor de cabeza del día para el gerente de ventas eran las trece aprobaciones que debía conseguir para poder participar en una licitación con miras a obtener un contrato con el gobierno. Sí: ¡Trece! "¡La docena del panadero maniático!" gritaba el gerente. "Todo el mundo tiene que firmar: Manufactura, finanzas, ingeniería, el departamento legal... Todos quieren meter el dedo en el pastel. Se necesita demasiado tiempo para subirlos a todos a bordo; el entusiasmo del personal se extingue, y todos nos encontramos en una situación desventajosa para poder cumplir las fechas límite que impone el gobierno''.

Retando el sistema y cambiando la desconfianza por confianza, y la supervisión por la responsabilidad, este gerente logró que el proceso de aprobación, tal como se oye, se redujera de trece firmas . . . a ¡una!

Reuniones verticales. Las reuniones frecuentes e improductivas son unas de las vacas sagradas más comunes, independientemente de la empresa para la cual pueda estar trabajando usted.

Jack Daly, vicepresidente ejecutivo de Glendale Federal Savings & Loan, compartía esta preocupación, y decidió hacer algo al respecto. Daly notó que las reuniones que se realizaban en la lujosa sala de juntas de la corporación eran interminables. Los asistentes se arremolinaban, se reclinaban hacia atrás en las mullidas sillas (las vacas sagradas de la sala de juntas), eran lentos para dar comienzo a la agenda y aun más lentos para salir cuando se acababa la sesión.

Aplicando la mentalidad de ''rómpalo'', Daly hizo lo único aceptable: ¡Quitó todas las sillas! Así es. Todo lo demás permaneció igual, ¡menos las suaves y mullidas sillas! Durante los tres meses siguientes, las reuniones se realizaron en la mitad del tiempo, y la cantidad de ellas se redujo a la mitad. Transcurridos tres meses de ''acondicionamiento'', las sillas volvieron a su lugar, pero las reuniones conservaron su recién adquirida eficiencia.

Corning Glass, Equitable Life Assurance y Johnson & Johnson también se unieron a la brigada de las reuniones verticales. ''La idea funciona'', dice Frank Anthony, vicepresidente de Corning. ''No hay duda al respecto. Los asistentes no dicen tonterías. Van directamente al grano porque detestan tener que estar de pie''.[21]

Política de puertas entreabiertas. La gerente general de una importante firma dedicada a la asesoría gerencial tenía la política de ''puertas abiertas'' que se le convirtió en un arma de doble filo. Aunque esta política realmente mejoró la accesibilidad, la accesibilidad no mejoró el rendimiento. Cada vez más, sentía que estaba a merced de las personas que al pasar se detenían y entraban. Un minuto o dos aquí, dos o tres allá, iban acumulándose. Estas interrupciones aparentemente menores acababan también con su concentración. Su lema era, según lo comentaba graciosamente: "Ahora . . . ¿En qué iba yo?"

Así, utilizando la mentalidad del "rómpalo", la gerente hizo algo al parecer insignificante: Le dio la vuelta a su escritorio y corrió una biblioteca para bloquear la visión directa de la gente.

Los resultados de esta simple acción fueron muchos: "Para llamar la atención, ahora las personas que pasan tienen que hacer un esfuerzo. Ya no pueden «meter la cabeza y empezar a hablar»". Prácticamente se acabaron las pequeñas interrupciones, los chismes y las preguntas que las personas mismas podrían contestar. Un resultado inesperado fue que mis subalternos comenzaron a tomar más decisiones por sí mismos y, por lo tanto, a sentirse más comprometidos con su trabajo. Lo mejor de todo fue que pude regresar a casa media hora o una hora antes, todos los días, en mejor estado de ánimo y sintiendo que ¡por fin me había puesto al día!

Vacas de papel. La vaca sagrada número uno para una empresa de la Costa Occidental, que provee a tiendas de artículos deportivos era "tener que leer y escribir informes". El personal de ventas no sólo tenía que enfrentar las presiones de unas metas de crecimiento constante y nueva competencia sino que debía preparar informes sobre todas las actividades: visitas realizadas, resultados de las visitas, gastos, estado crediticio de las pequeñas tiendas, revisión de inventarios, etc. Después, al finalizar el día, todavía tenían que leer memorandums, informes y correspondencia.

Iniciando su propio "acorralamiento" de las vacas sagradas, cinco de los representantes del noroccidente contrataron su propia secretaria. Dictaban los informes mientras iban de una cuenta a otra y se los enviaban a la secretaria para que los escribiera a máquina y los distribuyera. Calcularon que estaban ahorrando aproximadamente 45 minutos diarios, lo cual significaba por lo menos una visita extra, y, con frecuencia, dos. ¡Y se habían suprimido los "esclavizantes" papeleos! Muy pronto esta idea fue adoptada por todos los demás representantes.

Pero la historia no termina ahí. El gerente de ventas, aprovechando la lección que le dio su personal, procedió a encerrar otra vaca y a grabar en cinta magnetofónica la correspondencia para su personal de ventas. Además de la información acostumbrada sobre ventas, objetivos, actividad competitiva y promociones, se dedicó un segmento al "héroe del mes", distinción que se otorgaba por una acción que estuviese más allá del cumplimiento del deber. Todos querían ser el siguiente "héroe" del mes, de manera que el uno trataba de superar al otro mediante la creación de promociones no acostumbradas.

En el curso de seis meses, estos dos cambios habían incrementado las ventas ¡en un 35%!

ACORRALE SUS PROPIAS VACAS SAGRADAS

Los anteriores ejemplos de acorralamiento de las vacas sagradas personales no son tremendos ni hacen temblar la tierra. Sus protagonistas no eran salvajes, ni disidentes frenéticos, ni lunáticos rabiosos. Eran personas comunes y corrientes que enfrentan hechos comunes y sencillos.

En un seminario que dirigí para una de las divisiones de ventas de mayor éxito de Hewlett-Packard, les pregunté a los asistentes si podrían identificar una o dos de sus vacas sagradas que les estuvieran impidiendo realizar mejor su trabajo. Los resultados fueron sorprendentes para todos. En menos de 10 minutos, la fuerza de ventas de más rápido crecimiento en H-P pudo anotar veinticinco vacas sagradas que debían eliminar para que el personal de ventas pudiese ser aun más productivo.

No es necesario que las vacas sagradas sean corpulentas.

Las encontramos en todas partes, y vienen en todos los tamaños y formas. Mi recomendación es que empecemos por acorralar las más visibles. Lo importante es que nos comprometamos a acorralarlas, tomando alguna medida ahora mismo. Esto resulta útil para generar confianza e impulso y nos abre nuevas oportunidades no previstas en un comienzo. Las siguientes preguntas tienen como objetivo ayudarle a usted a identificar sus vacas sagradas. Empiece por identificar estas vacas, pero todavía no haga nada más al respecto. La vaca sagrada de una oficinista era examinar toda la basura que le llegaba por correo después de haber estado por fuera durante algún tiempo en viaje de negocios. "La pila es así de alta", dijo, poniendo las manos a unos 30 centímetros de distancia entre sí. "Pero tengo que examinarla toda, pues algunas cosas podrían ser importantes". Quizá sí, quizá no. Podrían existir muchas otras soluciones, aunque no evidentes a primera vista. De manera que usted no debe precipitarse a decidir si esa vaca se puede meter al corral o no. Simplemente, póngalo por escrito. Más adelante hablaremos sobre las posibilidades de enviarlas a pastar. Conteste las preguntas con la mayor franqueza y honestidad posible.

1. Enumere todos los sistemas, procedimientos, políticas o hábitos que están pasados de moda y que le gustaría cambiar.

2. ¿Qué aspectos de su trabajo le gustan menos, lo "aburren", lo desgastan o le parecen "trabajo muy dificultoso"?

3. ¿Cuáles de las cosas mencionadas y heredadas de su predecesor o aprendidas en el colegio, implican más problema del que vale la pena enfrentar?

4. ¿Qué cosas, provenientes de otro departamento y remitidas para su atención jamás ha desafiado usted por tratarse de un "asunto de terrenos"?

5. Visualícese a usted mismo en un día (o semana) típico de trabajo. Haga una lista de sus hábitos rutinarios — a qué

hora se levanta, cómo llega al trabajo, a qué hora almuerza, qué hace cuando llega a la oficina, qué hace cuando sale, cómo maneja su correspondencia. ¿Cuáles de estos hábitos o rutinas le gustaría romper? ¿Por qué? ¿Cuáles serían los beneficios?

6. Si un grupo de comediantes fuera a montar una sátira sobre su día, ¿qué actividades específicas les proporcionarían el mejor motivo de risa?

7. Dé una mirada alrededor de su oficina. Identifique algo que lo haya molestado durante algún tiempo. Imagínese que usted ya ha hecho algo al respecto. ¿Cómo se sentiría? ¿Esperaría observar alguna diferencia en cuanto a su actitud y/o su eficiencia?

En este momento usted ya debiera tener una percepción más clara de sus vacas sagradas. Piense en ellas a medida que avancemos y encontrará muchas maneras de llevarlas afuera para que puedan pastar segura, fácil y eficientemente.

Tenga presente la importancia de no permitir que sus vacas sagradas lo vuelvan a usted picadillo, porque nada es sagrado.

A estas alturas usted ya debiera tener una percepción más clara de sus propios hábitos pasados de moda, e igualmente, de la necesidad de cambiarlos. Dando este otro paso, el que tiene mentalidad de "rómpalo" se mantiene a la mira de las posibilidades que le permitirán mantenerse animado y creativo. Como enseña la **SNC** es muy importante adquirir el hábito de romper los hábitos.

La **SNC** *dice:*
Adquiera el hábito de romper sus hábitos.

10

Piense como un principiante

LAS PEQUEÑAS BOMBILLAS DE LA VIDA

Todos hemos tenido aquella experiencia de "¡Ajá!", cuando se nos enciende la bombillita en la mente. De un momento a otro, desaparecen las anteojeras, se desvanece la visión de túnel y aparece la solución del problema cuando menos la esperábamos, en la ducha o mientras avanzamos lentamente en el automóvil. En tales momentos entornamos los ojos, nos damos un golpe en la frente y nos preguntamos por qué no nos habíamos dado cuenta antes, si todo era tan obvio y tan sencillo.

¿Obvio?... Sí. ¿Sencillo?... Sí. ¿Fácil?... ¡No!

Una dificultad que se nos presenta para ver una solución obvia o localizar una nueva idea es producto de haber estado enceguecidos por nuestra propia pericia. Nos gusta la complejidad. Preferimos lo oscuro a lo lógico. El hecho de saber "tanto" nos dificulta encontrar las respuestas sencillas. Al lanzar chorros de agua sobre nosotros mismos, estamos seguros de que las cosas sencillas y obvias no pueden ser buenas porque lo más probable es que ya se le ocurrieron a otro.

Pero la sabiduría convencional no nos ayuda mucho, porque nos asegura que si queremos el mejor consejo debemos acudir a los expertos que conocen detalladamente el asunto y hacen gala de su capacitación especializada. "¿Tiene alguna pregunta?" "¿Tiene algún problema difícil?" Llame a los especialistas. "¿Necesita una evaluación detallada?" Llame al experto, pronto.

Esta estrategia pudo haber sido buena en su momento, pero en el mundo de hoy, una nueva idea, un avance tecnológico, un cambio político o un hallazgo de investigación, puede volver obsoleto lo que se había considerado como lo último en conocimientos.

SI UTILIZA A LOS EXPERTOS, UTILÍCELOS BIEN

"Cuando trabajé con *American Trend Report*", dice Louis Patler, "contratábamos expertos, pero teníamos mucho cuidado con la manera de utilizar su capacidad mental". Los expertos tienen grandes cualidades — disciplina y deseo de sumergirse en el tema, por ejemplo —, pero pueden dejarse atrapar por sus éxitos anteriores.

Patler nos advierte que "el mayor riesgo de utilizar expertos es lo compulsivos que pueden ser para mostrar que tienen razón — pueden proyectar originalidad para tratar de que todo se adapte a lo que ellos ya saben. Este hecho los puede volver demasiado conservadores para pronosticar con exactitud. Igualmente, pueden gastar mucho tiempo en defender viejas posiciones.

"Nosotros preparamos a nuestros expertos para que incursionaran en otros campos y adoptaran una nueva perspectiva. El desafío es similar cuando les ayudamos a los gerentes a emplear tendencias de manera eficaz. Usted tiene que poder pensar como si fuese un principiante — déjeles el orgullo a los historiadores, pues el futuro pertenece a los osados".

ENCASILLAMIENTO

Pensar uno como experto o contratar a un experto para solucionar problemas puede obstaculizar más que ayudar. Richard Tamm, asesor de computación en Bay Area, me comentó que con frecuencia este caso se da con los programadores de software: "Más que repensar un programa, cuando se introduce una nueva idea o desarrollo, su tendencia es tratar de adaptar la nueva idea a un modelo o estructura preexistente y ¡qué va!, la nueva idea ya no es nueva".[1] Invariablemente, los expertos ponen nuevos problemas en el mismo contexto viejo, para entenderlos. Tienden a definir lo *nuevo* en función de lo *viejo*, lo *desconocido* desde el punto de vista de lo *conocido*, y tratan de encasillar las situaciones nuevas dentro de estructuras preexistentes y bien establecidas.

Trátese de campos como ventas, servicios, ingeniería o de manufactura, los expertos literalmente no ven los problemas o las situaciones comunes de un modo nuevo sino a través de un filtro de ideas preconcebidas o prejuicios que proyectan su visión del mundo. Además, una vez que estas personas han obtenido el apelativo de "expertos", su necesidad de "tener la razón" y de retener el título con frecuencia llena de prejuicios sus opiniones y encasilla sus mentes. Como resultado, se atrincheran en sus perspectivas y sus posiciones, y defienden las formas verdaderas y comprobadas de hacer las cosas de la manera más obvia pero llena de jerga. Esta actitud del "experto" me recuerda una historia budista:

El hombre que sabía demasiado

Había una vez un estudiante muy erudito. Un día fue a la casa de su maestro. Cuando estaban sentados el uno frente al otro, el maestro empezó a servirle té mientras el estudiante comenzaba a decirle todo lo que sabía. Cuanto más hablaba el estudiante, más té le servía el maestro. Pronto, la taza del estudiante se llenó, el platillo se desbordó, y el té comenzó a caerle en la ropa.

El estudiante le preguntó al maestro por qué continuaba vertiendo el té. El maestro le contestó: "Cuando la mente está llena hasta el punto de desbordarse, lo mismo que la taza de té, no hay espacio en ésta para nada nuevo". Finalmente, el estudiante se dio cuenta de algo que el maestro vio inmediatamente — ¡que estaba todo mojado!

PRINCIPIANTES EXPERTOS

"Cuando me nombraron ministro de trabajo me encontré con toda clase de expertos en relaciones laborales, quienes deseaban compartir conmigo sus puntos de vista sobre los últimos 50 años y especialmente sobre los problemas", dijo el honorable ministro de trabajo de Alberta (Canadá), Elaine McCoy.

"Los expertos suelen estar llenos de datos sobre lo que no funcionó en el pasado para dar el salto hacia el futuro. Pero estos expertos nunca podrán decirnos hacia dónde debemos dirigirnos a partir de aquí. Como necesitábamos una perspectiva nueva, gasté un año hablando con personas de toda condición para desarrollar una visión del lugar al que debíamos dirigirnos en el próximo siglo. Las decisiones políticas más importantes tienen que ver con los valores humanos, no solamente con la información de los «expertos» y hay que tomarlas con el corazón".[2]

LA MENTALIDAD DEL PRINCIPIANTE

"Se creía que el más informado era el mejor investigador", dice François P. van Remoortere, presidente de la división de investigaciones de W. R. Grace & Co. "Pero esto ha cambiado ahora. Algunos de los mejores consejos provienen de personas que saben menos sobre una operación específica".

No se trata de menospreciar la experiencia, la información

o la práctica. Pero el secreto para anticiparnos al cambio es aprender *a pensar como principiante*. Si usted actúa con la mente del principiante, será más abierto a lo que va surgiendo y estará mejor preparado para prever el cambio.

El principiante no está adherido a las viejas maneras de ver y hacer las cosas, y no dedicará demasiado tiempo a "azotar un caballo muerto" o amontonar vacas sagradas. Observando el mundo con nuevos ojos y mente abierta, el principiante verá cosas que al experto se le escapan.

Pensar como principiantes implica un estado de curiosidad que le permitirá a usted ver las cosas en forma distinta, sin permitir que la información antigua y los "beneficios" de la experiencia nublen su juicio. Al fin y al cabo, la experiencia tuvo lugar en el pasado, y la mentalidad, las estrategias y la información que funcionaron en el pasado con frecuencia están pasadas de moda y se han vuelto obsoletas.

Como inconformista de renombre, Phillipe Starck, arquitecto y diseñador francés, ha demostrado que al principiante perpetuo lo acompaña una nueva visión. Dice sencillamente: "Yo soy amnésico. De esta manera siempre llego renovado cuando se trata de abordar un problema".[3]

EL ACERTIJO DE ELINA

Los niños tienen una manera de abordar con mente renovada un problema. Están llenos de curiosidad, anhelan nuevos descubrimientos y están abiertos a las nuevas experiencias. Como sucede con la amnesia de Starck, ellos ven el mundo por primera vez. Esto explica por qué el niño es capaz de formular una pregunta o hacer una observación que va directamente al meollo del asunto.

Para ilustrar este punto, les he pedido a varias personas que resuelvan el acertijo que Elina — la hija de cinco años de Louis Patler — trajo del kindergarten a su casa:

P: ¿Cuál de las siguientes letras es la que está más fuera de lugar?

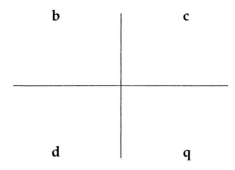

Resuelva el acertijo usted mismo o con algunos amigos para ver quién da primero la respuesta correcta.

Respuesta _____   ¿Por qué? _____

Algunos contestan que *c*, porque no tiene línea recta. Otros dicen que *q*, porque no conserva el orden. Algunos, pensando en un posible truco dicen algo sobre *b* o *d*.

Mirando el acertijo con ojos de principiante, Elina contestó inmediatamente. Para ella la letra que estaba más fuera de lugar era ¡"t"!

Les he mostrado este acertijo a miles de personas y he promovido grupos de discusión que han tardado hasta 25 minutos para tomar la decisión correcta y explicar por qué. Sólo muy pocas personas observaron *t*.

Casi todos abordamos los problemas trabajando con las letras *b*, *c*, *d* y *q*, porque las experiencias que tenemos nos dicen que ésa es la manera de hacerlo. Buscamos lo convencional, más que lo obvio, y buscamos lo complejo y no lo sencillo.

ASESORES NOVATOS

Hace poco tiempo, fui consultado en Keystone, un importante campo de ski de Colorado, famoso por su orientación familiar y fabuloso servicio. John Rutter, vicepresidente de operaciones de ski, estaba muy preocupado porque su personal hacía de una manera rígida e invariable las cosas. "Están empezando a pensar que todo lo saben. Deseo cambiar un poco las cosas y ayudarles a pensar en forma diferente acerca de lo que se puede hacer en Keystone para prestarles mejor servicio a los clientes".

Iniciando la "asesoría novata", dividimos en seis equipos a los veinticinco gerentes traídos de cada sector operativo. Una vez por semana, cada equipo pasaba medio día en un área del campo de ski en la cual sus miembros no tuviesen experiencia. Se les dijo que no trataran de comportarse como expertos ni de presentar soluciones sino de actuar como principiantes, observar lo que pudieran y hacer el mayor número de "preguntas tontas" sobre cosas que no comprendieran — cuellos de botella, vacas sagradas y oportunidades desperdiciadas.

¡Los resultados superaron a las expectativas! En nuestra reunión de seguimiento, seis semanas más tarde, centenares de preguntas "ingenuas" produjeron docenas de ideas nuevas. Se detectaron y se acorralaron varias vacas sagradas. La campaña interna de marketing se cambió totalmente como resultado de este esfuerzo. Rutter calculó que una de las ideas, referente a procedimientos para la venta de billetes, les ahorraría decenas de miles de dólares al año y que muchas otras innovaciones conducirían a mejoras sustanciales en cuanto a los servicios y a la calidad del producto que le ofrecían al público. Y todo esto lo lograron unos principiantes haciendo el trabajo de los expertos.

SOUPE DU JOUR

La asesoría novata produjo tan buenos resultados que Gordon Briner, director de la escuela de ski de Keystone, decidió utilizar "principiantes que trabajaran como expertos" en sus programas de capacitación para instructores.

Es norma convencional hacer que los supervisores den lecciones ocasionales y que trabajen durante un día en las actividades del staff. Esto, aunque importante, es noticia vieja.

El nuevo método de Briner era utilizar la mentalidad de "rómpalo" para darle un vuelco a la sabiduría convencional. Una vez por semana, cada instructor de ski trabajaba durante una tarde como *supervisor*, programa que ellos denominaron *soupe du jour* [sopa del día].

Los supervisores novatos detectaron muchas cosas que se les escaparon a los expertos. Presentaron nuevas ideas que mejoraron el clima de enseñanza para los estudiantes y el instructor, e igualmente las relaciones y las comunicaciones entre instructores y supervisores. También se cambiaron algunas vacas sagradas en la industria, por ejemplo, la formación lenta e impersonal de "filas" para la asistencia de estudiantes a las clases.

Tanto Briner como Rutter anunciaron que los gerentes y los instructores se sintieron más comprometidos y autónomos en las actividades de todo el campo de ski. Fueron escuchados, y pudieron darse cuenta de que sus sugerencias y sus opiniones se tenían en cuenta, lo cual de por sí levantó muchísimo la moral, la motivación y el nivel de servicios en Keystone.

EL CLUB DE PERKIN-ELMER

Perkin Elmer Corporation, fabricante de instrumentos analíticos y de equipos procesadores de semiconductores, utilizó esta modalidad de novatos en un área altamente especializada. Trajeron a varias personas de diferentes departamentos, personas sin experiencia alguna en ingeniería, para consultarles acerca de un problema de ingeniería. Estas personas, no especialistas, redujeron en un 50% el número de cambios que se requerían para elaborar un producto y los costos de producción bajaron ¡el 55%!

¿Cómo lo lograron? Simplificando las cosas y cuestionando todo. Sobre la base de estas sugerencias de los "no expertos", se eliminaron los planes de un ventilador metálico incorporado, en favor de uno de plástico cuya instalación era más rápida, fácil y barata, por lo cual la empresa y el cliente quedaron mucho más contentos.[4]

EMPEZAR DE NUEVO

"Comenzamos por empezar de nuevo", dice Max Davis, gerente de producción del plan Roseville de Hewlett-Packard. Davis se refería a la modalidad que se adoptó para diseñar la nueva línea de ensamblaje de Roseville, en la cual los gerentes *todo* lo cuestionaban, preguntándose a sí mismos si realmente necesitarían un sistema de computadores... una cafetería... o ¡incluso el servicio de ingenieros de diseño! En un período de dos años y medio, H-P renovó su forma de elaborar todas las cosas, desde la planta hasta los productos.

Como resultado de ver todo con nuevos ojos y mente abierta, los cinco nuevos modelos para terminal de computadores de H-P, costaron *del ¡5% al 45% menos que los fabricados en plantas extranjeras!*[5] Veamos otros resultados notables de lo que se hizo en H-P al empezar de nuevo:

- El costo de las materias primas se redujo en un 50%.

- Se pasó de un diseño con 50 tornillos a uno de 4 para los terminales, y ahora están buscando un proveedor de una parte de ajuste rápido, que reduciría el número de tornillos a uno.

- El papeleo se redujo en un 90%.

- El tiempo empleado en la construcción de los terminales se redujo en un 75%.

- El número de ingenieros de diseño y su personal de apoyo pasó de 50 a 5, es decir, una reducción del ¡90%! Esto se logró diseñando los terminales alrededor de las partes disponibles en lugar de utilizar partes hechas a la medida o partes patentadas.

- La confiabilidad del producto es tan alta que solamente se necesita el 4% de la fuerza laboral para las tareas de reparación, en comparación con el 20% para los productos más antiguos. Ésta es una reducción del ¡80%!

La lista continúa. La planta de Roseville está elaborando productos de calidad por menos dinero que los competidores extranjeros porque decidieron empezar de nuevo con todo lo preconcebido y mirar con mentalidad nueva *todos* los aspectos de su proceso de diseño y manufactura, sin considerar nada como sagrado.

No es de extrañar que John Young, presidente de H-P, diga con orgullo y exactitud que "éste es el producto de más bajo costo que se haya fabricado en cualquier lugar del mundo".[6] Esa habilidad fue posible gracias a la mentalidad de principiante.

DE LA BOCA DE LOS NIÑOS SALEN...

Los especialistas reflexionan una y otra vez en busca de soluciones complicadas para problemas que con frecuencia son sencillos.

A la hora de almorzar, hallándome con varios altos ejecutivos de un nuevo e importante campo de recreo, el gerente general me dijo que todo funcionaba muy bien, excepto su nueva y "extraordinaria" cafetería exterior, pues no producía dinero. "La gente gasta en comida mucho menos de lo que habíamos previsto, y, por mi vida, juro que no lo entiendo. Según las investigaciones, los clientes piensan que la comida es maravillosa, el servicio magnífico y la vista sensacional". El gerente había contratado los servicios de varios expertos en restaurantes, y se habían "cubierto todas las bases. Lo hemos ensayado todo: hemos cambiado gerentes, proveedores, motivos, colores interiores, menús, disposición de los asientos. Todo. Pero todavía no hemos podido obtener utilidades".

A estas alturas hice fila para almorzar. Tomé una ensalada, un sandwich y un jugo, y estaba tratando de hacer algún lugar en mi bandeja para llevar un postre. En ese mismo momento observé que un niño frente a mí estaba tratando de hacer caber un helado en su bandeja, hasta cuando su sandwich fue a dar al piso. "Te dije que no tomaras tantas cosas", le gritó su padre.

¡Y la bombilla se encendió! Regresé a mi grupo de almuerzo

y les comuniqué a los integrantes lo que acababa de ver. "Oigan, no soy un experto, pero ¿alguna vez han considerado ustedes la posibilidad de comprar bandejas más grandes? Pienso que el niño no habría dejado caer su comida, su padre habría pasado un día más agradable, yo habría comido postre y todos habríamos gastado más dinero... ¡si las bandejas fueran más grandes!"

Vinieron entonces las mangueras extintoras. "Estas bandejas corresponden al estándar de la industria". "Las compramos a buen precio". "El tamaño es adecuado para nuestras máquinas lavadoras". Todo muy razonable. Exactamente lo que uno podría esperar que dijeran.

Sin embargo, el gerente general me interpretó literalmente: "Probemos", dijo. "Ya hemos ensayado todo lo demás". En tres meses las bandejas más grandes (lo mismo que las lavadoras más grandes) produjeron un incremento de un dólar con cincuenta por persona, por comida. Esto representó cerca de medio millón de dólares anuales en incremento de los ingresos, aproximadamente cincuenta veces el costo del cambio, y el restaurante pudo tener por primera vez cifras en negro. Observando la situación como principiante, yo pude presentar una solución *obvia* para algo que se había considerado como un problema complejo y misterioso.

"¿POR QUÉ LA GENTE COMPRA NUESTROS TALADROS?"

En una importante fábrica de herramientas eléctricas, la venta de taladros no estaba a la altura de las proyecciones, por lo cual el director de marketing había traído asesores y gerentes de marketing, ingeniería, producción y ventas para ver si ellos podían imaginar por qué. Frustrado porque la sesión no conducía a ninguna parte, preguntó: "¿Por qué creen ustedes que la gente compra nuestros taladros?"

Uno de los consejeros dijo que la razón estaba en el precio. Otros mencionaron la reputación de la empresa en cuanto a calidad y servicio, empaque y publicidad, disponibilidad y buena garantía. Todas eran respuestas muy buenas.

"¡Un momento! ¡Esperen!", les interrumpió el director de marketing. "Estoy empezando a ver la causa de nuestro problema. Hemos olvidado a qué negocio nos dedicamos. Ésta es la *verdadera* razón por la cual la gente compra nuestros taladros: ¡Porque quiere hacer un hueco! ¿Para qué tantas fantasías? Debemos ceñirnos a lo fundamental y venderles una herramienta que pueda hacer huecos".

Cuando marketing empezó a poner énfasis en lo bien que el producto hacía huecos, ¡las ventas se incrementaron en un 15%, en un período de seis meses!

VISITANTES BIENVENIDOS

Hay muchas maneras de fomentar la mentalidad nueva y abierta del principiante.

He aquí dos técnicas fáciles y prácticas para eso:

1. Imagínese que usted es un visitante extraterrestre. Observe con mirada de forastero su propia situación. Formule preguntas básicas y hasta ingenuas; por ejemplo: "¿Qué es esto?" "¿Para qué es?" "¿Por qué lo hacen así?"

2. Lleve a su madre o a su hijo de ocho años a pasar el día con usted, y anímelos a curiosear, escuchar disimuladamente, observar y formular preguntas.

Usted se quedará asombrado al ver cómo estos "visitantes" podrán cambiar su percepción de un mundo que se ha dado por sentado, pues lo que para ellos es obvio, ha permanecido oculto para usted durante largo tiempo.

La **SNC** *dice:*
Piense como principiante.

11

De las alianzas inesperadas surgen importantes asociaciones

La cualidad más útil de la mentalidad del principiante es su admirable capacidad de pasar por encima de las nociones preconcebidas, de los supuestos, de lo que se da por sentado, para llegar a lo simple, lo obvio y lo creativo. Enfocando las cosas con frescura, como lo haría un niño, el principiante las ve de otra manera y evita las "incapacidades del capacitado", las anteojeras que provienen de hacer las mismas cosas tal como aprendimos a hacerlas.

El partidario del "rómpalo" tiene menos prejuicios y supuestos que quienes juegan según las viejas reglas. Con frecuencia, los hábitos convencionales nos obligan a buscar más lo complejo que lo simple, más lo conocido que lo nuevo. Pero el partidario del "rómpalo" le da el vuelco a todo esto y busca intuitivamente las "anomalías", advierte las excepciones a las reglas y se deja atraer por lo único y lo innovador.

La sabiduría convencional nos ha enseñado a seguir las reglas, haciendo así más difícil descubrir las excepciones, que es donde realmente encontramos las posibilidades de avance. No obstante, hay formas en que es posible aprender a ver el mundo como lo vería un principiante. En este capítulo analizaremos algunas estrategias de la mentalidad del "rómpalo" que despertarán al principiante que hay en usted y le darán libertad para ser más creativo en la solución de los problemas y para generar nuevas ideas.

Elegí cinco formas *improbables* en que usted puede buscar soluciones probables. Cada una de ellas le exigirá quebrantar una o más "normas". Y cada una tiene innumerables aplicaciones prácticas que le ayudarán a ver con más claridad, a ser más creativo, más innovador y a tener más éxito.

EL CLIENTE SIEMPRE TIENE LA RAZÓN . . . ESPECIALMENTE CUANDO SE EQUIVOCA

La sabiduría convencional para el diseño de productos y su marketing nos dice que prestemos atención a los clientes. Aprenda todo lo que pueda sobre sus necesidades y deseos, y luego, diseñe el producto basándose en la información recibida. Entonces, el cliente formará parte de su departamento de investigación y desarrollo . . . un paso en la dirección correcta.

Pero el cliente puede ser crucial para su investigación y desarrollo, en una forma totalmente diferente y a veces olvidada. Usted puede aprender mucho observando cómo sus clientes "usan mal y abusan" de su producto *después* de comprarlo. Los principales avances en nuevos productos y el rediseño de productos innovadores provienen de observar al cliente cuando "desperdicia" la intención original y utiliza el producto en una forma totalmente distinta.

¿Dónde estarían millones de hogares norteamericanos, por ejemplo, si alguien no hubiese notado al gato del vecino que "visitaba" una bolsa de arena abierta, fabricada para limpiar manchas de aceite y grasa? De esta manera nació Kitty Litter. Otros empresarios con espíritu emprendedor observaron que las personas utilizaban los embalajes de naranjas como contenedores y los copiaron en tamaños convenientes para almacenar de todo, desde cintas magnetofónicas hasta álbumes de discos. Alguien puso a un lado los encuadernadores de tres huecos, los miniaturizó y produjo el Rolodex. La lista es larga y abarca muchos de los objetos que damos por sentados y que se encuentran tanto en nuestra casa como en la oficina.

El común denominador de todos estos ejemplos es que, observando cómo los consumidores — y un gato — *utilizan, usan mal y abusan* de los productos, tendremos uno de los mayores equipos de investigación y desarrollo del mundo y una provisión interminable de ideas con las cuales podremos trabajar.

Equipo de investigación y desarrollo con los Ángeles del Infierno

Usted puede hacer algunos descubrimientos extraordinarios observando personas inverosímiles y yendo a sitios improbables. Cuando hubo una baja en las ventas de Harley-Davidson, hace unos pocos años, Vaughn Beals, director ejecutivo de Harley-Davidson, dio un paso no convencional: les pidió a todos los miembros de la alta administración que viajaran por todo el país en las motos Harley, asistieran a rallyes de motociclismo y estuvieran hombro a hombro con los clientes de Harley típicos — y atípicos —, incluyendo a los Ángeles del Infierno.

Willie G. Davidson, nieto del fundador de Harley-Davidson y vicepresidente de diseño, notó en esos eventos que prácticamente a todas las motocicletas de Harley les habían hecho modificaciones y adaptaciones. Teniendo él una verdadera mentalidad de "rómpalo" vio en los Ángeles y demás motociclistas un equipo de investigación y desarrollo, adoptó sus mejores ideas y las incorporó en los diseños posteriores. Recortar el chasis, añadir cromo aquí y pintar llamas allí, esculpir tanques de gasolina; ¡todas estas ideas se incorporaron en posteriores diseños de Harley![1]

Estos cambios e ideas en Harley produjeron buenos resultados. Equivalen al 60% del mercado doméstico de motocicletas y ya llevan seis años consecutivos de rentabilidad.

Abuso creativo

Una táctica algo similar a la de Harley-Davidson incluye observaciones tipo cámara escondida — por ejemplo, ver cómo el cliente *realmente* utiliza su producto. Puede que usted tenga un producto maravilloso, creado para un fin específico, pero (como en el caso de Kitty Litter) puede terminar destinado a un propósito totalmente diferente.

Por ejemplo, Robert Milch, fundador de Igene Biotechnology, no descubrió su producto "verdadero" hasta cuando llegó a comprender — con algo de ayuda inesperada — que les estaba vendiendo el producto apropiado a los clientes apropiados ¡*para un uso incorrecto*! Había tenido éxito con la venta de suero transformado para los panaderos como sustituto de la leche descremada. Pero su producto, el MacroMin, no despegó realmente hasta cuando los *panaderos le dijeron* que ellos también lo utilizaban mal, como sustituto parcial de la clara de huevo, a una quinta parte de su costo. ¡Bingo!

En el mundo de la moda podemos ver constantemente este "abuso" creativo del cliente: las mujeres se ponen camisas de "hombre", los hombres usan aretes "de mujer", vemos abrigos deportivos hechos en papel de colgadura almidonado, trajes de noche diseñados imitando ropa interior. *House & Garden* observó recientemente que "en determinados círculos de los Estados Unidos se considera *chic* utilizar las cajas de madera de los vinos Louis Vuitton como mesas para el café, mesitas auxiliares y muebles para el televisor".[2]

Levi-Strauss escucha y observa

Levi-Strauss ha comprendido la importancia de mantener los ojos puestos sobre el cliente durante algún tiempo:

- Notaron que los clientes estaban encogiendo sus jeans para obtener mayor ajuste y el largo correcto. Levi produjo tallas preencogidas.

- Los clientes tomaban sus jeans nuevos, hacían pasar sus automóviles por encima, los metían luego en la lavadora y les aplicaban un blanqueador... Levi-Strauss lanzó entonces al mercado los jeans *stone-washed* y predesteñidos.

- Las mujeres les estaban haciendo pliegues y sisas a los jeans masculinos para lograr mayor ajuste. Levi-Strauss procedió entonces a lanzar una línea de tallas femeninas.

- La generación de la "explosión demográfica", ya cuarentona, siguió pidiendo jeans. Levi-Strauss produjo una línea "con más espacio" para las nalgas y los muslos.

- Recientemente, Levi-Strauss notó que los muchachos estaban utilizando jeans rotos. ¡Bingo! ¡Producto nuevo!... ¡jeans prerrasgados!

Observando el "uso inadecuado" y el "abuso" del cliente, Levi-Strauss se solidarizó con ellos y trató a los usuarios como su mejor personal de investigación y desarrollo.

Reebok-róbicos

Hace algún tiempo, Paul Fireman, cofundador de Reebok, observó que la gente estaba modificando sus zapatos de atletismo y de tenis, para usarlos en las clases de ejercicios aeróbicos. Entonces lanzó una línea de zapatos aeróbicos basándose en lo mejor de las innovaciones que hicieron sus clientes: apoyo para el tobillo, acolchamiento extra y colores brillantes.

Igualmente, observó que muchas mujeres estaban utilizando zapatos de atletismo en horas de trabajo, después del cual volvían a calzar sus zapatos de calle. En busca de comodidad y estilo, "ellas habían modificado los zapatos de baloncesto *para hombre,* los habían tinturado y les habían puesto almohadillas".[3] Fireman "se robó" muchas de estas modificaciones, y lanzó una línea completa de zapatos para caminatas, cómodos y en atractivos colores. Interpretando con gran seriedad los "usos inadecuados y los abusos" de su producto, las ventas de Reebok pasaron de *13 millones de dólares en 1983 a 1 400 millones en 1987.*

Cuando los equivocados... ¡tienen razón!

La moraleja de los casos de Harley-Davidson, Levi- Strauss y Reebok es la conveniencia de observar en qué forma los clientes usan sus productos o abusan o hacen uso inapropiado de ellos. A continuación tenemos algunos "abusos" que últimamente he podido observar:

Los estudiantes del penúltimo año de escuela secundaria están llevando en cada pie dos calcetines de vivos colores que contrastan; el color opuesto va hacia afuera. Tomen nota de esto los fabricantes de calcetines: ¡qué buena oportunidad para doblar las ventas!

Apuesto a que muchas puertas huecas se están utilizando por igual como cubiertas de escritorio y para closets. Estoy esperando que los proveedores de muebles para oficina tomen nota de esto.

Y los descendientes de Vuitton bien podrían comenzar a diseñar mesas de cuero para el café, lo mismo que muebles para el televisor, antes de que se les adelante cualquier otro espíritu empresarial.

Poner atención a los usos inadecuados y a los abusos del cliente puede significar que usted tenga a su disposición millones de investigadores de marketing y de investigación y desarrollo, lo mismo que un interminable desfile de ideas.

DE LAS ALIANZAS INESPERADAS SURGEN IMPORTANTES ASOCIACIONES

La sabiduría convencional nos predica: "Vigile a la competencia" y "Conozca al enemigo". Esta mentalidad fomenta el "yo-también-ismo" conformista que analizamos en el capítulo 8 y que nos impide ver muchas nuevas posibilidades.

"Incestuoso" es la palabra que utiliza Carol Farmer, asesora de marketing en Nueva York, para referirse a la labor de ventas al por menor. Todos quieren saber qué se propone hacer la competencia. "Se estudia cualquier cosa que le esté dando buenos resultados a Benetton" y se copia. Pero "mientras los competidores se mantengan jugando a copiar, Benetton no tendrá mucho de qué preocuparse".[4]

Cuando alguien observa y copia a la competencia, lo mejor que puede hacer es seguir su ejemplo, estrategia que automáticamente lo coloca en un segundo lugar: cuando alguien trata de copiar, en el mejor de los casos podrá lograr una pequeña ventaja, de corto plazo.

Dé una mirada a su alrededor

La SNC dice: Con frecuencia las nuevas ideas vienen de "fuera" de su campo.

Utilizando una analogía tomada del deporte, en lugar de observar cómo juega su competidor, observe un deporte diferente y trate de descubrir cosas que podrían ser aplicables a su equipo.

Las empresas hábiles hacen la misma cosa. Pruebe observar una industria o un campo diferente del suyo. Puede tener la agradable sorpresa de ver que las buenas ideas (y amistades) provienen de los compañeros más desconocidos. Podrá descubrir que ideas y estrategias aparentemente distintas y provenientes de otros campos pueden ser aplicables al suyo. A los partidarios del "rómpalo" los atrae el contraste y la novedad; practican la yuxtaposición, ponen cosas una al lado de la otra, cosas que no suelen estar juntas. ¿Cómo sucede esto? Veamos algunos ejemplos recientes:

El banco en el "Restaurante de Alicia"

Jack Wilborn, consejero de muchos bancos y socio de Arthur Andersen & Co., me dijo hace poco tiempo: "Los bancos de hoy afrontan quizá el mayor reto porque, habiendo estado reglamentados durante tanto tiempo, no tienen un legado empresarial".[5] En consecuencia, los cargos bancarios están llenos de personalidades del tipo B, conservadores, personas que esperan que los clientes acudan a ellos. Esto fue aceptable en los viejos tiempos, pero en esta era de desreglamentación, cuando la competencia es feroz, es una estrategia que ya no produce resultados. Los bancos necesitan ser más innovadores y creativos que nunca, y a la vez evitar las prácticas irresponsables de muchas asociaciones de ahorros y préstamos. Pero esto es más fácil decirlo que hacerlo.

"El problema de los bancos está en las personas que creen que debemos hacer las cosas como se han hecho siempre", dice Casey Mackenzie, vicepresidenta ejecutiva del First Nationwide Bank. Buscando la manera de atraer el volumen y el tráfico que se encuentra en las tiendas de descuento, ella logró que la montaña viniese a Mahoma. El trabajo de Mackenzie fue decisivo para abrir sucursales del First Nationwide en 164 tiendas K Márt.[6]

La sucursal del Bank One, cerca de Columbus, Ohio, es un centro financiero que, como lo informó la revista *Fortune*, "se parece al Restaurante de Alicia: usted puede conseguir allí cualquier cosa que desee". Ubicado exteriormente como un centro comercial y dotado de la inevitable música rock y letreros de neón, fue diseñado por la empresa que construye tiendas tales como K Mart, WalMart y Sears. Para llegar a la ventanilla del cajero, situada en la pared posterior, los clientes deben pasar por minitiendas que venden de todo, desde bienes raíces y servicios de turismo hasta corretaje de acciones con descuento. El banco ha tenido un éxito abrumador. Tras dos años de funcionamiento, tiene más de 9 000 cuentas y una enorme participación del 35% en depósitos locales.[7]

LOS BANCOS APRENDEN A UTILIZAR LA PALABRA "V"

Para la mayoría de gerentes que habían alcanzado el rango de banco principal del occidente medio — parte de la antigua generación bancaria — la venta era un anatema. Se referían a ésta como la palabra "V" y la asociaban a las uñas brillantes y al perfume barato. Con la desreglamentación todas estas cosas cambiaron. La importancia de la venta y el servicio creativo ha golpeado la banca con una V mayúscula, y los gerentes hacen todo lo posible por cambiar sus tácticas. La vieja palabra "V", *ventas*, ha pasado del callejón de atrás al salón principal.

Pero aunque la idea de las ventas parecía ser clara para estos banqueros del medio oeste, les era difícil traducir esta comprensión en acciones. Leyendo únicamente el *Wall Street Journal* y la prensa de la industria financiera, ellos podían compararse solamente con otros bancos.

Posteriormente trataban de sobrepasar a los demás bancos, pero al poco tiempo, sus competidores los imitaban. En consecuencia, la mayoría de sus productos nuevos eran solamente variaciones de los temas antiguos, y nunca lograban los avances importantes que los colocaran o los *mantuvieran* a la vanguardia.

Advirtiendo la necesidad de unas ventas más osadas y de cambiar los viejos patrones, hábitos y supuestos, utilizamos una parte creativa de la mentalidad de "rómpalo", y enviamos a estos gerentes directamente a la guarida del león. Los hice pasar una semana con los mejores vendedores de automóviles de la localidad, a fin de que pudiesen observar en acción a los profesionales de las ventas, una especie de "sabiduría por exageración", una "pareja dispareja", si es que existe alguna.

Después de su corta tarea en la sala de exhibición, regresaron con una comprensión mucho mayor de todo lo que implica la labor de ventas: cómo encontrar y atraer a los clientes, cómo hacer que lleguen a la puerta, cómo escuchar lo que realmente los clientes desean y cómo satisfacer sus necesidades. Para los que completaron la semana — algunos no lo hicieron — la experiencia fue vital para alcanzar una visión global de lo que podrían hacer para triunfar en el feroz mundo de la banca moderna. Como resultado, introdujeron muchos cambios. Incluso les vendieron a los distribuidores de automóviles un programa con precios especiales para clientes del banco, lo cual me comprueba que completaron la totalidad del recorrido.

Al dejar de fijarse en la competencia y observar otra industria, les fue posible mejorar su actividad empresarial, subir la moral y, simultáneamente, hacer que sus clientes quedaran contentos.

Automóviles usados y circo

Fred Ricart transformó el casi quebrado negocio de automóviles que su padre tenía en 1981 en Columbus, Ohio, en una empresa de 220 millones de dólares anuales en menos de siete años. La representación vende cerca de veinticinco veces más automóviles que el promedio. ¿Su fórmula? Pura mentalidad de "rómpalo". Ricart combinó algunos de los elementos propios del parque de diversiones y el circo con la venta de automóviles usados y creó su propia y exclusiva experiencia en la venta de coches.

- La sala de exhibiciones se denomina "centro de bienvenida", y *no* hay automóviles en ella; únicamente salones sociales, comidas, música viva y recepcionistas que conducen al cliente al correspondiente sitio de su lote de 66 acres, donde puede encontrar el automóvil en que ha pensado.

- Los empleados hacen visitas a domicilio, y con frecuencia ¡arreglan *gratuitamente* asuntos que *no* están cubiertos por la garantía de la fábrica!

- Ricart coloca anuncios cómicos en que aparece él como cantante, y su personal de ventas está imbuido del lema: "Divierta a la gente para que todos gasten dinero... La mayoría de las personas vienen aquí porque confían en mí y quieren divertirse".[8]

¿Qué puede aprender del Crucero del Amor un hospital?

Frente a una creciente competencia basada en nuevos tipos de servicios de salud, en problemas de reembolso de seguros y en cambios increíbles en todos los niveles de atención, los hospitales se encuentran en una lucha encarnizada por la supervivencia. Para mantener la cabeza fuera del agua, muchos hospitales están ofreciendo nuevos servicios y programas para obtener más ingresos. Los cursos sobre envejecimiento, fármacodependencia, medicina deportiva, nutrición, paternidad y buen estado físico están convirtiendo a algunos hospitales en universidades de la salud.

Pero los hospitales tienen un problema de "relaciones públicas". ¿Conoce usted a alguien a quien le *guste* ir a un hospital? La atmósfera y las "vibraciones" en muchos hospitales repelen a las personas.

Con el propósito de ayudar a un grupo de administradores de una gran cadena de hospitales a comprender el problema de imagen, hice una sugerencia no convencional: experimentar un asunto totalmente dependiente de "cuidados intensivos". Hice que cada administrador pasara unos cuantos días en un crucero para aprender acerca de la manera de satisfacer todas las necesidades de las personas.

Les sugerí que le pusieran atención a todo: la bienvenida que les dieran, la forma en que la camarera los condujera a sus respectivas habitaciones, el arreglo de las mesas y la comida que les ofrecieran. Les dije que se fijaran en la actitud y el comportamiento del staff y en lo que experimentaran al recibir otra clase de "cuidados intensivos".

Ocho gerentes estuvieron durante una semana en cruceros separados y regresaron con una lista combinada de más de cien cosas que querían mejorar. "Debemos hacer que las personas que acuden a nosotros se sientan especiales", dijo un gerente. "Demostrémosles que realmente nos preocupamos por ellas. Debemos tratarlas como si fuesen afortunadas por estar en nuestras instalaciones. Debemos tratarlas como si nos sintiéramos felices de tenerlas con nosotros y como si fuese un privilegio servirles".

Se hicieron cambios en la decoración del hospital, en la capacitación de las enfermeras y los administradores y en la información impresa que se entrega a los pacientes. Los administradores hicieron ajuste de horarios, agregaron incentivos al staff de enfermería (basándose en sus experiencias con las camareras) y modificaron las normas de vestuario para los empleados. Pintaron las paredes con colores más agradables y pusieron música suave en las salas de espera. Contrataron un recepcionista para dar información, empezaron a ofrecer comidas especiales de *gourmet* y pusieron flores en los vestíbulos. En el curso de dieciocho meses, el ambiente era totalmente diferente. Como lo manifestó un gerente, le "devolvieron la «hospitalidad» al «hospital»". Los cambios funcionaron mejor de lo que se esperaba, pues las utilidades aumentaron en un 15%.

2 + 1 = AGUA

Si usted mezclara bien dos cucharadas de hidrógeno con una de oxígeno, tendría en el recipiente algo que no se parecería a ninguno de los dos elementos utilizados: tendría agua. Combinando dos elementos que parecen distintos, se crea uno totalmente nuevo. Usted podría utilizar una estrategia similar para crear un producto o fundar una empresa.

Muchos casos de éxito registrados durante el último decenio son atribuibles a esta clase de síntesis: se combinan tendencias y preferencias muy distintas para crear nuevos productos u ofrecer nuevos servicios:

• Roy Speer y Lowell Paxson se dieron cuenta de que: 1) A la gente le gusta ir de compras; 2) a la gente le gusta ver televisión y 3) le gusta ir de compras o ver televisión cada vez que le da la gana. La respuesta: Home Shopping Network, Inc., un canal de compras por televisión que funciona durante 24 horas diarias y que tuvo ganancias brutas superiores a 700 millones de dólares en 1987.[9]

• Al observar el enorme mercado para productos de oficina (67 000 millones de dólares en 1988), el crecimiento súbito de las supertiendas de descuento como el Price Club (programa de afiliación perteneciente a The Price Co.) y el incremento de las numerosas empresas pequeñas y la actividad empresarial, Thomas Stemberg las reunió a todas y fundó a "Staples", una tienda con superdescuentos para suministros de oficinas. *The New York Times* comparó a Staples con Toys 'R' Us para pequeños empresarios, y agregó que Staples, como todas las amalgamas, "es un clásico «asesino de categoría»".[10]

• A medida que envejecen los que nacieron durante la explosión demográfica, un número cada vez mayor de ellos usan anteojos; quieren estar elegantes y a la moda, y no desean esperar para conseguirlos. De manera que ¿quién los va a visitar? Lens Crafters, los McDonald's de la atención ocular, el Jiffy Lube en materia de lentes. Combinando la moda con las necesidades de atención médica, el deseo de un servicio rápido y una amplia gama de estilos, Lens Crafters ha crecido enormemente en un corto período de tiempo.

• Dándose cuenta del creciente interés por la comida de *gourmet*, de la demanda constante de alimentos saludables, del interés de los consumidores en los precios con descuento y del *boom* de los viajes, Joseph Coulombe "injertó" una tienda con nombre y decoración conmemorativa de una odisea por los mares del Sur, Trader Joe's. En Trader Joe's los clientes encuentran una amplia variedad de comida de *gourmet* y platos dietéticos, desde pizzas Wolfgang Puck, mayonesa sin colesterol hasta nueces *macadamia*, todo a precios de descuento. En la actualidad, Trader Joe's está vendiendo aproximadamente 200 millones de dólares al año, en treinta tiendas.

• Jacqueline Clark, de treinta años de edad y estudiante de administración de empresas, al realizar una investigación de mercado como tarea escolar, observó el siguiente fenómeno: la tasa de natalidad era altísima, e igualmente estaba aumentando muchísimo el número de madres trabajadoras con hijos en edad preescolar. Contra las advertencias de su asesor, dejó la escuela y abrió un servicio de referencias para niñeras que establecía conexión entre las madres trabajadoras y las niñeras capacitadas y bien preparadas. La respuesta fue increíble, y la sinergia se extendió a otros servicios. Muy pronto ella les estaría ofreciendo capacitación de la Cruz Roja a las niñeras, elaborando listas de estudiantes universitarias interesadas en cuidar bebés y ofreciendo "niñeras ayas" para ayudarles a los pequeños a hacer sus tareas escolares durante las horas de la tarde, antes de que sus padres regresaran del trabajo. Ahora Jacqueline dispone de oficinas en treinta localidades.

• Quizá lo más ingenioso de todo fue la atrevida combinación de ideas que hizo Will Parish. Como antiguo abogado cuya especialidad era la conservación del medio ambiente, estaba al tanto de los crecientes costos de la energía y de la disminución de los recursos naturales para la producción de combustibles, lo mismo que de los grandes problemas asociados al tratamiento de los desechos. Parish se encontraba en la

India cuando "le sirvieron una comida calentada mediante estiércol de vaca llameante" y se le encendió la bombilla. De aquí nació National Energy Associates, que recoge y quema 900 toneladas diarias de "rodajas de vaca" y produce suficientes megavatios para alumbrar 20 000 hogares norteamericanos. Ahora, dice: "Yo combino el buen negocio con hacer el bien"[11] y la revista *Fortune* lo denominó el prototipo del "empresestiércol".

Hay centenares de otros ejemplos del poder de lograr que uno y uno sean uno al cuadrado, como el caso de Duds 'n' Suds, que en parte es sala de juego y en parte, lavandería. La lista de tales empresas se hace cada vez más larga, pero todas se basan en la misma premisa.

La **SNC** *dice: Busque la "pareja dispareja", las alianzas inesperadas y los productos y servicios sinérgicos. Todo esto le proporcionará ganancias decisivas.*

BÚSQUEDA EN LOS SITIOS IMPROBABLES

La **SNC** *dice: Quien tiene mentalidad de "rómpalo" aprende a esperar lo inesperado, aprovecha las bombillas cuando se encienden, y actúa de conformidad.*

El partidario del "rómpalo" sabe que esto puede suceder en cualquier parte y época, y en sitios y en momentos probables e improbables.

• Un día, durante un viaje de negocios por varios *campus* universitarios para promover viajes de vacaciones, la "naturaleza" llamó a Richard L. Weisman. "Recuerdo que observé la parte interior de la puerta de un compartimiento de un retrete, y pensé: Qué tremendo desperdicio de este espacio". Las paredes de los retretes estaban limpias en el mejor de los casos o llenas de grafitos torpes, en el peor de éstos. "¡Ajá!" pensó el atento Weisman. "Decidí utilizar las paredes para colocar mis volantes promocionales". Ésa fue la semilla de su empresa, Stallwords, Inc., de 12 millones de dólares anuales, empresa que vende espacio publicitario que convierte los retretes en vallas publicitarias.

- Si es cierto que "el techo de un hombre es el piso de otro", como cantaba Paul Simon, ¿cómo se explica que exista una cantidad astronómica de empresas que limpian el piso de un hombre y nadie limpia el techo de otro hombre? "¡Ajá!" dijo Kaadah Schatten, quien reconoció esta necesidad obvia. De esta manera comenzó Ceiling Doctor Inc., cuyas técnicas de limpieza le pueden ahorrar a un cliente hasta el 85% del dinero que se gasta en la reposición de tejas para techos, con el método tradicional de "limpieza". Sus oficinas se encuentran en docenas de localidades de los Estados Unidos y el Canadá, y sus ingresos totales son ahora superiores a 5 millones de dólares anuales.[12]

- A Jim Jenks le gustaba practicar *surf*. También le gustaba la pizza. Pero lo que no le gustaba era la pantaloneta casi transparente para el *surf* y los anti estéticos shorts disponibles para salir a comer. Un día, estando en una pizzería de Encinitas, California, bajó la mirada, y dijo: "Fíjate en este mantel. De aquí saldría un buen par de calzones".[13] Ese día se formó la multimillonaria empresa Ocean Pacific Sunwear. Con modelos impactantes de vivos colores y una confección muy resistente para soportar las condiciones del *surf*, Jenks inventó los "jams" y los "baggies" para sus dos grandes placeres: practicar el *surf* y comer pizza.

El reverdecimiento de los Estados Unidos

A medida que aumenta la preocupación por el medio ambiente, toda una variedad de productos innovadores está llegando al mercado. Por ejemplo, los cinco hijos de Steve Sommers, presidente de Alexander Fruit & Trading, estaban presionando a su padre para que fuese más "ambientalmente correcto". Sommers ideó ahora una nueva manera de acolchar sus embarques de salsa de jengibre y *cabernet sauvignon*, cambiando por palomitas de maíz los empaques de espuma de plástico.

"Este material es naturalmente biodegradable ... nada se

desperdicia... y su uso me hace sentir menos culpable en relación con la forma de despachar mis productos".[14] También se trata de un buen negocio, pues cada bolsa de maíz cuesta aproximadamente 4 dólares menos que el plástico.

Durante varios decenios los golfistas han dejado millones de *tees* de plástico diseminados en los campos de golf por todo el mundo. Para afrontar este problema en una forma ambientalmente correcta, se han producido *tees* de materiales orgánicos comprimidos y biodegradables. En 1989, ¡una empresa vendió 300 millones de unidades![15]

"ACCIDENTES FELICES": CUANDO SE TRASPAPELAN LOS PLANES MEJOR TRAZADOS

Pregunta: Cornflakes. Los microondas. Post-it's. Walkman. Teflón. ScotchGard. Aspartame. Caucho vulcanizado. Rogaine. Kitty Litter. Jabón Ivory. Velcro. Rayón. Alimentos congelados. Monopatines. ¿Qué tienen en común todos estos productos?

Respuesta: Ninguno de estos productos, comunes y actualmente indispensables, fue planificado. Todos fueron "accidentes", tesoros inesperados, descubiertos por individuos observadores que pusieron atención a lo que era correcto frente a sus narices. Al tratar de hacer correctamente una cosa... ¡salió otra! Impávidos, decidieron seguir el camino hacia la puerta lateral.

"Es importante que usted se mantenga alerta a la casualidad", dice S. Allen Heininger, vicepresidente corporativo de Monsanto.[16] Los planes rara vez funcionan como se espera. Inevitablemente, cuando usted busca algo, aparece otra cosa.

La **SNC** *dice: Espere lo inesperado.*

En la ciencia, la casualidad ha sido decisiva para muchos descubrimientos importantes. La "invención" del microondas (al encontrar chocolate derretido en el bolsillo de un científico), del ScotchGard (al salpicarse los zapatos de un compuesto industrial) y el edulcorante artificial Aspartame (al chuparse un dedo después de haber limpiado un líquido experimental) son solamente unos de los más conocidos casos de buscar una cosa y encontrar otra.

En los anteriores ejemplos, fueron realmente las "invenciones" las que descubrieron a sus inventores. Ellas habían estado allí durante mucho tiempo, como un regalo cósmico que tranquilamente espera ser advertido.

Éxitos inesperados

"Ningún otro campo ofrece mejores oportunidades para la innovación exitosa", escribe el gurú de la administración Peter Drucker, "que los éxitos inesperados. [Éstos] pueden abrirnos las más prometedoras y menos arriesgadas de todas las oportunidades de innovación".[17] Un ejemplo perfecto tuvo lugar en los años 50, cuando, por razones no explicadas, las ventas de electrodomésticos en el exclusivo Bloomingdale's alcanzaron niveles increíblemente altos. En esa época, las principales tiendas de departamentos creyeron que tener departamentos de electrodomésticos no estaba a la altura de su posición. De manera que los partidarios del "rómpalo" en Bloomie's decidieron explotar esta tendencia y saltaron al puesto número dos en su mercado.

"El éxito inesperado está casi totalmente descuidado", continúa Drucker. "Y lo que es peor, la administración tiende a rechazarlo vigorosamente", porque pone en tela de juicio su planificación, sus pronósticos y su juicio crítico, y reta sus supuestos acerca de las reglas del juego.[18]

"Algunas veces se adhieren a usted". Un ingrediente decisivo para aprovechar el éxito inesperado es tener la curiosidad suficiente para buscar una puerta abierta, aunque en el plano arquitectónico no figure puerta alguna. Por ejemplo, durante muchos siglos a los excursionistas se les han adherido semillas a los calcetines. Pero solamente en 1948 el montañista y químico suizo George de Mestral tuvo una idea; al quitar estas semillas de los calcetines observó que la naturaleza nos había

dotado de un adhesivo natural. Su observación se convirtió en un maravilloso producto que tiene muchos usos, *Velcro* ("ganchos de terciopelo" en francés), los primeros adhesivos del mundo fabricados por el hombre.[19]

A veces lo golpean a usted en la cara. A veces una idea tiene que golpearlo a usted en la cara; ésta es la única forma en que el destino puede lograr su total atención. "Sucedió un bello día en el Lago Michigan — nubes blancas y abultadas, brisa ligera, poco calor", recuerda Joanne Marlowe, de veintitrés años de edad. "Yo estaba bastante deprimida por mi trabajo, y decidí cruzar la calle para dirigirme a la playa, algo para lo cual casi nunca disponía de tiempo. Extendí mi toalla. Consintiéndome a mí misma, pasé algún tiempo aplicándome un bronceador. Cuando trataba de estirarme, una ráfaga de viento me quitó la toalla y me cubrió de arena. Me puse furiosa.

"Un amigo me dijo: «Joanne, en vez de encolerizarte, ¿por qué no buscas una solución?»... Así, en vez de dedicarme a descansar en la playa, pasé el resto del día elaborando prototipos en mi mente".[20] Ochó semanas más tarde, estaba lanzando al mercado una línea de *toallas pesadas para la playa.* Durante el primer año vendió toallas fuera de su casa por valor de ¡4.5 millones de dólares!

LA MENTALIDAD DE "RÓMPALO" Y LAS PÁGINAS AMARILLAS

Usted podrá ejercitar su mentalidad de principiante si juega al "rómpalo" con sus Páginas Amarillas. Ábralas al azar en tres secciones diferentes. Anote el primer servicio o producto que encuentre en cada página. Dedique enseguida algún tiempo a tratar de combinarlos.

En nuestro primer ensayo encontramos "control de plagas", "diseño de cocinas" y "mobiliario con descuentos". ¿Qué tal un diseño de cocina antiplagas y con precios de descuento?

Nuestro segundo intento fue un poco más difícil. Nos encontramos con "fotocopias", "alfombras" y "aserramiento de concretos". Louis Patler pensó en modelos de alfombra impresos en concreto. ¿Qué tal una carretera persa o un patio estilo navajo?

Lo anterior es algo más que un juego; esta práctica le servirá a usted para ejercitar los músculos de la mentalidad de "rómpalo". No siempre será un "hit", pero dos de cada tres veces le podría dar resultado. Pero recuerde: Solamente necesitará tener una buena idea y empezar a dar unos cuantos pasos para ponerla en acción.

HERRAMIENTAS BÁSICAS PARA LOS PARTIDARIOS DEL "RÓMPALO"

La mayoría de las personas aprenden a hacer lo que se espera de ellas, pero los que verdaderamente tienen éxito aprenden a hacer lo inesperado, a seguir las excepciones y a romper las reglas. Para desarrollar e incrementar esta capacidad, tenemos aquí algunas herramientas que hemos tomado de la caja de herramientas de los partidarios del "rómpalo":

- Observe cómo las personas usan, usan inapropiadamente y abusan de los productos y servicios de usted. Cuando los clientes lo hacen "mal" podrían tener razón.

- Busque alianzas inesperadas y parejas disparejas, y luego utilice la idea.

- Siga las excepciones y ¡rompa las reglas!

Pero la herramienta más importante es su propia actitud. La manera de enfocar las cosas marcará la diferencia crucial. Su herramienta más importante es el deseo de cambiar.

La **SNC** *dice:*
Haga excepciones a las reglas.

12
Corra riesgos, no albures

Si la Tierra hubiese esperado un precedente, ¡jamás habría girado sobre su eje!

—María Mitchell, astrónoma (1818-1889)

EL MAYOR RIESGO ES NO ARRIESGARSE

A estas alturas ya podemos ver con claridad que debemos cambiar continuamente nuestro modo de pensar y de obrar. Correr riesgos es una necesidad, no hay otra alternativa. Jugar a la defensiva es inútil y peligroso; y la noción de una zona de comodidad es ilusoria. No existe puerto seguro para protegernos de esta tormenta.

Para sobrevivir y, con mayor razón, para triunfar, usted debe aprender a hacer frente a la ola. Si espera mucho tiempo, la ola pasará sobre usted y lo dejará nadando contra la corriente y aplastado por el agua. Los partidarios del "rómpalo" saben que para remontar la ola del cambio se requiere una acción atrevida y decidida. Ellos saben que la vida moderna no garantiza nada fuera del cambio, y que si no corremos riesgos ni nos movemos constantemente, no lograremos adaptarnos ni prosperar. No es de extrañar que altos ejecutivos de muchos campos hagan constantemente esta advertencia. El mayor riesgo es no arriesgarse.

"La mayoría de las personas", dice Lee Iacocca, "busca seguridad, un futuro agradable y próspero. Eso no tiene nada de malo. Éste es el llamado Sueño Americano". Pero su mayor pesadilla es "el miedo a equivocarse, a fracasar, a no realizar el Sueño Americano. El miedo al fracaso", continúa, "conlleva el miedo a correr riesgos... y jamás lograremos lo que queremos de la vida si no corremos algunos riesgos. Recordemos que las cosas que valen la pena conllevan el riesgo de fracasar".[1]

Tom Truax, campeón de alas delta afirma: "Es más peligroso ser uno siempre demasiado cauteloso, pues jamás se presionaría ni alcanzaría la condición necesaria para sortear las situaciones más difíciles cuando se presentan".[2]

Chuck House se convirtió en una leyenda en Hewlett-Packard, en parte porque "desafió" al presidente de la junta directiva, David Packard a "fabricar un producto" en el cual creía. "Se dice que yo corro grandes riesgos", dijo House, "pero jamás lo veo así. Para mí, el riesgo sería NO correr el riesgo".[3]

Ross Johnson, director ejecutivo de RJR Nabisco, nos dice que "las decisiones que en este momento estamos tomando sobre nuevos productos, son decisiones instintivas y con una investigación de mercado limitada. Uno tiene que correr riesgos y saber que no puede derrotar a mil personas simultáneamente".[4]

LA ÚNICA MANERA DE JUGAR

Los grandes directivos saben que no se puede triunfar sin correr riesgos. Para llegar al nivel más alto en cualquier cosa que uno se proponga, necesita decisión y osadía. Con frecuencia, esto es obvio en la práctica de los deportes.

"Yo sabía que tratar de apoderarme de la pelota en ese momento era arriesgado", dijo un integrante del Salón de la Fama NBA, Walt Frazier, al describir su juego contra otro futuro miembro del Salón de la Fama, Earl "la Perla" Monroe, durante un partido del campeonato de la NBA. "Si yo tratara de atrapar la pelota y no pudiera, Earl pasaría por sobre mí y encestaría fácilmente. Yo sé esto, pero no lo pienso mucho. *Si usted se propone ser el mejor, tiene que correr riesgos.* Éstos ni siquiera parecen riesgos; son la única manera de jugar".[5]

Los grandes artistas corren riesgos. Habiéndose iniciado en la escena como actor en obras de Shakespeare, Sir Laurence Olivier se convirtió más tarde en una gran estrella del cine. Refiriéndose a la amplia gama de papeles que había representado (desde Hamlet hasta espías y dentistas maniáticos), Olivier dijo que quería representar otros papeles y ensayar material nuevo para seguir aprendiendo y creciendo como artista y actor, y para evitar la posibilidad de desgastarse.

Igualmente, Timothy Hutton, al hacer el viraje opuesto, pasando del cine de Hollywood al escenario de Broadway, comparó este riesgo con "trabajar sin una red de seguridad", pero agregó: "Usted será tan bueno cuanto se atreva a ser malo".[6]

El elemento riesgo es una de las cosas que más disfruta en la actuación la estrella de la ópera Kiri Te Kanawa, y en algunas ocasiones se sale, a propósito, de su libreto para elevar los aspectos emocionales y artísticos. Durante una representación en el Carnegie Hall, Kiri se atrevió a cantar un programa, la mitad del cual jamás había interpretado delante del público. "La sabiduría convencional calificaría esto de locura", dijo ella. "Supuestamente usted debe pulir su material por el camino, y en los grandes salones solamente puede actuar lo ensayado y comprobado. Pero yo quería que mi material fuera fresco e incluyera cierto margen de descubrimiento. Si determinada pieza no sale bien, bueno, no es el fin del mundo".[7]

"Si usted no se expone al riesgo, posiblemente no aprenderá

nada", dice Gifford Pinchot, autor del best-seller *Intrapreneu-ring.* "Si uno está el ciento por ciento seguro del resultado de una acción, ¿qué enseñanza le dejaría esta acción? Ninguna. Si uno no se expone al riesgo, posiblemente no logrará aprender nada ... Si no arriesga nada, no aprenderá nada".[8]

EL QUE NO HACE OLAS SE AHOGA

Hace varios años, realicé un programa sobre correr riesgos, en una importante empresa de telecomunicaciones. Las noticias de la página comercial se referían a comentarios sobre fusión, lo cual estaba generando rumores sobre la "reducción del tamaño" entre los empleados.

Antes de la reunión, el director ejecutivo y el gerente general, quienes estaban al tanto de esta situación, habían analizado conmigo la importancia de un cambio cultural en la organización — cambiar una "mentalidad de conservación" por una de aceptación de riesgos e innovación. "Con una industria que cambia tan rápidamente y que cada día se vuelve más competitiva, no sobreviviremos, a menos que pensemos más como empresarios", dijo el presidente. "Es necesario que todos comprendan esto y que actúen sobre esta base. Necesitamos decisión, ¡qué diablos!, *necesitamos* personas que corran riesgos en esta organización. Aunque tales riesgos no se presenten, por lo menos sabremos que éstas son las personas que necesitamos si la organización se propone triunfar. Los que se limitan a invertir tiempo y a observar, nos están frenando. Tendríamos que deshacernos de ellos".

Como muchas otras empresas grandes que experimentan cambios radicales, ésta todavía tenía muchos empleados que se aferraban a la filosofía de "no hacer olas". Miraban el riesgo como una amenaza. Un gerente de nivel medio me dijo: "¿Correr riesgos? ¿Usted está loco? *Yo* no pienso arriesgarme. Después de la fusión empezarán a despedir personas como locos. El que se equivoca pierde la cabeza. Yo mantendré baja la cabeza para que nadie me vea".

Pero los que mantienen un perfil bajo se vuelven invisibles — nadie los conoce, y se pueden descartar fácilmente. En efecto, nadie se dio cuenta del individuo que bajó la cabeza. Ése era su problema, y al ocultarse con el mentón contra el pecho fue despedido. Él no comprendió que correr riesgos no es sólo una estrategia para triunfar, sino también una estrategia para sobrevivir.

La SNC dice: Si usted no hace olas, se ahogará.

EL RECTOR DE "TOP GUN"

Los buenos rectores se parecen a Tom Cruise en Top Gun: se colocan al margen de lo que allí se permite hacer. Hacen volar sus jets "patas arriba", dice Leonard Pellicer, director de un estudio a nivel nacional sobre las escuelas secundarias y sus rectores. El estudio de Pellicer reveló "una relación entre el éxito escolar de un individuo, medido por el deseo de aprender de los estudiantes frente a la satisfacción del staff, y *el deseo de sus rectores de experimentar nuevas ideas*".

También se descubrió que los rectores capaces de correr riesgos se sentían menos frustrados que sus colegas que "van por cauces". Los rectores de mayor éxito "con frecuencia suprimían el papeleo y no actuaban con base en la aprobación. Simplemente rehusaban permitir que la burocracia estrangulara la innovación". Los rectores que tenían mentalidad de "rómpalo" se convirtieron en los quebrantadores del papeleo; primero actuaban y después buscaban aprobación. El estudio termina con un hallazgo que es un buen consejo para cualquier persona que trabaje en cualquier campo: "Cuantos más riesgos se corran, mejores serán los resultados".[9]

EMPRESA ATEMORIZADA

Hay una enorme cantidad de "carga" negativa en el término *riesgo*. Con frecuencia le pido sinónimos a la gente, y menciona

palabras tales como "peligro", "miedo", "fracaso", "locura". No es, por tanto, de extrañar que C. J. Silas, presidente de la junta y director ejecutivo de Phillips Petroleum, en una conferencia que dio en el Forum Club de Houston, haya preguntado: "¿Qué se hicieron los que corren riesgos?"
"Hemos cambiado la libre empresa por la empresa atemorizada", dijo Silas. "En los Estados Unidos, el límite del riesgo tolerable se ha fijado ahora tan bajo... que «la aversión morbosa al riesgo hace que se cuestione la percepción que tienen los estadounidenses del destino de su país»... Yo creo que, a menos que los líderes empresariales estadounidenses estén totalmente convencidos de que el riesgo es un elemento necesario — y benéfico — para realizar negocios, continuaremos errando por fuera de la villa global. Pensar que podemos crear una atmósfera empresarial en un vacío libre de riesgos es más que una idea ingenua: es un mal negocio".[10]

NO SE TRATA DE TIPOS "SALVAJES Y LOCOS"

¿Por qué nos sorprende que en nuestra cultura exista una aversión a correr riesgos? Steve Martin se ajusta al estereotipo convencional de quienes corren riesgos al calificarse a sí mismos como "un individuo salvaje y loco". Los que corren riesgos tienen imagen de temerarios. Generalmente asociamos el hecho de correr riesgos con acciones tales como saltar edificios atado a cuerdas elásticas o escalar el World Trade Center utilizando instrumentos para desatascar baños como copas de succión. Cuando pensamos en los que corren riesgos nos imaginamos personas como Julie Ridje cuando nadó 53 kilómetros alrededor de la Isla de Manhattan durante cinco días consecutivos, o como Evel Knievel cuando saltaba por sobre automóviles y cañones en motocicletas de alta velocidad. La sabiduría convencional invoca imágenes que ponen su vida en peligro cada vez que usted corre un riesgo.
La verdad está a años luz de esa imagen desastrosa. Los que corren enormes riesgos, incluyendo a los profesionales, *no* son

salvajes, *ni* locos, *ni* únicamente tipos. Todo lo contrario. Los que corren enormes riesgos son sanos y pertenecen al uno y al otro sexo.

"Lo que parece claro", escribe la revista *Time* en una nota especial sobre los que corren riesgos, "es que ningún aventurero, en sus cabales, es un temerario. Hasta el que corre los riesgos más extremos habla como un astronauta con traje de seguridad, con cuidadoso cálculo del tiempo y con excesivas seguridades para contrarrestar el fracaso".[11]

Esto no quiere decir que sean unos habladores fastidiosos; más bien son personas muy precisas, especiales y preparadas para hacer frente a situaciones difíciles. "Al parecer, lo que realmente los protege" continúa diciendo *Time*, "es que son anormalmente conscientes de que están llenos de vida".

*La **SNC** dice: Aunque los amigos del riesgo triunfan gracias al riesgo, no son temerarios.*

RIESGOS SÍ, ALBURES NO

El psicólogo pionero del deporte, doctor Bruce Ogilvie, terminó hace unos cuantos años un proyecto de investigación que arroja luz sobre la importante distinción entre riesgos y albures. Ogilvie analizó a varios de los que corren riesgos por profesión, incluyendo clavadistas aéreos, corredores del Grand Prix y pilotos acrobáticos, y llegó a la conclusión de que quienes corren riesgos son personas "extremadamente prudentes".

Lo que descubrió fue "una extraordinaria cantidad de inteligencia como ingrediente en la preparación de sus actividades. Ellos analizan cada uno de los factores que podrían actuar en su contra".[12] Esta planificación tan asidua incrementa la confianza, el compromiso y el autocontrol, y ayuda a conquistar lo que de otra manera serían temores debilitantes.

"SI HUBIERA PENSADO QUE ERA PELIGROSO..."

Las investigaciones realizadas sobre acróbatas — hombres y mujeres — indican que ellos toman todas las precauciones imaginables, realizan cuidadosamente la coreografía de cada acrobacia y de conformidad con ella, practican y entrenan debidamente.

Por ejemplo, Terry Leonard ha aparecido en más de 175 películas y ha sido acróbata durante más de la mitad de su vida. Contándose entre los de más larga trayectoria y éxito en tal actividad, dice que su fórmula es muy simple: minimizar los riesgos. "Uno tiene que mantenerse alerta, conservarse en forma y practicar, practicar, practicar... Uno eleva al máximo sus conocimientos, programa su actuación de conformidad con el riesgo e imagina cómo van a funcionar las cosas".[13]

Reinhold Messner, el primer hombre que escaló el Everest solo y sin oxígeno, dijo que, si hubiera pensado que era peligroso hacer tal cosa, no la habría hecho. Messner no era ningún montañista común que corriera locos riesgos con el único propósito de hacer una demostración. Por el contrario, era uno de los montañistas más experimentados del mundo. Siguiendo el rastro de su carrera increíble, podemos ver que su extraordinaria hazaña en el Everest fue el siguiente paso natural, basándose en los lugares en que había estado anteriormente y en lo que había hecho.

DE CUMBRES MONTAÑOSAS A CUMBRES EMPRESARIALES

El ex montañista de fama mundial Yvon Chouinard también ha alcanzado elevadas cumbres en el mundo empresarial. Patagonia, la empresa fundada por él, es una de las más famosas empresas de ropa deportiva.

Por su reputación como montañista y por el éxito increíble que ha alcanzado en la innovación de nuevos estilos, materiales y equipos para personas activas, muchos consideran que es un hombre audaz para correr riesgos. Pero pongamos atención a la forma como Chouinard abordó un riesgo reciente: fabricar sus famosos "shorts Baggie" en Panamá, cuyos estándares de producción él ignoraba. Abordó este riesgo como lo hubiese hecho con cualquier cumbre que escalara — haciendo lo que tenía que hacer. Con anterioridad al contrato, sus gerentes examinaron la maquinaria para comprobar si era adecuada y si tenía un buen mantenimiento. Observaron a los operarios locales en acción. Incluso Patagonia tuvo en la fábrica su propio personal para el control de calidad durante la fase inicial. Logrando esto, Patagonia redujo costos y precios en toda su línea de "shorts Baggie".

CONOZCA SUS LÍMITES

Ken Casey es un empresario de gran éxito que dirige tres empresas en California del Norte: una firma que invierte en bienes raíces, un grupo que administra propiedades y una firma de contabilidad pública que se especializa en impuestos. Casey atribuye su manera de dirigir los negocios a lecciones que recibió de deportistas orientados al riesgo.

Ken es un extraordinario conductor de balsas en aguas turbulentas; realizó sus primeros descensos en dos de los ríos más traicioneros del mundo, el Franklin en Tasmania y el Bashkaus en las Montañas Altai de Siberia sudcentral, como miembro de un equipo rusoestadounidense.

Antes de navegar en un nuevo río, me dijo Casey, "nos reunimos todos los integrantes del equipo, exploramos cada una de sus partes y practicamos todos". Pero también hay otros factores. Las personas que navegan con él también son muy experimentadas, y la mayoría de ellas han estado con Casey en anteriores expediciones. Se aseguran de contar con un buen apoyo, de manera que si sucede algo, existe la posibilidad de salir. Nunca navegan sin apoyo. "Si alguna parte es especialmente difícil, hacemos lo que el agua hace, encontramos la forma de rodear el obstáculo".

Casey atribuye su éxito, dentro y fuera de aguas turbulentas, a su gran preparación y al hecho de conocerse a sí mismo y conocer sus límites. Le pregunté si alguna vez navegaría un río sin haberlo explorado antes. "Yo puedo correr riesgos, pero no soy loco", me dijo. "Basándome en mi experiencia, tengo una idea real de lo que puedo y de lo que no puedo hacer, de lo que se puede y de lo que no se puede hacer". Y nos advierte: "Jamás voy más allá. Si lo hago, mi confianza se destruye y no puedo pensar con claridad. Ése es el momento en que los individuos se ahogan".

Trátese de invertir en un nuevo edificio o de navegar en un nuevo río, "mi filosofía es la misma en los negocios y en el deporte de las balsas: Correr riesgos, pero estar siempre debidamente preparado".

LAS PERSONAS QUE CORREN RIESGOS CON CAUTELA

La mayoría de las personas de éxito que he conocido que corren riesgos en el mundo de los negocios tienen una filosofía similar a la de Chouinard y Casey. Corren riesgos y realizan acciones no convencionales, pero jamás cometen estupideces. Hacen su tarea antes de actuar. En efecto, las personas de más éxito que corren riesgos suelen ser precisas, sobrias y realistas.

La SNC *dice: Los que corren riesgos viven — o mueren — mediante tres reglas cardinales: Regla 1: Prepárese. Regla 2: Prepárese. Regla 3: ¡Prepárese!*

A usted le puede causar sorpresa el cuadro que estoy describiendo sobre el que *corre riesgos en forma prudente,* pero no creo que esto sea contradictorio. Observamos con respeto y admiración las hazañas de quienes corren riesgos porque habitualmente sólo vemos el logro, el evento final, la proeza, el resultado. Tenemos las imágenes de la pequeña bandera encima de la gran montaña, el nadador que avanza hacia la playa, el capitalista que convirtió 5 000 dólares en una cifra astronómica en cinco semanas. Vemos primero el resultado y no la preparación. Vemos la meta, pero no el recorrido. No vemos los meses o años de preparación que condujeron a ese momento. Por lo tanto, no comprendemos que el triunfo fue el siguiente paso natural cuidadosamente anticipado.

NACEN PARA CORRER RIESGOS

Otra idea errada y común es que quienes corren riesgos son una raza especial, una rareza. ¡No! La verdad es que todos nacimos para correr riesgos. ¿De qué otra manera podríamos aprender a caminar, hablar, montar en bicicleta, practicar ski? Usted no puede aprender sin correr riesgos. Ésta es la forma en que logramos dominar todo. El crecimiento y la creatividad surgen del ensayo y del error.

Las investigaciones nos demuestran que en los primeros cinco años de vida el ser humano aprende más y con mayor rapidez que en los años subsiguientes. Esto no sucede por accidente. Ése es el período durante el cual todos nosotros corremos el mayor número de riesgos, cuando exploramos durante todo el día lo desconocido, lo no ensayado, lo no comprobado. Es el amanecer de la vida para cometer errores y luego levantarnos, quitarnos el polvo y ensayar nuevamente como si nada hubiese sucedido.

Correr riesgos es natural. Efectivamente, lo antinatural sería *no* correr riesgos. Podríamos imaginar a un bebé que piensa: "No sé si deba ponerme de pie. Sé que si lo hago me caeré. Sé que la caída me dolerá. ¿Será mejor esperar unos años, hasta que esté más grande y más fuerte?" Si éste fuera el caso, todos terminaríamos andando a gatas. Y esto es exactamente lo que vemos en el mundo empresarial: personas asustadas que pasan en cuatro pies de un trimestre a otro.

Albert Szent-Györgyi, laureado premio Nobel, dijo que el instinto humano básico es evolucionar, mantenerse en estado de crecimiento, aprender y progresar hasta el siguiente nivel. La única forma en que podemos lograrlo es aceptando continuamente nuevos retos. La actitud opuesta sería antinatural. Dejar de correr riesgos es algo contrario a la naturaleza humana y a las principales leyes de la madre naturaleza. La vida es un proceso de evolución y cambio constantes. La complacencia genera entropía y extinción. Y lo que es aun peor, permanecer impávidos nos impide experimentar la alegría y el entusiasmo de explorar lo desconocido.

La SNC dice: Permanezca inmóvil y jamás se remontará.

EL PASO NATURAL ES EL PASO SIGUIENTE

La clave de correr riesgos con éxito es entender que la acción que uno va a realizar debe ser el siguiente paso natural. Uno de los errores que cometemos al afrontar un riesgo, bien sea aprender algo nuevo o iniciar un nuevo proyecto, es concentrarnos en el resultado final.

Con frecuencia pude observar esto cuando llevaba a los esquiadores a una pendiente difícil. Al inicio de la carrera, ellos observaban *todo* el recorrido de arriba abajo. Desde el sitio donde se encontraban, la colina se veía demasiado profunda y difícil, por lo cual decidían darle la espalda y alejarse.

Mi instrucción era que viesen la posibilidad de dar sólo una vuelta. Si no podían, les aseguraba que podríamos pasar a otra carrera. Esto generaría un cambio en su actitud. Ahora buscaban un primer paso natural, un paso que ellos *pudieran dar* (en vez de mirar lo que no podían hacer). Enseguida les pedía que diesen una vuelta y se detuviesen. Les repetía varias veces la misma instrucción. Después de unas cuantas vueltas experimentaban mayor confianza, y sin presión alguna decidían deslizarse por la cuesta y completar la carrera.

Esta misma modalidad le puede ser útil a usted al comenzar algo nuevo. Busque un primer paso, un paso que esté razonablemente seguro de poder lograr. Esta modalidad de dar los siguientes pasos, pequeños y naturales, fortalecerá su confianza, incrementará su compromiso y, lo más importante, lo pondrá en movimiento.

Una gran cantidad de pasos pequeños lo pondrá en capacidad de alcanzar sus metas más rápido y más fácilmente de lo que creyó posible. Toyota utiliza esta mentalidad para hacer innovaciones. "Mientras que muchas otras empresas luchan por avances espectaculares, Toyota se mantiene realizando gran cantidad de cosas pequeñas y haciéndolas cada vez mejor..." Un asesor se refiere a la estrategia de Toyota como a «una pulgada de ascenso rápido»: "Dé bastantes pasos pequeños, y muy pronto habrá una gran distancia entre usted y la competencia".

La **SNC** *dice: Sueñe en grande, pero dé muchos pasos pequeños.*

"PROYÉCTESE, HÁGALO EN FORMA DIFERENTE"

Puedo recitar las alabanzas de correr riesgos. Puedo decirle a usted que los riesgos son buenos para su salud. Puedo recordarle que son vivificantes; que son estimulantes. Pero los partidarios del "rómpalo" son una minoría. En efecto, la mayoría de las personas evitan correr riesgos, y sólo se aventuran cuando "tienen que hacerlo". Estas personas tienen que forzarse para correr incluso el más pequeño de los riesgos y para luchar durante todo el recorrido. Si nos sentimos forzados a correr riesgos y los vemos como una amenaza para nuestro bienestar, lo haremos con renuencia o como último recurso. Entonces, sólo haremos un esfuerzo a medias, circunstancia que prácticamente nos llevará al fracaso y reforzará nuestra actitud inicialmente negativa hacia la aceptación de riesgos. Como dijo Silas, presidente de la junta directiva de Phillips, no es de extrañar que la mayoría de las personas tengan una morbosa aversión a correr riesgos.

Cuando nos aproximamos a una situación arriesgada con turbación, esperando que sea dolorosa, deprimente y desagradable, pasamos por alto la increíble emoción de hacer frente a un desafío con decisión. Ya se trate de vadear un río o de realizar una presentación ante un cliente, el partidario del "rómpalo" experimenta un sentimiento de energía creciente, su adrenalina fluye y su consciente se eleva al máximo. Experimenta un mayor sentimiento de vitalidad. La vida adquiere para uno más significado. El presidente de la junta de la IBM, John Akers, dice: "Las personas que siempre juegan a la defensiva jamás van a experimentar la alegría ni la recompensa de las personas que se deciden a correr riesgos, a proyectarse o a hacer las cosas en forma diferente".[14]

Los que corren riesgos profesionalmente, es decir, aquellas personas que ganan dinero cuando corren riesgos físicos, hablan repetidamente de su alto conocimiento, de su concentración intensa y del empleo de sus capacidades cuando se trata de correr riesgos. Saben que en esos momentos su experiencia los enriquece y pueden dar de sus capacidades innatas más que en cualquier otro momento. En esos momentos, todas las cosas parecen ser perfectamente coherentes.

Willy Unsoeld, miembro del primer equipo estadounidense que escaló el Everest, dijo que correr riesgos y retarse a sí mismo pone al individuo en un estado de "concentración total" en que hasta la última partícula de su atención está en el presente. "No hay pasado ni futuro, sólo existe el presente", agrega. "Uno no piensa en qué sitio estaba ni hacia dónde va. Se concentra totalmente en lo que está haciendo ahora... El presente parece ampliarse, las cosas se hacen más lentas, uno parece tener más tiempo, ver más, sentir más y saber más. Está más conectado consigo mismo, con los demás, con el medio ambiente. La experiencia es vivificante. Además, uno utiliza mejor capacidades y fortalezas que lo ponen en condiciones de ir más allá del sitio al que se creía capaz de llegar".[15]

Los estadounidenses de hoy están buscando cada vez más este tipo de experiencias a través de la acción, de vacaciones con aventuras — navegación en aguas turbulentas, ciclismo de montaña, safaris, excursiones por la selva, visitas a sitios exóticos, ski en pendientes vírgenes y hondonadas profundas. Estas aventuras nos fortalecen y nos llenan de entusiasmo. Son experiencias que nos renuevan, nos refrescan y nos hacen sentir plenos de vida. La exploración de territorios desconocidos es excitante... pero, al parecer, muchas personas lo experimentan sólo en *vacaciones* y no en el trabajo.

Nuestra vida se bifurcó. Separamos el trabajo del placer. Volverán las mismas personas al trabajo después de haber pasado dos semanas enfrentando aguas turbulentas y enormes piedras, para acobardarse ante el jefe o volver la espalda ante un proyecto nuevo y excitante. Pero para quienes tienen mentalidad de "rómpalo" el trabajo también es una aventura vivificante, rejuvenecedora y estimulante.

EL REY DE LOS QUE CORREN RIESGOS

El mismo sentimiento vivificante y de aventura que uno experimenta cuando corre un riesgo físico lo puede experimentar cuando corre un riesgo mental. Romper un mal hábito, pronunciar un discurso en público, ensayar una nueva manera de comercializar su producto, de cambiar una antigua norma, de iniciar un nuevo negocio o de llamar a alguien para una primera cita, son actividades que se pueden realizar con espíritu de reto y de aventura.

"En las situaciones de crisis existe un fuerte sentimiento tonificante, sin igual", dice mi amigo, David Miln Smith, quien apareció en la portada de *Sports Illustrated* y a quien *Today Show* llamara "El rey de los riesgos". En su libro *The Healing Journey*, David narra algunos de los riesgos que corrió: Recorrió en canoa 3 700 kilómetros Nilo abajo; fue el primero que recorrió a nado el Estrecho de Gibraltar, de África a Europa (¡contra la corriente!); participó en un maratón en el Sahara; toreó sin capa; y muchas otras cosas.

"De correr riesgos físicos podemos sacar muchas enseñanzas de utilidad para los riesgos que debemos afrontar en el trabajo y en nuestra vida «corriente»", dice Smith, quien utiliza ahora las enseñanzas que recibió de los retos físicos para realizar "hazañas" mentales en su actual trabajo como orador y experto en riesgos.

Recientemente, Smith se embarcó en una nueva carrera. Es

el productor y promotor del Tour de San Francisco, una prueba de ciclismo de 50 kilómetros, en la que participan más de 10 000 ciclistas. David destinó una buena suma de su dinero a poner en funcionamiento el proyecto. Para convertir este proyecto en realidad, tuvo que conseguir importantes patrocinios de organizaciones tales como Peugeot, Vuarnet, American Airlines, Yoplait y Sara Lee.

En el desarrollo del proceso, tuvo que correr una gran cantidad de riesgos y retarse a sí mismo en diferentes formas, como nunca antes lo había hecho. Como vendedor, tuvo que hacer visitas improvisadas a grandes corporaciones para lograr su suscripción al evento. Posteriormente, tuvo que hacer los contactos del caso con una compañía de seguros, realizar sus actividades promocionales, presionar para la aprobación y trabajar con la policía local y la oficina del alcalde a fin de obtener los permisos necesarios para sostener el evento. Igualmente, para lograr el interés público por el evento, tuvo que organizar e implantar una campaña de marketing.

"El tipo de riesgos que estoy corriendo en la actualidad es diferente", me dijo Smith. "Pero el sentimiento es el mismo. Cuando corro un riesgo de tipo físico o mental, la emoción es la misma. Hay una pureza de propósito que me permite concentrarme totalmente en lo que hago, con exclusión de todo lo demás. En esos momentos me encuentro conmigo mismo y me siento capaz de realizar cosas que jamás creí poder lograr. Los riesgos físicos fueron grandes entrenamientos para realizar el Tour. Las mismas cualidades que me ayudaron a tener éxito en la selva me permiten ahora triunfar en los negocios".

DISFRUTAR DE LOS RIESGOS DEL OFICIO

El sentimiento de una consciencia superior y el equilibrio de ansiedad y emoción son inherentes a correr riesgos de cualquier tipo. Erik Brown, vendedor de seguros con "mesa redonda de un millón de dólares", alguna vez me dijo que le gustaba mucho hacer visitas improvisadas para conseguir nuevos clientes, actividad que odia la mayoría de los vendedores. Disfruta la intensidad de sentarse frente a alguien desconocido y tener que reaccionar rápidamente a lo que esa persona es y dice. "Esa primera visita es increíblemente emocionante. Uno no sabe qué va a suceder. Es como estar en la línea de partida o asistir a una primera cita. Usted puede sentir que su adrenalina fluye y que está totalmente concentrado. Se trata de una gran sensación. A algunas personas no les gusta hacer visitas improvisadas, pero yo no podría dejar de hacerlas".

Cuando doy charlas, cada vez ensayo algo nuevo — una nueva historia, un nuevo ejercicio, chiste o anécdota. Por ejemplo, en una charla que di ante dos mil personas, les pedí que se levantaran para participar en un juego. Sabía que por ser el grupo demasiado grande podría perder su atención, pero también me emocioné ante la posibilidad de que la experiencia resultara sensacional. Yo estaba asustado, pero puse en práctica la idea y ésta produjo buen resultado. Aprendí la manera de adaptar un ejercicio ideado para doscientas personas a una audiencia diez veces mayor y ¡me gané una ovación de pie por mi esfuerzo!

Hacer algo nuevo en cada charla me protege contra la posibilidad de caer en la rutina. Me siento más participativo cada vez que ensayo algo nuevo, y estos pequeños riesgos me ayudan a seguir progresando y mantenerme en mi lado creativo.

DESEO DE MORIR VERSUS DESEO DE VIVIR

Para muchas personas, la contingencia de correr riesgos se trata como una situación de vida o muerte. Ellas tienen toda la razón: correr riesgos es un asunto de vida o muerte, pero por razones muy diferentes de las que podríamos imaginar. Permítanme explicar esto:

En un programa que realicé para psiquiatras, médicos y

cirujanos, se dedicó una sesión al tema de correr riesgos. Les pregunté a estos profesionales de la salud si existían algunos efectos mentales o físicos que se asociaran al hecho de correr riesgos. En forma unánime ellos describieron por qué correr riesgos es algo benéfico para la salud física y mental.

"*No* correr riesgos es algo que implica una pérdida para cualquier persona", dijo uno de los médicos. Sus comentarios fueron corroborados por los trescientos o más integrantes de la audiencia. "Yo he visto esto especialmente en personas mayores de cuarenta años. Puedo afirmarlo simplemente mirando a los pacientes cuando entro en la sala de exámenes. Están desanimados. En un solo instante, tengo una visión de su historial. Están desgastados. No les gusta lo que hacen, y, por lo tanto, se sienten atrapados. No tienen alternativas ni ven una salida. Temen que ya sea muy tarde para empezar de nuevo o ensayar otras cosas. En consecuencia", dijo, "estas personas presentan signos de envejecer prematuramente y con mayor rapidez. Esto se puede ver en la manera de caminar. Se desploman, se mueven con mayor lentitud, tienen menos color en las mejillas — les queda menos energía".

Aunque rápidos para calificar sus opiniones al decir que sus comentarios se basan en la observación y no en la investigación, los psiquiatras estuvieron de acuerdo en afirmar que las personas que no corrían riesgos se veían más deprimidas, eran más dadas a comer y beber en exceso, sufrían más enfermedades asociadas al estrés y/o depresión en comparación con otros pacientes. En cambio, los más aventureros solían disfrutar de más salud, tenían más energía, más vitalidad, caminaban con más elasticidad y tenían un aspecto más positivo. Correr riesgos es una buena medicina para la mente y para el cuerpo de usted; jugar a la defensiva puede ser peligroso para su salud. Yo no sé si correr riesgos le podrá alargar la vida, pero el hecho de correr riesgos lo pondrá en condiciones de vivir una vida más vital, satisfactoria y plena.

COMER UN POCO DE ARENA TODOS LOS DÍAS

Los que tienen mentalidad de "rómpalo" mantienen abiertos los ojos y la mente, en busca de nuevas oportunidades de crecer, aprender y retarse a sí mismos. Esto es lo que hacen quienes practican el surf: se mantienen observando el horizonte "exterior" para poder ver la siguiente serie de grandes olas, porque las grandes olas son las mejores para remontar. Enseguida, *antes* de que la ola esté sobre ellos, empiezan a remar para enfrentarla. Sin duda, *podrían* evitarlas. Sin duda, podrían comer arena. Pero también existe la posibilidad de atrapar una ola increíble y remontarla durante todo su recorrido hacia la playa. Los partidarios del "rómpalo" se mantienen en estado de alerta continua en espera de una gran ola. *La desean* y en lugar de esperar que venga a ellos, salen a su encuentro. Como lo vimos en el capítulo 1, podemos aprender mucho de estos ávidos deportistas.

Correr riesgos y retarse constantemente a usted mismo le ayudará a estar por encima de las olas del cambio en su vida. Aprenderá más, crecerá más y disfrutará más. Para quien tiene mentalidad de "rómpalo", el hecho de que no haya una garantía hace que todo sea más interesante. Para el partidario del "rómpalo" el riesgo es el desayuno de los campeones.

Busque riesgos en vez de buscar descansos. Correr riesgos es divertido, lo rejuvenecerá, lo mantendrá más sano y con más vitalidad, física y mentalmente. Recuerde que si no hay reto no hay aptitudes. Vivir es arriesgarse.

La **SNC** *dice:*
El mayor riesgo es no arriesgarse,
todos nacimos para correr riesgos.

13

El miedo es engañoso... rompa el círculo

El miedo es uno de los más grandes inhibidores que nos impiden correr riesgos y enfrentar los muchos desafíos que se nos presentan. El miedo nos impide convertir nuestras ideas innovadoras en acciones, convertir en realidad nuestros sueños y actuar bien cuando nos encontramos sometidos a presión. Tememos no poder alcanzar nuestras metas o no "alcanzarlas en su totalidad". Nos preocupa no cumplir un plazo, perder un vuelo u olvidar la cita para una cena. Tememos que suceda algo en una reunión importante o nos preocupa llegar tarde a reuniones que jamás empiezan a tiempo.

APRENDER A PENSAR MÁS ALLÁ DEL MIEDO

El miedo nos impide pensar con claridad y creatividad, y nos genera la mayor parte del estrés que experimentamos. Es nuestro mayor impedimento para correr riesgos con éxito y dar lo mejor de nosotros cuando nos encontramos sometidos a presión. Para adelantarnos al cambio y afrontar con éxito los muchos retos que tenemos frente a nosotros, necesitamos saber en qué forma podemos superar este capcioso obstáculo.

La buena noticia sobre el miedo es que no somos los únicos que lo experimentamos. Todos le tenemos miedo al fracaso. Antes de correr riesgos o afrontar una situación que conlleva reto, *todos* nos asustamos. Nadie vive sin sentir miedo. En realidad, si usted me dice que no siente temores, imaginaré una de dos cosas: que está jugando a la defensiva y sin correr riesgos o que está totalmente desconectado de sus sentimientos.

HASTA LOS MEJORES SIENTEN MIEDO

Hasta los más grandes ejecutores sienten miedo cuando suben al escenario, se presentan ante la corte o se sientan a la mesa de conferencias. Helen Hayes dice que se ponía "sorda como una piedra" en las noches de estreno. Ann Miller se mareaba y sentía náuseas. Margot Fonteyn dijo que le dió tanto miedo antes de bailar *El lago de los cisnes* en Moscú que se sintió torpe, incómoda y casi paralizada. Gloria Steinem decía que la idea de hablar ante un grupo, y especialmente ante un público numeroso, era suficiente para acelerarle el corazón y resecarle la boca. Hasta Winston Churchill acostumbraba decir que se sentía como si tuviese un bloque de hielo en el estómago cada vez que se preparaba para dirigirse al Parlamento.

En nuestra cultura — especialmente para los hombres — existe la tendencia a no manifestar miedo. Sentir miedo no es de "machos". Muchos actores de gran éxito han admitido abiertamente su "pánico de escena". Bill Russell, uno de los grandes jugadores de baloncesto de todos los tiempos, solía vomitar antes de la mayoría de los partidos. Edwin Moses, medalla de oro en los Juegos Olímpicos y ex poseedor del récord mundial de 400 metros con obstáculos, quien pasó *años* sin sufrir derrotas, dice que cada vez que corre siente como "si lo fueran a ejecutar".

El miedo es una experiencia común, incluso en el caso de los "matones", que tratan siempre de aparentar frialdad. Dennis Eckersley, lanzador del equipo suplente All-Star de Oakland, considerado como uno de los mejores "rematadores" en el béisbol, dice que cada vez que se coloca en el montículo durante los últimos turnos, cuando el partido está en su parte final, siente mucho miedo. "En el juego del All-Star me siento con Jeff Reardon [del equipo The Twins]. Durante muchos años, él ha sido un gran rematador, y siempre se muestra muy sereno. Lo primero que dijo Reardon fue que él también sentía mucho miedo. Dios, me alegra oír decir eso. Siento pavor... cada vez que salgo a jugar".[1]

EL MIEDO ES NATURAL

El miedo es normal. Es la respuesta *apropiada* en situaciones que conllevan reto, cuando hacemos algo nuevo, algo sin precedentes. Es importante comprender que, antes de correr cualquier riesgo — buscar nuevos clientes, habérselas con un cliente o un empleado furioso, presentar una nueva idea en una conferencia, hablar durante una reunión, tratar de lograr un pedido, un ascenso... o una cita — *usted debe esperar asustarse*.

En realidad, el miedo es como una veleta que indica que usted *está* haciendo algo nuevo, que *está* cambiando, que no *está* obrando con demasiada cautela o autosuficiencia. Quienes tienen mentalidad de "rómpalo" saben que el miedo será su compañero constante durante toda la vida. No solamente aprenden a vivir con el miedo, sino que lo aprovechan.

"Siempre he creído que si uno no tiene miedo es porque no está haciendo nada interesante", dice Bruce Engel, director ejecutivo de WTD Industries, Inc., la quinta de las procesadoras de madera más grandes del país. Con 3 000 dólares de su propio dinero y activos inferiores a 300 000 dólares, Engel compró un aserradero quebrado, en medio de una recesión. Cinco años después, tenía veinticuatro aserraderos y un patrimonio personal superior a 80 millones de dólares. "Al que es emprendedor y tiene aspiraciones", dice, "el miedo lo acompañará siempre".[2]

CAMINAR HACIA EL MURO

"Los héroes y los cobardes sienten el mismo miedo", dice Cus D'Amato, el legendario entrenador de muchos campeones de boxeo, entre ellos Floyd Patterson y Mike Tyson. Pero al igual que todos los campeones, dice D'amato, "los héroes reaccionan frente al miedo en forma diferente".

El miedo es como un muro que nos limita el campo visual, el crecimiento y la creatividad. Los héroes, los grandes directivos y los partidarios del "rómpalo" saben que los avances en creatividad, aprendizaje y crecimiento se encuentran más allá del muro. Los grandes directivos llegan a la cumbre cuando afrontan las cosas que les producen miedo. Los demás negamos nuestros temores o tratamos de eludir aquello que nos produce miedo, actitud que no da buenos frutos. Tarde o temprano, volveremos a encontrarnos frente a ello, en otro proyecto, otro empleo, otra relación u otro lugar.

Para superar la barrera del miedo, ante todo, uno tiene que estar dispuesto a confesar que tiene miedo. La experiencia le demostrará que cuando uno mira al miedo cara a cara, se vuelve obvia la manera de atravesar el muro. Podría encontrar una "escalera", una "puerta" o una "ventana" que no había visto porque el miedo le impedía verla. Al atreverse a confrontar sus temores, el muro ya no será tan grande o intimidador como antes.

Quienes tienen mentalidad de "rómpalo" comprenden que la única alternativa es afrontar el miedo y convertir la ansiedad en entusiasmo y acción. "Uno gana fortaleza, valor y confianza cada vez que se detiene a mirar el miedo frente a frente", dijo una vez Eleanor Roosevelt.[3] En cambio, si huimos del miedo, y si negamos su existencia, él nos perseguirá, nos atrapará y se volverá cada vez mayor.

MIRAR AL MONSTRUO DIRECTAMENTE A LOS OJOS

Una tribu estadounidense del suroeste relata la siguiente historia para enseñarles a sus niños la importancia de afrontar sus temores y mirarlos directamente a los ojos.

El miedo se parece a una serpiente de 20 metros de longitud y dos cabezas, tan grande como un imponente pino. Evítela y la serpiente crecerá, se acercará más y levantará su horrorosa cabeza en actitud de ataque. Pero si la mira directamente a los ojos, ésta ve su propia imagen, se asusta y termina por alejarse.

En el balance de este capítulo (y en el del capítulo siguiente) analizaremos las distintas maneras de mirar al monstruo directamente a los ojos y convertir la ansiedad en expectativa, entusiasmo y acción positiva. La sensación de miedo es un *aliado* que le permitirá a usted correr riesgos con mayor éxito y desempeñarse a su máximo nivel cuando se encuentre sometido a presión. Para comenzar, démosle una mirada al círculo del miedo.

EL CÍRCULO DEL MIEDO

Una de las razones por las cuales el miedo es tan capcioso es porque el miedo se alimenta a sí mismo. El miedo crea un círculo vicioso que por sí mismo se cumple, se perpetúa y se refuerza. Una vez que éste se ha puesto en camino, recoge su propia energía, como la bola de nieve que rueda montaña abajo.

Comprender el círculo del miedo es el primer paso para

poder romperlo. En las páginas siguientes examinaremos cada eslabón de la cadena del miedo con el propósito de comprenderlo mejor.

Eslabón 1 — El síndrome del Día del Juicio Final: El miedo exagera las "consecuencias imaginadas"

El círculo del miedo comienza con un desbordamiento de la imaginación, que hace que todo *parezca* peor; *exagera* las posibles consecuencias del fracaso hasta *que toman* dimensiones horribles y catastróficas.

Cuando queda uno atrapado en el círculo del miedo, parece que acechara el Día del Juicio Final en cada reunión a la que llega tarde, en cada venta que podría no realizar, en cada plazo que podría no cumplir. Lo peor de todo es que no son sólo esas cosas específicas (la reunión, la venta, el plazo) las que se encuentran en riesgo, sino, *usted* mismo, *su* orgullo y *su* autoestima. El miedo se come como desayuno a la confianza y a la autoestima.

Uno de los miedos más comunes que experimentan las personas es el miedo a hablar en público. En efecto, un amigo decía graciosamente que su miedo a hablar en público ¡era peor que la misma muerte! El círculo del miedo comienza cuando los oradores empiezan a preocuparse: temen no tener tiempo suficiente para su intervención o sentirse incapaces de llenar el tiempo del que disponen. Temen fastidiar al auditorio o, lo que es peor, que éste se duerma. Cuando se ve atrapado en el círculo del miedo, las consecuencias imaginadas se hacen terroríficas: me despedirán, no podré volver a trabajar, seré el hazmerreír de la empresa; mi vida se destrozará. El síndrome del Día del Juicio Final se apodera de uno.

Los atletas pueden asustarse tanto que quedan paralizados imaginándose lo peor. Como parte de mis programas de *Inner Skiing,* acostumbraba llevar a los esquiadores de nivel medio a una colina para expertos, una colina que ellos pudiesen manejar. En su recorrido hacia la montaña, podrían ver la señal del diamante negro que indica la montaña "para expertos". El resultado era instantáneo. Algunas personas experimentaban pánico sólo al *observar* la señal. "¡El diamante negro significaba huesos rotos!", o como alguien lo expresó: "¡Diamante negro! Negro significa muerte, y esto es lo que me va a suceder si voy allí. ¡Olvídenlo!" Cambiando su apreciación mediante pequeños giros y ejercicios básicos, yo lograba que decidieran deslizarse por la montaña.

Esta misma estrategia es aplicable al mundo de los negocios. Recientemente hablé con un vendedor que había caído en el pánico ante la posibilidad de no poder cumplir su cuota mensual. Observé cómo iniciaba el círculo del miedo frente a mis ojos. "Si hoy no logro hacer algunas citas y abrir algunas cuentas nuevas, no cumpliré con mi tarea", dijo en estado de desesperación. "Si no cumplo mi cuota no podré tener un ingreso mensual y si esto sucede, me podrían despedir; el mercado es difícil en este momento, y pasará mucho tiempo antes de que consiga un nuevo empleo. Entre tanto, tengo que hacer algunos pagos: mi automóvil, mi casa, el colegio de los niños". Cuando terminó de describir la patética escena, se veía a sí mismo en Skid Row bebiendo vino barato ¡en una bolsa de papel!

Cuando le pedí que mirara hacia cada uno de los "obstáculos" salvados, pude ver cómo sus temores habían exagerado todo, más allá de lo normal.

Eslabón 2 — Los ayes y ohes:
El miedo deforma la percepción (y usted ve lo que cree ver)

Al exagerar las consecuencias imaginadas, también se da un pequeño paso para exagerar las dificultades percibidas en determinada situación. Repentinamente, cada cosa es más difícil y apremiante de lo que realmente es. El tiempo parece no alcanzar para nada y uno "sabe" que necesitará una eternidad para terminar su tarea.

A los oradores atemorizados el auditorio les parece hostil y agresivo, como si se tratara de críticos preparados para el ataque en la noche de la inauguración. Cuando dirigen la mirada hacia el grupo "ven" en primera fila a Darth Vader, a Jack el Destripador y a la Malvada Bruja del Occidente.

Al golfista que teme errar un *putt*, el hoyo les parece del tamaño de una moneda de veinte centavos; para el tenista, el rectángulo del servidor se contrae en proporción directa con la cantidad de presión que siente. El esquiador asustado ve las rocas pero no la nieve profunda; el surfista asustado ve el coral pero no las olas; el orador asustado sólo ve a la persona que bosteza o a alguien que mira su reloj, sin notar nunca al resto del público que está interesado.

Lo mismo sucede en el trabajo. Las topineras parecen grandes montañas. Uno se dirige a su oficina, preocupado por cumplir un plazo, y la pila de papeles en su escritorio se parece al Monte Cervino. Las cuatro llamadas telefónicas para contestar parecen cuarenta. Preparar un simple informe de ventas o una recomendación para el jefe es como escribir la gran novela mundial. Cumplir el plazo para la entrega del nuevo folleto es como tener que caminar sobre el agua. El vendedor ansioso ve a su cliente como un Godzilla en traje de tres piezas.

El miedo también deforma las percepciones al dirigir la atención hacia lo que uno más teme. En cualquier sitio al que uno mire, verá obstáculos imaginarios que dificultarán su trabajo.

Eslabón 3 — pum, pum, pum: La respuesta física

El miedo es solapado. Con frecuencia, uno no tiene consciencia de él. En consecuencia, puede no "observar" cómo su mente exagera, y hace que todo parezca más difícil y catastrófico de lo que es. Es posible que no advierta cómo han cambiado sus percepciones. Pero si *escucha a su cuerpo*, sus respuestas físicas a menudo le darán la primera prueba de cómo el miedo lo está afectando. Su corazón late con tanta fuerza, que el viejo compañero de escuela que pasa vacaciones en Guam podría escucharlo. Su mente salta de un pensamiento a otro, como una pelota en un campeonato de ping-pong. Tiene las palmas de las manos tan húmedas como la Ciénaga de Okefenokee, mientras que tiene la boca tan seca como el Sahara. La intensidad de estos síntomas indica cuán atrapado se encuentra en el círculo del miedo.

El miedo también nos puede jugar sucio. La laringe del orador asustado se contrae y su voz sale aproximadamente tres octavas más alta de lo normal. La persona atemorizada actúa con torpeza, y puede dejar caer un maletín de muestras sobre los pies del cliente. Una amiga me dijo, al describir su primer juego de golf profesional, que al apoderarse el miedo de ella, quería salir corriendo del club.

Eslabón 4 — La respuesta al miedo: Congelarse o ponerse frenético

Las dos respuestas más comunes al miedo son congelarse o llenarse de pánico; frenarse o acelerarse; no reaccionar o reaccionar violentamente; frenar el vehículo o pisar fuertemente el acelerador. El miedo nos inmoviliza en nuestra trayectoria o nos hace correr desaforadamente. Cada una de estas respuestas exageradas sabotea el pensamiento innovador y la acción eficaz.

En la modalidad "congelamiento", uno deja todo para después y evita todo lo que parezca temible o incierto, y salta en cambio a un "exceso de trabajo". He visto esta realidad en todas partes: el asustado surfista que pasa todo el día encerando su tabla, observando el desplazamiento de las olas gigantes, pero sin lanzarse al agua; el adolescente petrificado que pasa por un lado del teléfono, y es incapaz de llamar para concertar su primera cita; el ejecutivo que en lugar de devolverle una llamada a un cliente iracundo se dedica a hacer la limpieza de su escritorio.

La modalidad "pánico" es la opuesta. Uno hace acopio de sus "tengo que" y se acelera. Por sus "tengo que" (vea el capítulo 5), no se comunica bien, no puede concentrarse ni pensar con claridad. Su mente se lanza con la rapidez de un colibrí hiperactivo y actúa sin pensar. Las acciones que toma en tales momentos no están bien pensadas, y con frecuencia lo hacen caer de bruces o avanzar a máxima velocidad... en dirección errónea.

Eslabón 5 — Pulgares hacia abajo: Sus (peores) expectativas se han cumplido

El resultado de la congelación o el pánico es que el desempeño de uno está por debajo de sus capacidades. No es de extrañar que en estado de miedo su desempeño esté de acuerdo con sus expectativas falseadas.

Desesperado por cumplir un plazo, escribe de prisa y no dedica tiempo a pensar con claridad o creatividad, o se limita a observar la página en blanco seguro de que jamás la podrá llenar bien. Por supuesto, tiene prisa, comete más errores y tiene que hacer todo de nuevo.

El miedo produce los resultados temidos. El esquiador que teme caer se detiene, se inclina hacia la parte superior de la colina y cae. El orador que teme no convencer al auditorio... no lo convence. Como resultado, el individuo se cree un esquiador incapaz o un orador mediocre... y *ahora tiene una evidencia concreta para comprobarlo*. El círculo se completa.

La próxima vez

Como los humanos recibimos lecciones de cualquier situación, tales experiencias nos enseñan que nuestros temores tenían una base sólida. Una vez que nuestros temores se han "confirmado", se convierten en "prueba" y se inicia la autoincriminación.

La próxima vez que se encuentre en una posición similar, la experiencia más reciente será la valedera. El esquiador recuerda vívidamente la caída y se pone tenso en la carrera siguiente. El orador recuerda el discurso mediocre y se preocupa aun más en la próxima oportunidad. El círculo continúa. La parte trágica se produce cuando teme que su desempeño no sea el reflejo de su técnica o su capacidad. El desempeño mediocre no se debe a falta de conocimientos o habilidades; se produce porque el temor asume el control.

He aquí una representación visual del ciclo del miedo, que utiliza el ejemplo del orador atemorizado.

El círculo del miedo
ESLABÓN I:
Consecuencias imaginadas

"Quedaré como un estúpido, un aburrido que nunca conseguirá otro empleo"

"Perderé mi credibilidad".

ESLABÓN V
Se cumplen las peores expectativas

"Yo tenía razón. Soy un orador mediocre".

ESLABÓN II
El miedo deforma la percepción

"La audiencia parece estar integrada por los críticos de la noche de inauguración".

ESLABÓN IV
Congelación o frenesí

Hablar muy rápido
Olvidar los puntos claves
Tambalearse, musitar, tropezar

ESLABÓN III
La respuesta física

Corazón palpitante
Sudor
Mirar el piso

ROMPER EL CÍRCULO DEL MIEDO

El círculo del miedo se puede romper en cualquier punto. Pero para lograrlo y reciclar la energía en forma positiva se necesita emplear la mentalidad de "rómpalo" en cada eslabón de la cadena.

Aplique el diagrama a su vida. Observe el siguiente diagrama e imagínese una situación de reto a la cual se pueda aplicar el círculo del miedo: correr un riesgo que usted había estado evitando, iniciar un nuevo proyecto, confesarle su amor a alguien, desempeñar un nuevo cargo, renunciar a su trabajo, o cualquier otra cosa. Luego llene cada espacio del círculo. ¿Cuáles son las consecuencias que imaginó?, ¿Cuáles son sus síntomas físicos?

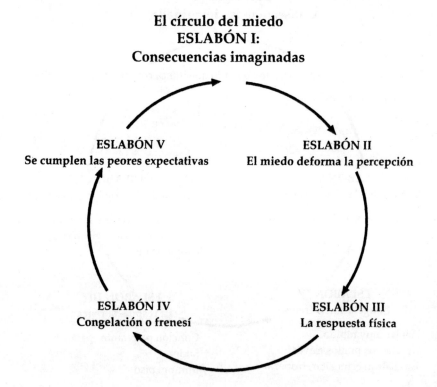

El círculo del miedo
ESLABÓN I:
Consecuencias imaginadas

ESLABÓN V
Se cumplen las peores expectativas

ESLABÓN II
El miedo deforma la percepción

ESLABÓN IV
Congelación o frenesí

ESLABÓN III
La respuesta física

Prueba del guión del peor de los casos

El primer paso para romper el círculo del miedo es realizar la prueba del guión del peor de los casos, con las consecuencias que usted ha imaginado. Observe el reto que afronta, el riesgo que contempla y pregúntese a usted mismo: "¿Cuál es la peor cosa que podría suceder?"

He trabajado con algunas de las personas que corren los riesgos más grandes del mundo en los deportes y los negocios, y, casi sin excepción, comienzan cada nuevo proyecto o aventura ensayando la prueba del guión del peor de los casos. Todos investigan escrupulosamente el peor resultado imaginable para determinar la mejor estrategia que van a seguir.

Haga una lista de preocupaciones

Con el propósito de prepararse para una posible eventualidad, usted debe preocuparse por *todo*. Elabore una *lista de preocupaciones* de todos los "qué pasaría si...", aunque los que tenga en mente estén lejos de suceder. Sea creativo; cuanto mayor sea el alcance de su lista de preocupaciones, más preparado se encontrará. He aquí algunos ejemplos:

¿Qué pasaría si...

... cancelaran el vuelo?

... el jefe (o el cliente) dijera que no?

... la nueva idea resultara ser un fracaso?

... yo hiciera una presentación mediocre?

... él dijera "Esta noche no. Tengo dolor de cabeza"?

... yo no cumpliera mi cuota?

... yo perdiera mi empleo?

... yo no cumpliera el plazo?

... (llene el espacio con otras preocupaciones que se le ocurran)

Cambie las preocupaciones por la previsión

El segundo paso es *cambiar las preocupaciones de su lista por una lista de previsiones*. Éste es el paso que lo lleva de la inercia a la acción. Este paso cambia el "¿Qué pasaría si...?" por un "Si eso sucede, entonces..." Esto quedaría de la siguiente manera:

Cambie "¿Qué pasaría si sucediera lo peor?" por "Si sucede lo peor, entonces yo..."

Cambie "¿Qué pasaría si cancelaran el vuelo?" por "Si lo cancelan, entonces yo..." Cambie "¿Qué pasaría si la jefe rechazara mi sugerencia?" por "Si ella la rechaza, entonces yo..." Cambie "¿Qué pasaría si yo perdiera este empleo?" por "Si lo pierdo, entonces yo..."

Cambiando la preocupación por la previsión, usted se encuentra mejor preparado para cualquier cosa que pudiese ocurrir. El hecho de pasar de "¿Qué sucedería si...?" a "Si sucede... entonces yo..." le da a usted poder, lo coloca en el estado mental de *sí puedo*. Esta actitud hace que pase de la ansiedad, el negativismo y el alto estrés a un estado positivo de previsión, disposición y confianza. A continuación, presento dos técnicas para convertir la ansiedad en previsión y permitirle a usted actuar con mentalidad positiva, hasta en las situaciones más difíciles:

Especulación. John F. Kennedy era excepcional para actuar de esta manera. Fue el primer presidente que celebró conferencias de prensa por televisión rutinariamente, posición bastante atrevida porque muchos miembros de la prensa eran menos que amigables y porque algunos de los temas eran candentes, por ejemplo, la Guerra del Vietnam, los derechos civiles, Khrushov y Cuba. "Antes de cualquier rueda de prensa presidencial, Kennedy y media docena de nosotros nos sentábamos y analizábamos cualquier pregunta que pudieran hacerle", dijo Dean Rusk, secretario de Estado de Kennedy.

"Cuando él asistía a una conferencia de prensa, estaba preparado al máximo. Por tanto, casi nunca le hicieron preguntas imprevistas".[4]

Recorrer una milla con zapatos ajenos. Otra manera de convertir la preocupación en previsión es desempeñar papeles. Póngase en el lugar de otra persona e imagine lo que ella haría. Un director ejecutivo me contó que, antes de asistir a una reunión de accionistas, baja al salón y se sienta en diferentes sillas. "Me imagino que yo soy la persona que se sentará allí y lo que esa persona sentiría, pensaría y desearía si yo estuviera en su lugar. ¿Qué preguntas me formularían? ¿Cuáles serían mis preocupaciones? Luego imagino la mejor manera de responder. Me preparo para todas las reuniones importantes tratando de comprender perfectamente las preocupaciones de quienes se encuentran allí".

En el equipo pionero de Seguros de Vida AMEX, con frecuencia el *staff* celebra reuniones en las cuales se coloca una silla en el centro del salón para recordarles a los asistentes la importancia de tener al cliente como figura central de sus discusiones. Los asistentes se sientan por turnos en ese sitio especial y representan las respuestas de los clientes, sus necesidades y sus preocupaciones.

Anticiparse a la acción — Encuentre el "yo puedo"

Después de imaginar todos los guiones posibles, es muy importante pasar a la acción. Con frecuencia la acción positiva disipa el miedo. Siempre hay *algo* que usted puede hacer para mejorar una situación y para que no suceda lo peor.

Por ejemplo, hace poco tiempo me dirigía en mi automóvil a una reunión, cuando observé que la carretera se había convertido en un aparcamiento. En lugar de enfurecerme, presionar la bocina y terminar en la zona de pánico, decidí utilizar algo de la mentalidad de "rómpalo". Al observar que no me era posible hacer algo por descongestionar el tránsito, me concentré en lo que podría hacer. Revisé mis notas, visualicé a los asistentes en la reunión, pensé en sus agendas y me anticipé a todas las preguntas que podrían formular.

Llegué tarde a la reunión (10 minutos, aproximadamente), pero me mantuve sereno y guardé la compostura. Otro orador que había quedado atrapado en la misma congestión llegó a la reunión confundido y le faltaba el aire para respirar.

Cuando las cosas parecen estar fuera de control, los partidarios del "rómpalo" siempre encuentran algo *que se puede hacer* para cambiar las cosas. Usted no puede controlar determinada situación, pero sí puede controlar su manera de enfrentarla.

"... habría muchos más muertos a nuestro alrededor"

Una de las cosas más positivas en relación con afrontar el miedo e imaginar cómo actuará uno en el peor de los casos es que *la situación real casi nunca es tan adversa como el miedo nos la hace ver.* El riesgo casi siempre parece mayor de lo que es. Las posibilidades de que suceda lo peor suelen ser mucho menores de lo que uno piensa. Dean Smith, el gran entrenador de baloncesto de la Universidad de Carolina del Norte, una vez dijo: "Si todas las cosas que consideramos de vida o muerte fueran en realidad de vida o muerte, habría muchos más muertos a nuestro alrededor".

En forma inesperada, pasé por esta experiencia en 1989: Me correspondía ser el primer orador en tres convenciones nacionales que se iban a realizar del 18 al 20 de octubre. Las fechas se habían planificado por lo menos con seis meses de anticipación. El 17, el terremoto azotó a San Francisco. ¡Tanto planificar! Todos los aeropuertos estaban cerrados, y fue imposible viajar. El servicio telefónico se interrumpió, y no puede comunicarme con nadie.

Mi primera intervención debía tener lugar al día siguiente, a las nueve de la mañana, en Phoenix. El miedo empezó a crear en mi mente guiones del Día del Juicio Final: "Mis agentes pensarán que no soy digno de confianza"; "No volverán a creer en mi palabra"; "Mi carrera se irá por el desagüe..."

Cuando finalmente logré comunicarme con mi agente, aproximadamente a la 1:00 A.M., no sólo fue muy comprensivo sino que ya había comenzado a prepararse para afrontar mi imposibilidad de llegar allí. Cuando llamé al cliente al día siguiente, se manifestó más preocupado por mi bienestar que por la reunión y me aseguró que yo no tenía por qué preocuparme. Incluso me contrató para el año siguiente, y agregó: "¡Si el terremoto lo permite!"

He podido observar cómo sucede lo mismo una y otra vez. La situación real casi siempre es menos catastrófica de lo que el miedo nos hace creer.

NO HACER VERSUS HACER

A veces el miedo nos paraliza y nos induce a "no hacer" lo que debiéramos *estar haciendo*. En un programa de capacitación para gerentes de ventas de distrito de una importante empresa de computadores, una gerente habló espontáneamente del mayor reto que afrontaba y al cual le tenía mucho miedo. Como muchos otros gerentes, ella admitió que le era difícil habérselas con las personas "problemáticas" y tener que afrontar situaciones negativas. Estaba muy intranquila porque tenía que llamarle la atención a uno de los vendedores por su desempeño deficiente. "He estado aplazando el asunto con la esperanza de que las cosas mejoren de alguna manera", dijo. "Pero no es así. En realidad, cuanto más lo aplazo más empeora la situación, y cada vez me es más difícil afrontarla".

Hacer un guión imaginario con "el peor de los casos" le ayudó a comprender que lo que *estaba* sucediendo era mucho peor que el peor de los casos que *podría* suceder si ella le hiciera frente a la situación. Inmediatamente se sintió más cómoda acerca de encarar la situación.

Unos pocos días después me llamó. "¡Lo hice! Hablé con él.

¿Y sabe qué pasó? ¡Él se sintió realmente aliviado! ¿Puede usted imaginar esto? Él sabía que no estaba trabajando bien, y también deseaba hablar conmigo al respecto, pero se sentía culpable, de manera que también aplazaba el asunto'', dijo. "Toda mi angustia era innecesaria''. Cuando trataron el asunto, él le manifestó que estaba cansado de la labor de ventas, pero que le seguía gustando la empresa. Como resultado, pudo sacarlo de ventas y lo ubicó en recursos humanos, el sitio donde él siempre había deseado estar.

En nuestra siguiente reunión, ella estaba llena de entusiasmo. "Le diré que las cosas fueron más fáciles de lo que esperaba. Hay otras tres o cuatro cosas que he estado evadiendo, pero no voy a esperar más para hacerles frente. Voy a lanzarme''. Como resultado, su estilo de administración cambió, y al semestre siguiente, su distrito ocupó el primer lugar en ventas de la región.

¿Y QUÉ PASA SI *SUCEDE* LO PEOR?

No importa cuán bien se prepare uno, no importa cuántas representaciones de la realidad haga, a veces *sucede* lo peor, y sus temores se materializan. ¿Qué sucede entonces?

Mi esposa, Marilyn, es muy valiente para correr riesgos mental y socialmente. Pero como todas las mujeres a quienes disuadieron de practicar deportes en su juventud, es cautelosa en cuanto a correr riesgos físicos.

Hace algunos años, Marilyn decidió afrontar sus temores, e invitó a la familia a participar en un recorrido en balsa por aguas turbulentas, en el río Salmon. Creo que no aflojó la mandíbula durante todo el viaje. Pero lo hizo, se sintió orgullosa de afrontar el reto, y lo disfrutó. Desde entonces, ha realizado varios recorridos por río, afrontando cada vez mayores riesgos.

El año pasado recorrí con Marilyn un río; yo iba en kayak, y ella en una balsa, cerca de mí. Avanzar por entre enormes raudales en mi endeble y pequeña embarcación es una de las cosas más emocionantes que yo haya hecho. Marilyn estaba interesada, pero también estaba petrificada ante la posibilidad de zozobrar.

Bien: para resumir una larga historia, decidió recorrer conmigo un raudal en un kayak doble. Después de pocos minutos, nos acercamos demasiado a una roca y nos volcamos. El mayor de sus temores se convirtió en realidad cuando navegábamos (sin bote) en corrientes rápidas.

Más tarde, al encontrarnos de nuevo en la balsa, se jactó de no haber perdido su remo, y dijo: "Las cosas no resultaron tan mal como lo esperaba", y soltó la risa alegremente.

Esa experiencia, durante la cual sus temores *se convirtieron* en realidad, constituyó para ella un avance, y su círculo del miedo se convirtió en un círculo del éxito. Desde entonces, Marilyn ha afianzado su espíritu de aventura, haciendo con regularidad recorridos en bicicleta por caminos montañosos difíciles y navegando en kayak por el océano. Lo que descubrió fue que, aunque los temores de alguien *se conviertan* en realidad, por lo general no son tan temibles como se los había imaginado, y pueden llevar a la persona a nuevos niveles de confianza.

ACORRALAR AL MONSTRUO EN SU RINCÓN

Cuando uno tiene miedo, deja para después correr riesgos o enfrentar nuevos retos que son esenciales, o, si los enfrenta, no lo hace con toda su capacidad. Los grandes maestros, entrenadores y líderes saben que el directivo que no hace frente al miedo jamás logrará ser un alto directivo. Al no enfrentarlo, el miedo inhibe la creatividad, la claridad de la mente y el propósito, e igualmente el autocontrol.

Es de importancia crítica tener el valor de enfrentar los temores, de mirar al monstruo a los ojos y de romper el círculo vicioso del miedo. Trabajando para usted la liberación del miedo, usted dispondrá de más energía, pensará con mayor claridad y conservará el control. Entonces, habrá convertido el círculo vicioso del miedo en un círculo vital de alta energía. Recuerde:

- El miedo es natural. Si usted no siente miedo, está jugando a la defensiva.

- El miedo es engañoso. El miedo deforma, exagera y agranda todo, haciendo que cada cosa se vea peor de lo que realmente es.

- Concéntrese en lo que usted puede hacer — no en lo que no puede hacer.

- Lo peor nunca es tan malo como nos lo hace creer el miedo.

- Convierta la ansiedad en previsión. Cambie las palabras "¿Qué pasaría si...?" por "Si esto sucede, entonces yo..."

Una advertencia: Nadie puede derrotar siempre al miedo. Pero practicando las técnicas de este capítulo y del siguiente, disminuye la probabilidad de quedar atrapado en el círculo del miedo. Usted podrá pensar con más claridad y más creatividad cuando esté sometido a presión, y se sentirá más confiado y comprometido.

La **SNC** *dice:*
El miedo es engañoso... Mire más allá de él.

14

Los errores son una buena inversión

Si usted desea triunfar, tiene que duplicar su tasa de fracasos.

—Tom Watson, Jr., IBM

"ERRAR ES HUMANO"

Por mucho que usted prevea, haga su tarea y se prepare, se prepare, se prepare, una cosa es cierta: Cuando usted corre riesgos, aprende un nuevo oficio, ensaya algo nuevo, entra en una nueva situación, desarrolla una nueva idea, prueba soluciones creativas o se reta a usted mismo en alguna situación... ¡*cometerá errores!*

Nadie aprende a caminar sin caerse. Nadie aprende a esquiar sin tragar algo de nieve. Nadie aprende a practicar surf sin sufrir unos cuantos revolcones. Ningún escritor, vendedor o senador puede evitar el rechazo. Nadie puede derrotar a mil personas si ellas se retan continuamente a sí mismas para aprender y crecer, para ser más creativas e innovadoras.

Charles Lynch, presidente de la junta directiva de DHL Corp. (famoso ex tenista de categoría nacional y vendedor estrella) me dijo que, al entrevistar a potenciales vendedores, comenzaba por interrogarlos acerca de las cuentas que habían *perdido*. "Cuando un vendedor me dice que jamás ha perdido una cuenta pienso que está mintiendo o que jamás ha jugado en las grandes ligas. Cuando uno trabaja haciendo frente a una gran competencia, perderá cuentas, al igual que cuando está jugando tenis contra los mejores, perderá partidos. Las pérdidas forman parte del triunfo".

PRUEBA Y ERROR

Lynch emplea muy bien la mentalidad de "rómpalo". Todo el que tiene mentalidad de "rómpalo" sabe que el aprendizaje es una combinación de prueba y error, y que no hay prueba sin error. Los matemáticos comprenden que existen las "probabilidades" y los márgenes de error. Ciertamente, los científicos saben, como lo dijo Gordon Forward, presidente de Chaparral Steel, que los experimentos científicos "se diseñan para incluir errores".

"Una decisión es un juicio, una elección entre alternativas", escribe Peter Drucker. "Rara vez es una elección entre lo acertado y lo equivocado. En el mejor de los casos, es una elección entre "casi acertado" y "probablemente equivocado".[1] En cada guión hay un margen de error. Todos los riesgos conllevan la posibilidad de que se cometan errores.

"Yo creo que la calidad general del trabajo mejora cuando uno le permite a la gente el riesgo de fallar", dice Mike Markkula, vicepresidente de la junta de Apple Computers.[2]

En las empresas en que se estimulan las fallas y no se considera que son un "crimen", el personal está más dispuesto a experimentar y más abierto al aprendizaje. Es comúnmente sabido, por ejemplo, que en 3M, una de las corporaciones más innovadoras de los Estados Unidos, se estimula correr riesgos. Si no se satisfacen las expectativas, lo cual sucede el 60% de las veces, se considera que es una oportunidad aprender y probar de nuevo.[3] En un mundo en que las ideas, las ideologías y las instituciones del lunes ya son obsoletas el martes por la noche, si uno no aprende constantemente, estará en la calle a más tardar el miércoles. Por tanto, los errores son una parte natural del proceso de aprendizaje.

"Le enseñamos a la gente que los errores son como las peladuras de las rodillas en los niños pequeños", dice el inimitable Ross Perot. "Esas heridas son dolorosas, pero cicatrizan rápidamente y constituyen las experiencias del aprendizaje. Mi personal está cubierto por las cicatrices de sus errores. Ellos han vivido allá afuera en el campo; los han atacado, los han golpeado en todas las partes del cuerpo, y son personas reales. Cuando lleguen a la cumbre, tendrán las narices bien rotas. Sus posibilidades de llegar allí con las narices intactas son cero. Ellos llegan allí porque han producido algo y el subproducto es cometer errores".[4]

ERRORES POR INACCIÓN

Con frecuencia, los errores provienen tanto de la inacción como de la acción, y el verdadero error es dejar para después las cosas — simplemente no hacer nada: moverse morosamente en una carrera que uno menosprecia. No aprovechar la oportunidad cuando se le presenta. No enfrentarse decididamente a su supervisor a sabiendas de que debía hacerlo. Tolerar prácticas comerciales antiéticas con la esperanza de "conservar la paz". Sentarse a esperar el momento oportuno. Esperar y esperar hasta que, por último, pasen inadvertidas por su lado las olas de la oportunidad y del cambio. No correr el riesgo de ———— (llene el espacio en blanco). Los partidarios del "rómpalo" saben que la decisión correcta que se toma demasiado tarde es tan incorrecta como la decisión errónea que se toma demasiado temprano.

Los errores que resultan de la pasividad y de jugar a la defensiva son tan devastadores como los errores que resultan de la acción. Y lo que los agrava es que ni siquiera pueda uno decir: "Bueno, por lo menos hice mi mejor intento".

APRENDER MÁS DE LOS ERRORES QUE DE LOS ÉXITOS

"Con frecuencia las crisis pueden ser valiosas", dice John Sculley, "porque generan transformación... He descubierto que siempre aprendo más de mis errores que de mis éxitos. Si uno no comete algunos errores, no tendrá suficientes oportunidades".[5]

Todos hemos tenido ocasión de aprender más de nuestros errores que de nuestros éxitos. Esto se puede apreciar claramente en el deporte. En el tenis, cuando un buen jugador ensaya un nuevo lanzamiento, por ejemplo, una pelota desviada, y va a dar a la red, revisa las normas básicas para determinar por qué cometió el error. Posteriormente, hará los ajustes necesarios y practicará *swings* para cimentar lo recientemente aprendido. La próxima vez, el lanzamiento será mejor. La corrección le ayuda al jugador a perfeccionar el lanzamiento y eleva su nivel de juego. Esto contrasta con los jugadores que no corren riesgo alguno. Satisfechos de hacer pasar la bola por encima de la red, juegan a la defensiva, no ensayan algo nuevo, y su juego no mejora.

Este fenómeno es válido en muchos campos. Si uno no comete errores no logrará crecer ni aprender. O, como lo dice un alto ejecutivo, "si no comete errores, no está haciendo nada que valga la pena".

LOS FRACASOS CONTRIBUYEN AL ÉXITO

La sabiduría convencional nos dice que "el éxito fomenta el éxito". Mike Markkula, de Apple, nos dice exactamente lo contrario. Las investigaciones sobre innovación nos demuestran que "el éxito no fomenta el éxito. Es el fracaso el que fomenta el éxito".[6] Los errores le ayudan a uno a repensar, reconceptualizar y replantear sus estrategias. El resultado de "volver al tablero de dibujo" generalmente es mucho mejor que la idea inicial. Todos los que tienen mentalidad de "rómpalo" saben que cualquier cosa que vale la pena hacerse... vale la pena hacerla mal.

FRACASOS EXITOSOS

Todos sabemos, por ejemplo, que personas famosas como Lincoln, Edison y los hermanos Wright tuvieron muchos grandes fracasos y cometieron innumerables errores antes de lograr los éxitos por los cuales son recordados.

En cualquier condición, en cualquier época, quienes triunfan suelen ser las personas que aprenden de sus errores y de sus fracasos, que perseveran y alcanzan nuevos niveles de excelencia gracias a lo que aprendieron durante el recorrido. En efecto, muchas de las ideas de más éxito se concibieron después de fracasar sus gestores en el primer intento. Recordemos que el empresario millonario promedio ha ido a la bancarrota *3.75 veces*.[7]

He aquí algunos ejemplos de "fracasos" poco conocidos que llevaron a importantes éxitos:

Un álbum de "fracasos exitosos"

- Cuando John Wooden, el legendario entrenador de baloncesto de UCLA introdujo la incursión en bloque en el baloncesto universitario, su equipo cometió el mayor número de infracciones y faltas de que se tenga memoria. Pero Wooden sabía que "los errores eran parte del aprendizaje". Él los esperaba, y sabía que "toda oportunidad de fracasar era igualmente una oportunidad de triunfar".[8] Los equipos de Wooden se dedicaron a perfeccionar la ofensiva de incursión en bloque que emplean hoy casi todos los equipos de la nación. Sus equipos también ganaron diez campeonatos nacionales universitarios en el curso de doce años, uno de los más notables logros de un equipo en la historia deportiva.

· El éxito de *Sports Illustrated* estuvo en etapa de preparación durante largo tiempo, ¡habiendo perdido dinero durante los primeros once años! Pero, como el *New York Times* lo comentó alguna vez, "nadie pudo ni intentó persuadir a Henry Luce [publicista] de la posibilidad de desistir".[9]

Acabando de salir de la universidad, Phillip Moffitt, junto con cuatro socios, inició la publicación de *Campus Voice*, una revista guía para actividades universitarias. Al observar que la primera edición había generado pequeñas utilidades, decidieron ramificarse y publicaron veinte ediciones. Perdieron entonces 100 000 dólares. Creyendo que tenían la fórmula correcta pero que necesitaban aumentar el volumen, publicaron ediciones para sesenta universidades. Esta vez la pérdida ascendió a 300 000 dólares. Sin desanimarse aún, continuaron extendiéndose, publicaron cien ediciones y *¡perdieron medio millón de dólares!* En ese entonces, Moffitt tenía apenas unos ¡25 años!

"El fracaso es siempre una parte del éxito", dice Moffitt. Sacando enseñanzas de estos fracasos, él y su grupo iniciaron empresas de mucho éxito en el campo editorial. Finalmente, Moffitt, con su socio Chris Whittle, compró la revista *Esquire*, que estaba en decadencia, logró su recuperación, y se la vendió a Hearst.[10]

· Fidelity Select Leisure Fund, una de las carteras de inversión de más alto rendimiento a fines de los años ochenta, tuvo que librar una gran batalla desde sus comienzos. En mayo y junio de 1983, dos meses después de que el fundador Morris Smith abrió su oficina de Fidelity, sus inversiones registraron un gran descenso. "Yo tenía deseos de saltar por la ventana", dijo Smith. Pero decidió en cambio de eso estudiar el mercado, aprender de sus propios errores, y desde entonces pudo ofrecerles a los inversionistas utilidades considerables (por ejemplo, 56.5% en 1987) desde entonces.[11]

- **P:** Tom Landry, Chuck Noll y Bill Walsh dan cuenta de nueve de las quince victorias en el Super Bowl, de 1974 a 1989. ¿Qué otra cosa tienen en común estos personajes? **R:** Ellos tienen también los *peores* récords para entrenadores de la primera temporada en la historia de la NFL.

  En 1989, George Seifert, entrenador de los 49ers de San Francisco (el segundo entrenador novato que logró ganar el Super Bowl) fue despedido de su primer empleo como entrenador en Cornell, después de registrar durante sus dos primeros años los marcadores ¡1-8 y 2-7 en la Liga Ivy!

- El nombre L. L. Bean y las ventas por correo mediante catálogos son prácticamente sinónimos. Su línea de productos y su garantía de devolución del dinero han fijado los estándares para toda una industria. Sin embargo, pocas personas saben que su primero y más famoso producto, el zapato Maine Hunting patentado, fue un rotundo fracaso cuando se lanzó al mercado por primera vez. Noventa de los primeros cien pares fueron devueltos por clientes enfurecidos porque la costura que sostenía las cubiertas de cuero se salía de los fondos de caucho blando. Pero como el señor Bean había garantizado cada par, reunió el dinero suficiente para corregir el error y cambiar los zapatos. Impresionados por su honestidad, esos noventa individuos se convirtieron en clientes satisfechos de L. L. Bean.[12]

- En 1988, Dennis Conner recibió aproximadamente 5 millones de dólares como pago por el uso publicitario de productos, ocupando el segundo lugar después de Michael Jordan. Lo que olvidamos es que estos patrocinios se produjeron, en gran parte, porque Conner había *perdido* la Copa América en 1983 y, hechos los ajustes del caso, volvió a ganarla en 1987. Aunque Conner había ganado la Copa anteriormente (en 1980), solamente un grupo élite de navegantes se interesaba entonces en él. Su regreso de la derrota capturó la atención del país. Por el hecho de recuperarse de la adversidad se volvió rico y famoso.

- Ted Turner, capitán victorioso de la Copa América, recuerda: "Nada fue fácil. Durante mis primeros ocho años de navegación, ni siquiera logré ganar el campeonato de mi club. Pero seguí trabajando, trabajando y trabajando".[13]

CAMPEONES DE DOBLE RÉCORD

Max Shapiro, fundador y presidente de Sportsworld, quien dirige clínicas deportivas y campos para atletas jóvenes y prometedores, y Sports Fantasy Camps para adultos, dijo que los grandes atletas con frecuencia tienen dobles récords, a causa de sus éxitos y sus *fracasos*. Veamos los siguientes ejemplos:
- Bob Cousy, miembro de los Boston Celtics, uno de los mejores pasadores y retenedores de la pelota en la historia del baloncesto, llevó firmemente a su equipo a ser el primero en "rotaciones" (pases sesgados).
- El año en que Rickey Henderson estableció el récord de las ligas mayores para bases robadas también batió el récord del mayor número de expulsiones al tratar de robar bases. Max dijo: "Muchos jugadores no son expulsados cuarenta y dos veces ¡durante toda su carrera!"
- Durante muchos años, Babe Ruth tuvo en su poder el récord de las ligas mayores para "ponches" y para "jonrones".

"En mi empresa, trato de recordar casos como los de Cousy

y otros grandes deportistas", dijo Shapiro, quien no es ajeno a correr riesgos y a aprender de los errores. "Unos cuantos años después de haber fundado a Sportsworld, lo vendí. Lamenté posteriormente esa decisión, y aprendí mi lección. Cuatro años más tarde, volví a comprar la empresa, y en el curso de un año logré duplicar el personal".

COMETER MUCHOS VERSUS *MUY POCOS* ERRORES

Cada vez más, los líderes de la industria toman consciencia de que los errores son una parte natural y necesaria del aprendizaje y de la innovación. En lugar de asumir la actitud corriente de infundir el miedo de cometer errores y de correr riesgos, ellos los estimulan y, en algunos casos, los exigen. "El problema de los Estados Unidos hoy", dijo el presidente de calzado Nike, Philip Knight, "no es que estemos cometiendo muchos errores, sino que estamos cometiendo muy pocos".[14]

En un mundo cambiante e impredecible existe la paradoja de que si uno no comete suficientes errores, no corre suficientes riesgos, y esta circunstancia lo coloca en posición desventajosa. Quienes tienen mentalidad de "rómpalo" saben que en sus empresas el verdadero error es correr muy pocos riesgos, en vez de correr muchos. En consecuencia, un creciente número de empresas ha llegado a comprender que correr riesgos y cometer errores, durante el proceso, es un buen negocio. Veamos los siguientes ejemplos:

- Scandinavian Airlines: "Quiero que [los empleados] cometan errores", dice su presidente, Jan Carlzon. "Alguna vez oí hablar del presidente de una empresa que les dijo a sus empleados: «Yo quiero que ustedes cometan por lo menos dos errores por semana». ¿Qué quería decir con esto? «Ustedes son tan buenos que si toman dos decisiones equivocadas por semana, seguramente son capaces de tomar de veinte a treinta acertadas. Quiero que tomen decisiones». Yo estoy en la misma situación. Lo peligroso sería no tomar decisiones".[15]

IBM: Existe una famosa historia sobre el fundador de la IBM, Tom Watson, y los *grandes errores*. Uno de los vicepresidentes de Watson tomó la iniciativa para el desarrollo de un nuevo producto. El producto fue un fracaso colosal, y el costo para la empresa se calculó en 10 millones de dólares. Watson llamó al responsable a su oficina y le dijo que tenía algo que conversar con él. Cuando el hombre llegó a la oficina de Watson, llevaba en la mano la carta de renuncia. Watson se volvió hacia él y le dijo: "¿Dejarlo ir a usted? ¡Acabamos de gastar 10 millones de dólares en proporcionarle a usted todo un infierno de educación! Estoy esperando a ver cuál es la próxima cosa que usted va a hacer". Aprendiendo una lección de su padre, Tom Watson, Jr., la persona responsable del mayor crecimiento de la IBM, dijo: "Si usted quiere tener éxito, duplique su promedio de fracasos".[16]

• Johnson & Johnson: Uno de los primeros esfuerzos de innovación de Jim Burke, uno de los directores de Johnson & Johnson, al convertirse en jefe de la división de nuevos productos, fue una pomada para frotarles el pecho a los niños. Burke fracasó estruendosamente, y estaba preocupado porque quizá no tendría otra oportunidad. "¿Es usted la persona que nos costó tanto dinero?", le preguntó el presidente de J&J, el gerente general Robert Wood Johnson. "Bien, sólo deseo felicitarlo. Si usted está cometiendo errores, eso significa que está tomando decisiones y corriendo riesgos, y la empresa no crecerá a menos que ustedes corran riesgos". Treinta años después, Burke sigue narrando este hecho. "Cualquier avance exitoso de la empresa está precedido de algún fracaso, y no existe otra manera de hacerlo" dice. "Nos encanta ganar, pero también tenemos que perder para poder crecer".[17]

Como lo expresa muy bien Tom Peters, "la esencia de la innovación es la búsqueda del fracaso... para poder ensayar cosas y cometer errores... sin que nos fusilen".[18] La premisa que todos estos líderes comparten es que nos debemos mantener experimentando e innovando, y que cada vez debemos ser más — no menos — atrevidos y osados en nuestra manera de pensar y actuar. Los partidarios del "rómpalo" saben que uno no puede ser innovador si no comete errores.

HAGA UN INVENTARIO

Destine unos momentos a hacer un inventario de sus experiencias. Reflexione durante algunos momentos sobre uno de sus errores o acerca de un fracaso que haya tenido. Haga una descripción del fracaso y de lo que ha aprendido de éste.

Pregúntese enseguida a usted mismo: "¿Hay algún riesgo que yo no quiera correr, algún reto que haya eludido por temor a fracasar o a cometer un error?"

El *riesgo dejó de ser una opción*. *Es algo imperativo*. Y, como lo veremos en el próximo capítulo, cometer errores no va contra la ley; pero, para quien tiene mentalidad de "rómpalo", dejar de aprender de los errores sí estaría en contra de la ley.

La **SNC** *dice:*
El mayor error es no cometer ningún error.

15

El fracaso es una buena oportunidad para comenzar

Walter Wriston, expresidente de Citicorp, dijo: "El fracaso no es un crimen; el crimen está en no aprender del fracaso".[1] La diferencia entre el "mejor" de nosotros y el resto de nosotros no se determina por los muchos o los pocos errores que cometamos sino por lo mucho que aprendamos y la rapidez con que aprendamos. La señal de los verdaderos campeones en cualquier área no es un gran desempeño sino, más bien, la rapidez con que responden a sus fracasos y lo que aprenden de éstos.

Para poder ser innovador y creativo, y para mantenerse a la cabeza ante los retos de hoy, uno debe correr riesgos e, inevitablemente, cometerá errores. El éxito no depende de que uno *cometa* errores sino de lo que *haga cuando* los cometa.

ERRAR ES APRENDER

Los errores son inevitables. El verdadero problema es que, si no aprendemos automáticamente de ellos, podemos volver a cometerlos. La determinación de no volver a cometer el mismo error no produce buenos resultados. Usted tiene que conocer la causa del error para poder corregirlo. Pero a veces dejamos de examinar minuciosamente nuestros errores porque les ponemos la tacha de vergüenza. Creemos que tenemos que saber "hacerlo bien la primera vez". Éste es un problema especial para las personas brillantes e instruidas, acostumbrabas a ser recompensadas por actuar "correctamente".

Desde muy temprano en la vida, casi todos descubrimos que los errores pueden ser dolorosos. Cuando comenzamos a asistir al colegio, nuestros padres y profesores rara vez nos elogian por nuestros errores. Todo lo contrario; nuestros errores eran motivo de recriminación frente a la clase. Nos sentíamos estúpidos, humillados y avergonzados. Con frecuencia estas primeras experiencias afectan a nuestro comportamiento durante toda la vida.

Como nadie desea parecer tonto o considerarse estúpido, con frecuencia llegamos a extremos para eludir confesar nuestros errores, incluso a nosotros mismos. Esta respuesta bloquea la objetividad que necesitamos para aprender, superarnos y recuperar las fuerzas. He aquí algunas de las actitudes defensivas con que respondemos cuando cometemos un error:

NEGAR LA REALIDAD A SÍ MISMO

Una de las defensas más difíciles de vencer es la negación porque es muy difícil tener consciencia de ella. La negación es un hábito que comienza muy temprano, cuando el niño que recibe muchas críticas aprende a agachar la cabeza ante el problema y a hacer las preguntas más tarde... o quizá nunca. Cuando uno niega que cometió un error, deja de sentirse culpable de él. Termina mintiéndose a sí mismo, y distorsionando los hechos, incluso en el caso de pequeños errores. Esto dificulta más aún la creación de una base sólida para aprender con rapidez.

Un asesor dice: "Cuando diseño seminarios para ejecutivos que desean ver a sus gerentes en el carril del aprendizaje rápido, veo que debo abordar este tema desde el comienzo, a fin de que puedan comprender la relación que hay entre querer reconocer los errores y adquirir la capacidad necesaria para utilizarlos eficazmente.

"El asunto es todavía más difícil para los gerentes de entidades estatales. Nuestra sede está en el Distrito de Columbia, y todos los días trabajamos con personas que gastan grandes sumas de dinero público, pero temen reconocer sus errores y aprender de ellos. De esta manera, cada vez se gasta más dinero público para encubrir problemas antiguos. ¡Qué despilfarro!"

ENCUBRIMIENTO

Si los errores se consideran como males y los fracasos nos asustan, entonces, el hecho de fracasar y ser descubierto adquiere dimensiones catastróficas. En consecuencia, las personas hacen lo imposible por evitar que las consideren como fracasadas o para confesar que cometieron un error. Tratando de encubrir los errores, estas personas ocultan la verdad, y esperan que nadie se dé cuenta.

En su libro *Swim with the Sharks Without Being Eaten Alive*, Harvey Mackay dice: "Obstinarse en no confesar que hay un problema ha destruido muchos objetivos... Usted no podrá solucionar un problema a menos que admita que lo tiene".[2]

Los encubrimientos consumen mucha energía. Con frecuencia, las simulaciones elaboradas y defensivas se hacen tan intrincadas y complejas que adquieren vida propia. Los encubrimientos generalmente requieren todo un laberinto de mentiras de apoyo para proteger la "gran" mentira original. El encubrimiento consume toda la vitalidad creativa que se podría haber utilizado para aprender del error inicial — y para corregirlo.

Tenemos un ejemplo clásico en la increíble cadena de eventos que comenzó con las violaciones de domicilio en el complejo Watergate, aprobadas por la Casa Blanca. Las negaciones iniciales y los encubrimientos subsiguientes se convirtieron en un problema más grande que el error inicial. A la larga, la exposición del encubrimiento elaborado condujo a la renuncia del presidente Richard Nixon.

La **SNC** *dice: Niegue un error y se negará a usted mismo la posibilidad de aprender de él.*

"ME EQUIVOQUÉ"

John Cleese de Monty Python, empresario triunfador y productor independiente de cine, nos relata la filosofía de Peter Parker, jefe de los Ferrocarriles Británicos. Parker descubrió que "la persona más difícil en el campo de la administración es la que encubre los errores. Si alguien entra en mi oficina y me dice: «Me equivoqué», le contesto: «Entre». En las organizaciones más sanas, el tabú no es cometer errores, sino encubrirlos".

"Asumir una actitud positiva respecto de los errores", agrega Cleese, "favorece la posibilidad de corregirlos rápidamente cada vez que ocurren ... Los problemas surgen cuando se niegan los errores". Cleese, uno de los grandes partidarios del "rómpalo", dice: "Si no confesamos un error, no podremos corregirlo".[3]

SEÑALAR CON EL DEDO

Se culpa a los demás cuando un error es tan obvio que no se puede negar, de modo que la "próxima mejor cosa" que se intenta es: señalar a alguien con el dedo y decir: "Yo no tengo la culpa". El jefe culpa a su staff, marketing a investigación y desarrollo, el profesor al estudiante. El que señala con el dedo trata de poner en aprietos a los demás.

Pensemos en el golfista que, estando muy tenso, busca una sobrecompensación y lanza un golpe inicial impreciso, error natural que debiera corregir la próxima vez. Pero en lugar de corregirlo, él atribuye la culpa a lo angosto del campo, al arquitecto por haberlo diseñado en esa forma, al viento, a las personas que hablan en voz alta y a su caddy. Está dispuesto a señalar a cualquier persona en lugar de admitir su error.

Esta actitud nos es familiar, ¿verdad? Procedemos así en todas las oportunidades. Le echamos la culpa al cliente porque no compra, al jefe porque no escucha, al público porque no aplaude y al bebé porque no come.

Un socio de un grupo de inversionistas de la Costa Oriental, al hablar de un cliente que atravesaba momentos muy duros, dijo que le costaba trabajo descubrir el problema verdadero. "Todos estaban muy ocupados señalando con el dedo a los demás. Todos culpaban al jefe, a los clientes, a las nuevas leyes, a los sindicatos o a un nuevo competidor. Cualquier cosa, menos a ellos mismos. Y como resultado, nunca lograban llegar al meollo del problema".

Timothy Finley, especialista en adquisiciones, hablaba de una empresa que había comprado y en la cual el presidente "culpaba al gerente de ventas por la poca rentabilidad, y el gerente de ventas al presidente". Al analizar objetivamente los hechos, Finley descubrió que ambos habían cometido errores. Pero según él, estaban tan ocupados culpándose mutuamente que hubo mucha culpa y poco aprendizaje.[4]

Culpar a los demás es algo tentador porque nos ayuda a eludir las consecuencias. Pero cuando uno culpa a los demás

— trátese de su jefe, de sus clientes o de sus hijos — todo lo que hace es perder una buena oportunidad de aprender.

"¡ARRGGHH!"

¿Quién no ha visto (o quién no ha sido) el tenista que rompe la raqueta contra el suelo después de un tiro equivocado, al esquiador que le pega a la nieve con la vara o al ejecutivo que golpea su escritorio después de una desagradable llamada telefónica o reunión? La furia y el frenesí son respuestas muy comunes cuando cometemos un error. Estas emociones son tan intensas que lo abruman a uno y a todas las personas que se encuentran a su alrededor. A veces la ira "cambia de dirección" y se emplea irracionalmente para atacar a otros. Pero en la mayoría de los casos, la dirigimos hacia nuestro interior cuando atacamos a nuestra autoestima con ambos puños.

Cualquier forma de ira deja sus secuelas emocionales, heridas y cicatrices que impiden pensar con claridad y en forma racional. El rescoldo que deja la ira le impide a uno regresar al "juego". El golfista, todavía enojado consigo mismo por haber perdido un *putt*, se encuentra tenso cuando se para frente al siguiente *tee*. Perturbado, tieso, apretando los dientes, se excede en el *swing*, y convierte un mal *putt* en un mal golpe fuerte, y un mal golpe fuerte, *¡en una serie de tres dígitos!*

De manera similar, el gerente, enojado consigo mismo por el error que cometió durante la reunión o la llamada telefónica a un cliente, no logra serenarse ni concentrarse en la siguiente tarea. Después, suena el teléfono otra vez, y descarga su ira en el *nuevo* interlocutor.

¡¡¡MALDICIÓN!!! ¡LO VOLVÍ A HACER!

Mientras las evasivas y las negaciones siguen rodeando el problema y culpamos a los demás, otro error que cometemos es señalarnos con el dedo a nosotros mismos. Todos hemos experimentado este tipo de reacción. Repetimos un error innumerables veces, y nos lo reprochamos hasta que caemos en el abatimiento. Hacemos funcionar una y otra vez la cinta en la que grabamos las palabras: "¡Lo volví a hacer!"

Meditar sólo sobre nuestros errores es una manera de hacer funcionar una cinta en que grabamos nuestro fracaso mental. Cuanto más se dedique uno a rumiar su error, más se grabará éste en su mente y más se exagerará hasta que tome dimensiones desproporcionadas. Si uno se equivoca en un *putt* o falla en un golpe fuerte, una voz interior le dice: "¡¡¡Maldita sea!!! Lo hiciste otra vez. Jamás serás bueno para este juego. Jamás aprenderás nada". Entonces, el incidente se generaliza y se extiende a otros aspectos de nuestra vida.

El hecho de que uno fracase en una situación *específica* hace que exagere la intensidad de los acontecimientos y empiece a tratarse a sí mismo como un *total* fracaso. Pasa rápidamente de un desempeño mediocre a una autoimagen mediocre y, de ahí, a una reducción de su autoestima y de la confianza en sí mismo. Hace funcionar repetidamente "la cinta del fracaso", a manera de preparación para futuras actuaciones. La próxima vez que se encuentre en una situación similar, extrae del banco de la memoria la cinta que habla de su pasado fracaso y piensa otra vez: "Ah, ah, aquí voy de nuevo". Es un círculo vicioso.

Este fenómeno no está restringido a los mortales como usted y yo. También le ocurre a ejecutores estrellas como Joe Montana, defensa del equipo San Francisco, dos veces ganador del Super Bowl MVP, e indiscutiblemente uno de los mayores ejecutores en el mundo de los deportes. En septiembre de 1987 jugó el peor partido de su carrera contra los New Orleans Saints. Hizo 12 de 26 para las 120 yardas, fue bloqueado 6 veces y lanzó 2 interceptaciones. Lejos de la calidad habitual de Joe Montana.

Más tarde, durante la misma temporada, al enfrentarse nuevamente con los Saints, Montana tuvo dificultades para lograr un nivel de desempeño superior durante el primer tiempo. Estaba preocupado por lo que había sucedido la última vez que San Francisco jugó con los Saints, y no quería estar otra vez entre los perdedores. Habiendo rumiado su desempeño mediocre durante el pasado juego con los Saints, Montana trasladó este desempeño al siguiente juego.

"SACÚDASE"

En el otro extremo del espectro está la posibilidad de tomar las cosas a la ligera. En un reciente partido de softball, nuestra tercera base cometió un error en su lanzamiento a primera base. "Sacúdase y olvídelo", le dijeron. "No piense más en eso. Concéntrese en el próximo bateador". Afirmó con la cabeza y se volvió hacia la casilla de los bateadores. En el siguiente turno, nítidamente atrapó una bola rasante difícil, y la lanzó sobre la cabeza de la primera base, *de nuevo*. El jugador repitió el error por no haber comprendido por qué su lanzamiento había sido errado en la primera oportunidad.

"Sacudirse" significa no recrimininarse, no tomar el error como un defecto de la personalidad. Sacudirse para deshacerse del sentimiento de torpeza o estupidez y seguir adelante con el juego. Pero con mucha frecuencia, nos aferramos a la frustración y descuidamos un error que se podría haber corregido.

Sacudirnos de nuestros errores es un buen consejo, pero *solamente debemos hacerlo cuando hayamos sacado una enseñanza* de la situación. Con frecuencia podemos observar que, después de cometer un error, los beisbolistas realizan lanzamientos imaginarios a manera de práctica para corregir el error y recuperar su habilidad. Si usted sigue adelante sin reflexionar en lo que hizo o si elude el problema, es muy posible que vuelva a caer en el error.

LAS RESOLUCIONES DE AÑO NUEVO

Aunque casi todos sabemos que debiéramos aprender de los errores pasados, a fin de prepararnos para el futuro, esta actitud está lejos de ser una rutina establecida. Otro tanto sucede con nuestras resoluciones de Año Nuevo. No basta con "decidir" o "prometer" que no cometeremos el mismo error dos veces. La pregunta importante es: ¿*Cómo* aprender de nuestros errores?

"No hay lanzadores que puedan evitar «jonrones»; no hay bateadores que puedan impedir un «ponche»", escribe el profesor inglés David Huddle, en un artículo publicado en el *New York Times*. "[Ellos han] aprendido a sobrevivir resignándose a los jonrones y a los ponches. Esto es obvio. Lo que a mí me parece menos obvio es la forma en que se utilizan estas «faltas»".[5]

A continuación describimos cuatro pasos *activos* que debemos dar para asegurarnos de que nuestros errores se conviertan en escalones por los cuales podamos progresar: estas cuatro R: Admitir *re*sponsabilidades, *re*visar, *re*emplazar y *re*petir, no sólo le impedirán cometer el mismo error, sino que le permitirán aprender, crecer y convertir sus fracasos en éxitos.

R 1: Admita la *re*-sponsabilidad

Empiece por reconocer el papel que usted desempeña en la situación; este reconocimiento le dará un poder real para lograr el cambio. Un estudio de 191 altos ejecutivos pertenecientes a la lista de las 500 empresas publicadas por *Fortune* reveló que prácticamente todos ellos habían sufrido "experiencias dolorosas", desde la pérdida de promociones hasta despidos por fracasos en los negocios. Una encuesta que hizo el Center for Creative Leadership reveló que quienes se recuperaron lo lograron *"porque en lugar de culpar a los demás, tuvieron la capacidad de admitir sus faltas y seguir adelante"* (las itálicas son para mayor énfasis).[6] Ellos lograron hacer un análisis efectivo de la situación y sacaron una enseñanza de lo sucedido.

De manera similar, los buenos departamentos de investigación y desarrollo tienen la capacidad necesaria para permanecer concentrados en una pregunta clave: "¿Qué estamos aprendiendo de este proyecto?" En todos los experimentos (o experiencias de la vida), unas cosas salen "bien" y otras, "mal". Un buen científico no se preocupa por algo que no resultó tal como lo había proyectado, ni trata de encubrirlo. En cambio, su curiosidad se despierta porque desea disponer de información útil y confiable. Sabe aprovechar sus errores.

El hecho de admitir un error va más allá de los intereses directos de uno. Por ejemplo, si usted dirige un equipo y uno de sus integrantes comete un error, es necesario que usted comparta la responsabilidad. Los mejores líderes están dispuestos a responsabilizarse de las cosas que ocurran en su equipo.

Uno no puede aprender de algo si no sabe qué hizo. Aceptar la responsabilidad le permite aprender de una experiencia y convertir el error en éxito en una próxima oportunidad. Igualmente, esta actitud lo protege en determinada situación, porque aprende a ver las cosas con exactitud.

La SNC dice: El fracaso no es un error; el fracaso es la mejor oportunidad para comenzar.

R 2: *Re*-vise su guión

Si usted estuviera viajando en automóvil y se extraviara, probablemente revisaría su mapa para saber en qué sitio se encuentra. Cuando se da cuenta de que está en Omaha y no en Ohio, puede decidir la manera de regresar al camino correcto. Sucede lo mismo en el caso de cualquier otro error.

Cuando usted cometa un error, retroceda mentalmente y *revise* la situación como si tuviese una videocinta mental en la cabeza. Vuelva a pasar la cinta desde el comienzo hasta el final para que observe la totalidad del proceso. En caso de una decisión errónea, ponga a funcionar la cinta con la información que usted tenía y la investigación que realizó. Recorra todo su proceso de decisión y "obsérvelo"; vaya después al problema en sí y "obsérvelo" hasta el final. Cuando haga la revisión, busque el punto o los puntos en que cambiaría las cosas la próxima vez. ¿Estaba su información completa? ¿Tenía usted demasiada prisa? ¿Tuvo que esperar mucho tiempo? ¿Estaba muy preocupado por el costo? Sea lo más específico posible.

Los pensamientos preceden a las acciones. Una vez que usted logre aislar aquello que no funcionó, podrá saber qué estaba pensando en ese momento. El excesivo *swing* del golfista lo hizo errar el golpe; pero fue su *pensamiento* "Tengo que evitar golpear la pelota con demasiado *swing* lo que creó el exceso de *swing*".

O pudo haber sido una actitud o una emoción. La actitud de "jugar a la defensiva" quizá lo hizo tardar mucho en tomar la decisión. O tal vez los "tengo que" lo hicieron moverse muy rápido sin analizar toda la información.

El secreto de la *r*evisión es examinar su acción y el pensamiento que la provocó. Mire el punto en que cometió el error, y luego retroceda para que identifique sus pensamientos y los supuestos que contribuyeron al error.

R 3: *Re*-emplace el viejo metraje

No basta con señalar el error. Para asegurarse de no cometer nuevamente el mismo error, elabore una respuesta alternativa de manera que la próxima vez que se presente una situación similar, usted esté preparado. Aprenda a reemplazar el viejo cuadro por uno mejor. Cuando usted "corrija" el metraje "equivocado" en su película mental y lo reemplace por algo mejor, "empalmará" pensamientos y acciones que le permitirán responder mejor la próxima vez.

Por ejemplo, si sus "tengo que" lo hicieron actuar demasiado rápido y le impidieron hacer toda su tarea, su nueva película lo mostrará a usted representando una escena de inspección de "el peor de los casos", mientras logra recuperar su serenidad. O suponga que el error fue el resultado de la morosidad porque el proyecto parecía ser demasiado grande; en la nueva película, se verá a usted mismo dividiendo el trabajo en pequeños pasos factibles.

Después, reemplace en su mente la cinta que contiene el "error" por una "de éxito", la cual le deparará una manera alternativa de pensar y actuar y le proporcionará opciones adicionales para manejar la situación. No hay garantía de que la versión corregida le asegure un éxito total, pero los resultados sí serán mejores. Usted no repetirá lo que hizo la vez pasada. Sentirá más confianza, que es un paso muy importante para mejorar el resultado de cualquier situación.

R 4: *Re*-ensaye los nuevos movimientos

El último paso del ciclo es ensayar mentalmente la nueva película. Cuanto más repita la cinta "corregida", más se convertirá ésta en su respuesta natural. Entonces, cuando se presente una situación similar, usted no repetirá el antiguo error. Si el comportamiento deseado se ensaya bien, se volverá automático. En consecuencia, en lugar de repetir un error, le habrá impreso a la situación una respuesta más deseable, que puede significar un avance hacia un nivel completamente nuevo.

ENSEÑANZA DE LAS CUATRO Rs EN LA ESCUELA SECUNDARIA DE URBAN

Una de las experiencias más gratas de mi labor como entrenador la tuve con el equipo de voleibol en la escuela secundaria de Urban, en el cual jugaba mi hijo Otis. Urban era el equipo de más bajo rango en los partidos decisivos. Aunque les faltaba experiencia (apenas hacía dos años la escuela tenía un equipo) y se encontraban en posición desventajosa, su peor problema era de tipo mental. En una sesión anterior a los partidos de desempate, decidí repasar las cuatro Rs con el equipo. Sus integrantes admitieron correctamente que su problema no eran los errores sino la manera de reaccionar a éstos. Al revisar la dinámica del equipo, ellos confesaron que acostumbraban gritar y recriminar al jugador que perdía un clavado, un set o un pase. Al compañero de equipo culpable lo miraban con ira, le gritaban "¡despierte!", lo increpaban por no estar bien ubicado y, en general, lo "molestaban". Algunos jugadores también describieron cómo se deprimían cuando cometían un error y cómo perdían concentración en los puntos siguientes.

Más tarde exploramos las maneras de cambiar estas respuestas negativas. Les pregunté: "¿Qué otra cosa podrían hacer ustedes cuando alguien comete un error?" Un jugador dijo: "Debemos respetarnos mutuamente". Otro comentó: "Sí, debemos hacer que se sienta bien el que cometa un error, no mal. Uno ya se siente bastante mal cuando comete un error".

Les pedí luego que repitieran mentalmente estas respuestas positivas, y traté de estimular a los miembros del equipo para que se visualizaran a sí mismos esa noche y antes del juego siguiente.

La sesión fue muy agradable, y todos salieron de allí sintiéndose mucho mejor, pero la sorpresa real la tuvimos al día siguiente en el primer partido de desempate. El contendor hizo un servicio y un jugador perdió una jugada fácil. Todos corrieron hacia el jugador, le estrecharon la mano y le dijeron algunas palabras de estímulo. Ocurrió lo mismo cuando el gran remachador del equipo falló una. Normalmente, él se deprimía, pero esta vez dejó entrever una pequeña sonrisa y rápidamente reaccionó con más entusiasmo y regresó al juego.

Entretanto, la resistencia parecía desencadenarse a medida que mi equipo se sentía cada vez más optimista. La totalidad del torneo se desarrolló con esa mentalidad: Derrotaron equipos que eran en el papel muy superiores a ellos.

Pero la verdadera prueba los esperaba en las finales, en un reencuentro con una escuela que los había masacrado en una anterior competición. Ganamos el primer juego, perdimos el segundo, ganamos el tercero y perdimos el cuarto. Había tanta tensión, que ésta se podía palpar en el ambiente. En el último juego, los ataques iban y venían, y el equipo de Urban nunca perdió su tranquilidad. Los muchachos se daban ánimo mutuamente y trataban de mantener en alto su espíritu. En cambio, los contendores estaban cada vez más tensos. Finalmente, cuando se jugaba tiempo extra, como en una película de Hollywood, con menos prestigio y menores capacidades, Urban fue el ganador. Era el primer campeonato que ganaba la escuela en cualquier deporte, y los integrantes del equipo sabían que su triunfo no era asunto de suerte. Ellos habían desarrollado un nuevo tipo de músculos mentales que les dieron la flexibilidad necesaria para cometer errores y, como sucede con los ganadores en todos los campos, les brindó la posibilidad de recuperarse.

Aprender de sus errores le permitirá a usted continuar moviéndose, pero, como lo veremos en el capítulo siguiente, no siempre ganaremos el juego que creemos estar jugando.

La **SNC** *dice:*
El fracaso es un éxito en preparación.

16
Planifique la manera de cambiar sus planes

Aunque nos han prevenido que planifiquemos nuestro trabajo y que trabajemos nuestros planes, quienes tienen mentalidad de "rómpalo" saben que todo puede cambiar en cualquier momento. Todo.

El cielo puede caerse y el muro de Berlín puede derribarse. Primero hay comunismo, y luego no hay. Los poetas se vuelven presidentes y los presidentes van al exilio. Planifiquemos como podamos; el futuro tiene sus propios planes.

Los partidarios del "rómpalo" saben que, aunque es importante tener un plan, a veces es aun más importante ¡renunciar a él!

Aprendí esto hace varios años, cuando le enseñaba a la gente a prepararse mentalmente para los ascensos difíciles en montañas rocosas. Al mirar hacia arriba desde el fondo, planificamos mentalmente una ruta hacia la cumbre. Sin embargo, una vez que iniciamos el ascenso, cuando escalamos un pequeño tramo de la montaña, el punto de vista cambia totalmente. Desde nuestro nuevo punto de vista podemos ver otras rutas más prometedoras que nos era imposible ver desde abajo. De manera que cambiamos la ruta.

Cuando corremos riesgos o afrontamos retos de cualquier tipo, podemos hacer planes, prepararnos y ensayar hasta el cansancio. Pero una vez iniciado el recorrido, en esta época de cambios intensos podemos tener la seguridad de que surgirá algo inesperado poco después de ponernos en camino. Para los partidarios del "rómpalo" ésta es una posibilidad emocionante. Ellos le dan la bienvenida a lo inesperado, y lo aprovechan.

No obstante, para muchos, lo inesperado es fuente de intranquilidad. Pero para el partidario del "rómpalo", el cambio — planificado o no planificado — es un aliado. Peter Drucker dijo: "Ningún otro campo brinda mejores oportunidades para la innovación exitosa que lo inesperado".[1]

EL DOBLE TRIPLE

Impredecibles e incontrolables como son hoy las cosas, existen tres factores con los cuales se puede contar. Yo los denomino el "doble triple". Usted puede suponer que cualquier cosa nueva invariablemente consumirá el doble de tiempo, costará el doble e ¡implicará el doble del trabajo que pensó!

Me enteré del doble triple hace varios años. Un cliente tenía lo que parecía ser un producto "perfecto". Se trataba de un producto único, tenía un mercado que no había sido explotado antes y ahora satisfacía una importante necesidad en ese mercado. Lo tenía todo a su favor. El cliente desarrolló un plan de marketing, consiguió la correspondiente financiación, contrató a un gerente de proyectos, y todo iba bien.

Pero en cada paso del camino surgió lo inesperado. Todos los aspectos: investigación, diseño del empaque, ventas, promoción y distribución habían tardado el doble del tiempo planificado.

Además, a medida que avanzaba, iban surgiendo otras posibilidades y otros problemas. Entonces decidió conseguir un patrocinador nacional en vez de tratar de comercializar él mismo el producto. Igualmente, encontró una manera diferente y más económica de distribuirlo, de la cual no había tenido información alguna al comienzo del proyecto.

En el momento de mi intervención, su programación original del tiempo y su proyección de presupuesto tenían tantas líneas como el rostro de un hombre de 2 500 años, situación que lo tenía desanimado y descorazonado.

A causa del doble triple, una de las fases más difíciles de cualquier nuevo proyecto o aventura está en el período intermedio. Es entonces cuando lo inesperado hace estragos en los planes cuidadosamente desarrollados. Ver que la meta, que parecía estar al alcance y ser factible, se sigue alejando y es más difícil de lograr, hace que muchas personas, como mi cliente, pierdan el entusiasmo y sientan que se les agotó el combustible.

He aquí tres pasos que derrotarán al doble triple y que reabastecerán de combustible cualquier proyecto. Paso uno: Readapte su meta. Teniendo en cuenta todas las cosas que *ahora* conoce, podría cambiar su meta, su dirección o sus estrategias. No sea fiel al plan si él no es fiel a usted.

Paso dos: Reafirme su compromiso y su visión iniciales. Recuerde el sueño que inspiró el proyecto. Esto le ayudará a "revivir" su fuego y a recuperar su entusiasmo y su pasión iniciales.

Paso tres: Comience con una victoria. Los pequeños triunfos le ayudarán a recuperar el ímpetu, a reforzar su sueño y a volver a encarrilarse.

LECCIONES DE AIKIDO

Usted no puede controlar lo inesperado, pero sí puede controlar su *respuesta* a lo inesperado. Quienes practican el aikido, una forma de artes marciales, saben que los pueden derrotar si resisten una fuerza de ataque. Así, aprenden a fundirse *con* la fuerza y utilizan la energía del atacante en beneficio propio.

Por analogía, si opone resistencia a lo inesperado aferrándose al plan original, lo "derribarán" y le impedirán progresar. Ser lo suficientemente flexible como para cambiar su dirección de manera que se mueva *con* este cambio, y no contra él, le dará más energía y más poder. Cuando uno avanza en la dirección de la corriente del cambio, lo inesperado se convierte en su aliado y no en su adversario.

POSTES SEÑALIZADORES

Muchas personas piensan que cambiar es admitir la derrota, la incompetencia o la falta de aptitud. Pero esta actitud rígida, con frecuencia, hace perder muchas oportunidades a lo largo del camino.

Por ejemplo, si usted está viajando y le presta atención sólo al mapa, perderá las señales que indican un mejor panorama o rutas más rápidas. Entonces, al llegar al lugar de destino, descubrirá que todas las habitaciones del hospedaje fueron ocupadas por los que tenían los ojos abiertos y pudieron observar las señales que hay a lo largo de la carretera.

Nadie puede planificar todo. Siempre habrá cambios y señales que indiquen nuevas oportunidades o direcciones. A diferencia de la mayoría, los que tienen mentalidad de "rómpalo" intuyen que los planes para afrontar una contingencia suelen ser los mejores de todos.

MANTENGA LOS OJOS PUESTOS EN EL CAMINO
(Y FUERA DE ÉL)

Los partidarios del "rómpalo" comprenden tanto los cambios como los resultados afortunados que ocurren por casualidad, de manera que tienen pocos problemas para iniciar un proyecto. Ellos suponen que recibirán nueva información, conocerán otras personas, se enterarán de nuevos avances y verán nuevas posibilidades de las que no habían tenido noticia al comienzo.

Lo anterior me sucedió poco tiempo después de lanzar mi libro *The C Zone: Peak Performance under Pressure*. Antes de la publicación del libro, había organizado una gran campaña promocional. Como resultado de mis persistentes llamadas, que hacía en las primeras horas de la mañana, *U.S. News & World Report* me hizo una entrevista. Entonces sucedió algo inesperado: Contra lo que había imaginado, el artículo no vendió muchos libros. Pero un mes después, recibí una llamada telefónica de alguien que había leído el artículo, lo cual cambió significativamente mi trabajo, porque fui invitado a dar una conferencia.

La historia de los negocios está llena de este tipo de relatos. Clarence Birdseye revolucionó la industria alimentaria al por menor y construyó una empresa gigante, al aprovechar una oportunidad inesperada. Durante un viaje de pesca por el Canadá, vio que un esquimal tenía pescado congelado en hielo. Esta observación le dio la idea de los "alimentos congelados". De manera similar, la compañía farmacéutica Upjohn estaba probando el Minoxidil, un sólido cristalino desarrollado para reducir la alta presión sanguínea. Los voluntarios tuvieron un éxito moderado en la reducción de la hipertensión, pero, como efecto colateral inesperado, empezaron a notar el crecimiento del cabello. Con algunas modificaciones, se lanzó al mercado el producto "Rogaine" para hacer crecer el cabello.[2]

REGRESAR AL CLARO

El que tiene mentalidad de "rómpalo" comprende — y da por sentado — que lo inesperado puede suceder en cualquier momento. Si usted desea aprovechar las oportunidades intrínsecas en un futuro impredecible, tiene que mantener los ojos abiertos y los oídos atentos, y conectada la antena de la intuición.

En estos tiempos impredecibles y de rápido avance, tenemos que confiar en el azar afortunado. Desde un comienzo debemos suponer que para cada nuevo problema surgirán soluciones espontáneas, y para cada obstáculo se abrirán nuevos caminos.

*La **SNC** dice: Podemos aprender a regresar a un claro.*

LA HISTORIA DE LOS BIOBOTTOMS

Anita Diamonstein tenía un título de médica asistente y un nuevo bebé. Pero su capacitación médica no le sirvió de mucho cuando tuvo que elegir entre pañales de tela y desechables. "Odiaba la idea de los pañales desechables", me dijo una vez. "Los de plástico eran desagradables y costosos, y los pañales de tela se deben asegurar con imperdibles".

Después, estando de visita en casa de una amiga, vio una extraña cubierta japonesa de lana, sin imperdibles. Hizo que otra amiga le tradujese la etiqueta que estaba en japonés, pidió cincuenta pares, y los distribuyó en su vecindad.

El producto, Biobottoms, fue tema de conversación entre las vecinas. Todas sus amigas querían algunas unidades. Las amigas de las amigas empezaron a llamarla. Interesada en el potencial de los Biobottoms como una alternativa saludable y natural, escribió al Japón para averiguar sobre la posibilidad de vender el producto en los Estados Unidos. La respuesta fue inmediata. ¡Le ofrecieron la distribución exclusiva del producto para los Estados Unidos! De esta manera, ella había regresado a un claro.

Aprovechando la casualidad, dejó de practicar la medicina. Ahora, es la presidenta de Biobottoms Inc., empresa seleccionada como una de las 500 compañías privadas de más rápido crecimiento en 1990. Biobottoms ofrece no sólo el producto inicial, sino toda una línea de distribución por correo de ropa de algodón para niños y bebés.

ESPERAR QUE OCURRA LO PROVIDENCIAL

Hoy en día, la incertidumbre y la sorpresa son algo normal. Usted puede dar por sentado que ésta es una realidad. También puede dar por sentado que lo inesperado no se puede controlar. Pero lo que *sí puede* usted controlar es su actitud hacia lo inesperado. Usted puede preverlo y estar preparado para obrar de conformidad, o dejarse intimidar por esta realidad y seguir aplazando las cosas indefinidamente.

Los que tienen mentalidad de "rómpalo" confían en el futuro. Su actitud es creer firmemente que una vez que se empieza, la providencia interviene. "Empiece a recorrer el camino y encontrará toda suerte de interesantes rutas alternas". A los que tienen mentalidad de "rómpalo" les parece que el cambio es una perspectiva emocionante, no amenazadora. Lo mismo que los indios Sioux, suponen que todo lo que hay en la atmósfera — todo cambio, toda sorpresa, todo acontecimiento inesperado — es un aliado potencial que favorecerá el progreso, en lugar de dificultarlo. En un mundo impredecible, confiar en la casualidad es una actitud más viable que vivir con el constante temor de un desastre inminente. Esperar lo inesperado y darle la bienvenida es un buen paso inicial.

Genio y magia

Le dejo el resumen de este capítulo a una cita de Goethe, que un día llegó inesperadamente a mi oficina, en una tarjeta postal:

"Hay una verdad elemental cuya ignorancia destruye innumerables... y espléndidos planes: En el momento en que uno se compromete definitivamente, la providencia también se mueve. Ocurre toda suerte de cosas en apoyo de algo que, de otra manera, nunca habría ocurrido. De la decisión surge toda serie de incidentes imprevistos, encuentros y ayuda material que ningún hombre podría haber soñado que surgirían en su camino. Todo lo que usted haga o sueñe que puede hacer, comiéncelo ya. La osadía contiene genio y magia. Comience ahora".

La **SNC** *dice:*
Confíe en lo inesperado.

17
Practique su mejor juego

"SÁQUELE BRILLO A LA PIEDRA PERO NO LE CAMBIE LA FORMA"

A todos nos ha advertido la sabiduría convencional que afiancemos nuestro juego y que fortifiquemos nuestros puntos débiles. Pero obturar las fisuras del juego puede ser una actividad muy frustrante y consumir mucho tiempo. Además, como lo sabe todo el que tiene mentalidad de "rómpalo", nos impide pulir y perfeccionar nuestros puntos fuertes y "sacarle brillo a la piedra".

NO SE CONCENTRE EN SUS PUNTOS DÉBILES

Obturar las fisuras de su juego le hace gastar mucho tiempo en algo que no funciona. Aunque usted pueda pasar de deficiente a regular, rara vez podría alcanzar la excelencia en algo que no es su fuerte. Entonces, como gasta mucho tiempo concentrándose en sus puntos débiles, no tiene tiempo para pulir las habilidades en que sobresale. Como resultado, jamás alcanzará la excelencia en algo.

Generalmente, mi escritorio se ve como si acabase de pasar el huracán Hugo. Siguiendo el consejo de la sabiduría convencional, decidí fortificar este punto débil y ordenar mi escritorio. Para ayudarme a ser más organizado y emplear mejor mi tiempo, decidí contratar un consultor. Después de seguirme durante una semana, me entregó una "planificación diaria" y me dijo cómo utilizarla. También me enseñó a establecer prioridades, a manejar los papeles sólo una vez y me animó a dejar limpio y ordenado mi escritorio al finalizar el día, de manera que pudiera estar preparado para comenzar los trabajos por la mañana. Todas estas recomendaciones eran de buen sentido común, prácticas y fáciles de implantar.

Seguí fervorosamente su régimen durante un mes, y descubrí tres cosas: 1) Yo *era* un poco más organizado. 2) Me dolía tremendamente la cabeza todo el día. 3) Mis compromisos para dar conferencias se habían reducido en un 30%, y no había escrito ningún material nuevo durante todo el mes.

Fue en ese momento cuando me di cuenta de que nunca estaría bien organizado, y eso estaba muy bien. La organización no era mi juego. Mi juego era vender, enseñar, motivar a la gente y escribir. Si seguía haciendo bien estas cosas — saqué en conclusión — mis actividades se desarrollarían bien. El asunto de fondo es que mi escritorio sigue siendo un desastre, pero mi trabajo funciona muy bien.

LO BIEN ACABADO ES PLANO

"Si usted trata de ser experto en un aspecto en que es débil, gastará muchísimo tiempo. Esto significa que usted no debe perder tiempo en seguir mejorando algo para lo cual es bueno, pues esa habilidad se desgasta y usted termina siendo mediocre en todo", dijo Sandy Mobley, gerente de capacitación en McKinsey & Co., la gigantesca firma de asesoría administrativa. "La llamada personalidad bien acabada", explicó ella, "según mi experiencia, es muy, pero muy rara".

La **SNC** dice: *Lo bien acabado suele ser plano.*

POLICÍA VERSUS ENTRENADOR: ANÁLISIS DE DESEMPEÑO DE LOS EMPLEADOS

En muchos análisis de desempeño, los gerentes pasan por alto los puntos fuertes y se concentran — casi siempre con gran detalle — en las "áreas por mejorar". Ciertamente, se mencionan las "fortalezas" pero rara vez se les presta la misma atención que a los puntos "débiles". Los análisis de desempeño se convierten en una crítica, un mecanismo para decirles a los empleados lo que *no* están haciendo, y qué cosas *no* están funcionando.

En tales sesiones hay más "policías" que "entrenadores", una distinción sutil, pero muy importante. El policía lo sorprende a usted haciendo algo malo, y el buen entrenador hace aflorar lo mejor que hay en usted. Muchos gerentes y supervisores actúan como si estuviesen patrullando el vecindario, observando lo malo, pero no lo bueno. Cuando mencionan lo que han observado, no es raro que sus empleados se sientan más "estropeados" que merecedores de confianza.

La **SNC** dice: *El hecho de concentrarnos en los puntos débiles generalmente los refuerza.*

"No se concentre en reforzar sus puntos débiles", escribe el gurú de la administración, Peter Drucker. "Comprenda sus fortalezas y colóquese en una posición en que éstas sean importantes. Sus fortalezas son las que lo llevarán al éxito".

Lógicamente, si lo que usted hace (o no hace) dificulta visiblemente el progreso, tiene que hacer algo al respecto, pero no a expensas de sus puntos fuertes.

La **SNC** dice: *Usted saldrá adelante si mejora sus puntos débiles, pero será grande si confía en sus puntos fuertes.*

OBTENER LA CALIFICACIÓN

Yo sabía todo lo relacionado con la necesidad de concentrarse en los puntos fuertes y de no poner énfasis en los puntos débiles; había leído todas las investigaciones y hasta había escrito varias cosas al respecto. Pero todo esto se escapó de mi mente en el momento de vérmelas con un caso de mi familia. La libreta de calificaciones de mi hijo en su primer año de secundaria tenía una A, una B, dos Cs y una D en matemáticas. Le dije: Ahora te voy hacer una pregunta difícil: ¿Cuál crees que era la calificación a la cual le daba mayor importancia Kriegel, el gran maestro de humanidades? Me contestó: "¡D, por supuesto!" Me burlé de él y le aconsejé que "mejorara", o su futuro podría correr peligro... Accioné todas las mangueras extintoras que me fueron posibles.

Me estaba quejando a un amigo sobre la D que obtuvo mi hijo, quien inmediatamente me increpó por no poner en práctica lo que predicaba. Observando que Otis tenía un fuerte "don de mando" para una persona de su edad, dejé de concentrarme en las matemáticas, su punto débil, y puse énfasis en ese don de liderazgo y comunicación que tiene y en la importancia que una "personalidad fuerte" tiene en todos los aspectos de la vida. Seguí poniendo énfasis en ese punto en cada oportunidad que se me presentaba.

Al finalizar su segundo año de escuela secundaria, Otis me dijo: "Papá, ¡decidí presentarme como candidato a la presidencia del cuerpo estudiantil!" Dominando mi impulso inicial de lanzarle un chorro de agua a causa de sus calificaciones, le dije: "¡Maravilloso! Con tu gran capacidad de liderazgo sé que tendrás muchas posibilidades". Otis obtuvo el 70% de los votos, y se convirtió en el primer estudiante de segundo año en llegar a ser presidente del cuerpo estudiantil, en toda la historia del colegio.

Pero la parte más interesante de esta historia narrada por un padre orgulloso, aún estaba por suceder. Al año siguiente, cuando Otis desempeñaba el cargo de presidente, sus calificaciones mejoraron un punto completo sin necesidad de que yo lo gritara. Estaba como él dijo, "tan contento" que su euforia afectaba al resto de sus actividades.

Esta actitud de concentrarnos, como lo hice con Otis, en los puntos fuertes, y como él se concentró, nos recuerda que *somos* buenos. Esto nos permite — como dice un amigo mío — "salir de los lodazales que encontramos en la vida y pisar una tierra buena y firme", y nos ayuda a fomentar la confianza en nosotros mismos, nuestro sentimiento de valía y el ímpetu positivo.

Cuando hablo de puntos fuertes no me refiero a las técnicas que vamos adquiriendo, por ejemplo, el manejo del WordPerfect o la capacidad para analizar un informe financiero. Estoy hablando de aquellos puntos fuertes que son básicos en nuestra naturaleza, de aquellas cualidades y peculiaridades que son esenciales en nuestro carácter, como, por ejemplo, ser un gran solucionador de problemas y observador de detalles, tener una mente curiosa e investigativa, ser aventurero, amante del cambio, o ser naturalmente gregario y entusiasta.

El problema es que la mayoría de las personas están mucho más conscientes de sus puntos débiles que de sus puntos fuertes y les prestan mucha más atención. Ya hemos tenido que combatir más que suficientes aspectos negativos — tanto que muchas personas tienden a negar la importancia de sus peculiaridades positivas y/o a dar por sentado que son cosa corriente.

Pero si usted confía en sus puntos positivos, ello no sólo le ayudará a convertirse en un ejecutor máximo y a incrementar su confianza para correr riesgos; el efecto de la onda le ayudará también a seguir creciendo, aprendiendo, desafiándose en otras áreas. En la actualidad, para remontar las grandes olas necesitamos toda la confianza y todo el estímulo que podamos reunir.

CONSTRUIR SOBRE LO QUE FUNCIONA

Cuando uno asume una nueva posición o inicia un nuevo proyecto, no es raro pensar que uno debe cambiar y ser distinto. El vendedor estrella se vuelve gerente de ventas y cambia su estilo básico para afrontar los desafíos de su nueva posición. Las grandes aptitudes de comunicación y motivación que eran tan eficaces en el otro campo ahora desempeñan un papel secundario, al tratar de ser un administrador o una persona organizativa. Pronto el gran vendedor se convierte en un gerente mediocre por no haber comprendido que las aptitudes de venta — habilidad para comunicarse y para motivar — son cualidades invaluables en cualquier posición.

Cuando a Jan Carlzon lo nombraron presidente de Scandinavian Airline Systems, trató de modelarse a sí mismo para adaptarse a lo que él creía que era el ámbito de su nueva posición. Estaba nervioso por la percepción que tendrían de él los gerentes que anteriormente eran sus compañeros. "¿Cómo me verán ahora?" se preguntó. "Pensé en la necesidad de demostrarles que era la persona adecuada para el cargo. La empresa se encontraba en mala situación y sufría grandes pérdidas. «Ahora yo soy el jefe». Debo demostrarles que sé todo mejor que los demás, que soy más rápido para analizar las cosas, para tomar decisiones y para todo".

Afortunadamente, Carlzon tenía algunos verdaderos amigos a su alrededor. Uno de ellos, al observar lo que le sucedía, le dijo: "¿Qué diablos estás haciendo? ¿Crees que te elegimos como jefe porque queríamos que fueses alguien diferente de lo que en realidad eres? Si no continúas siendo el mismo, te convertirás en un fracaso".

Siguiendo el consejo de su amigo y regresando a sus puntos fuertes, Carlzon le dio un vuelco espectacular a SAS, que dejó de ser una empresa que registraba grandes pérdidas y se convirtió en una de las más fuertes competidoras en este campo.[2]

VISIONARIO NO PRÁCTICO

Cuando la persona afronta un nuevo desafío, experimentará presiones externas e incluso autoimpuestas para ser diferente. Yo estaba trabajando en la realización de un proyecto con uno de los visionarios del movimiento ambientalista, Huey Johnson, quien había sido director de Nature Conservancy, cofundador del Trust for Public Land y había ocupado el cargo de secretario de recursos para el Estado de California.

Johnson, que nunca se ha dormido sobre sus laureles, trabaja ahora en un proyecto que denomina "Siglo Verde", un plan revolucionario orientado a reestablecer la calidad del ambiente en los Estados Unidos y en todo el mundo.

Para convertir en realidad la visión de Huey, todos, incluso yo, lo presionábamos para que fuese más concreto. Todos tratábamos de hacerlo regresar a la tierra (perdón por el juego de palabras) de manera que fuese posible realizar un plan específico y se pudiesen dar unos primeros pasos tangibles. Pero, para Huey, los pequeños pasos prácticos equivalen a caminar sobre cemento húmedo. Después de dos reuniones pude darme cuenta de que estábamos abordando el asunto en forma errónea.

Ése era el "visionario" a quien nosotros tratábamos de convertir en alguien "práctico". El punto fuerte de Huey está en su visión y en su capacidad de inspirar a la gente. Esta percepción cambió totalmente la forma en que trabajábamos. Tomamos la visión de Huey, y desarrollamos estrategias prácticas para convertirlas en acción, utilizándolo a él como caja de resonancia para tener la seguridad de que nos encontrábamos en el camino correcto. Utilizando colectivamente los puntos fuertes de todos, finalmente nuestro equipo creó un gran plan.

LA PAREJA DISPAREJA

Otra forma en que tratamos de mejorar es copiando los puntos fuertes de otra persona. Encontramos un modelo de actitud, y emulamos con la persona que tiene las capacidades, el "estilo" o la actitud que creemos que necesitamos desarrollar. Hace algún tiempo aprendí la inutilidad de esta actitud.

Cuando se publicó *Inner Skiing,* mi coautor Tim Gallwey y yo programamos eventos promocionales en todo el país. Aunque sólo esperábamos una asistencia de cincuenta personas, se presentaron quinientas en nuestro primer programa. Jamás había dado una conferencia ante un público tan numeroso; me sentía petrificado. Así que Tim decidió hablar en primer lugar. Se sentó en una silla que estaba sobre el escenario, desde donde habló con gran serenidad y elocuencia. ¡Realmente estuvo maravilloso!

Utilizando a Tim como mi modelo, también saqué una silla y traté de imitar su estilo sereno y elocuente. Utilicé el mismo enfoque, me senté en la misma maldita silla, frente a la misma gente, y mientras que él estuvo maravilloso, yo resulté un fracaso.

Si usted nos conociera a Tim y a mí comprendería inmediatamente lo ridículo que sería para nosotros tratar de copiar el uno al otro. Tim es básicamente reservado e intelectual, mientras que yo soy más entusiasta y hablo con cantidades de expresiones y lenguaje corporal. Nosotros formamos, ciertamente, la pareja dispareja. Viéndolo bien, tratar de copiar a Tim era ridículo porque al "encontrarlo a él" me perdía yo mismo.

NO SEA UN "QUIEROSER"

Los jóvenes de hoy tienen una expresión para quienes imitan a otros: Los "quieroser". Son personas que "quieren ser" como otras. Imitan la forma en que su héroe se viste, habla y camina, y adoptan las mismas peculiaridades — todo. Hay quienes quieren ser Madonna, Elvis, Michael Jackson.

Podemos observar algo similar en el mundo laboral. En él, las personas también quieren ser como Iacocca, Tom Peters o Mary Kay. En muchas empresas encontramos a quienes quieren ser como el "jefe" y ser el reflejo de los que están en una posición de poder. Visten la misma clase de ropa que lleva el jefe, imitan sus peculiaridades, caminan como él y hasta hablan como él... De cabo a rabo.

En mi exposición me comporté como un "quieroser" al imitar a Tim. El problema del "quieroser" es que, por más que uno *quiera* ser, ¡*no será*! Una buena copia hecha con papel carbón sigue siendo una copia, pero jamás será tan buena como el original. Me convertí en una versión fría de Tim. Al tratar de utilizar los medios que a él le daban resultado, no utilicé los que me daban resultado a mí. No estaba obteniendo el máximo de mis puntos fuertes, de mi calidad como ser humano único. Si usted se convierte en un "quieroser" ocupará siempre un segundo lugar. Nadie es mejor que el original. Y en este mundo tan veloz como el láser, no es bueno estar en un segundo lugar.

SÁQUELE BRILLO A LA PIEDRA, NO LE CAMBIE LA FORMA

Los que corren riesgos y se hacen líderes son únicos. En realidad, ésta es precisamente la clave de su valentía: ellos han construido sobre su propia combinación especial de puntos fuertes. Ellos conocen sus más y sus menos, pero decidieron construir sobre el lado positivo de la ecuación. No tratan de copiar a otros, ni de ser lo que no son. Estas personas tratan de lograr el máximo de lo que tienen, de lo que conocen, de lo que saben hacer mejor y de lo que son.

El caso de Lee Iacocca nos sirve de ejemplo. Cuando asumió la dirección de la Chrysler, le correspondió coordinar el mayor rescate financiero en la historia económica de los Estados Unidos, lo cual incluía una financiación increíblemente detallada. Pero él nunca trató de ser lo que no era, es decir, un genio de las finanzas. Durante toda esta operación Iacocca siguió siendo Iacocca. Como gran comunicador, motivador y hombre conocedor de los mercados, estos puntos fuertes habían sido la clave de su éxito, y empleándolos adecuadamente en esta situación pudo triunfar.

Los partidarios del "rómpalo" comparten una característica: construyen sobre sus puntos fuertes. *No tratan de ser lo que no son; continúan siendo lo que son.* No imitan, no son *clones*, no copian a nadie. Como conocen bien sus puntos fuertes y sus puntos débiles, deciden sacarle brillo a la piedra, pero no cambiarle la forma.

La **SNC** *dice: Usted será mejor siendo usted mismo que siendo como otro.*

SEA GRANDE EN UNA SOLA COSA

Si usted observa alguna vez a Chris Evert o a Ivan Lendl, inmediatamente se pone de manifiesto que estos grandes tenistas podrían haber mejorado su juego acercándose con más frecuencia a la red o haciendo un mejor voleo. Pero ninguno de estos deportistas que ocuparon el primer puesto en el mundo, trabajó esta parte de su juego.

Los que tienen mentalidad de "rómpalo" saben que no pueden ser excelentes en todos los aspectos y no tratan de serlo. Como buenos conocedores de sus puntos fuertes y sus puntos débiles, desafían la sabiduría convencional construyendo continuamente sobre sus puntos fuertes. Si usted observa a los grandes ejecutores de cualquier campo, podrá ver que no son excelentes en todas las cosas. Suelen ser grandes en un solo aspecto, y esto es lo que los lleva a la cima. Los partidarios del "rómpalo" construyen sobre aquello en que son buenos *hasta que llegan a ser grandes en su campo*. Si usted trata de abarcar muchas cosas, jamás alcanzará el nivel máximo en alguna de ellas.

Pero usted podría preguntar: "¿Construir sobre nuestros puntos fuertes no nos mantiene en nuestra zona de comodidad?" Realmente, los partidarios del "rómpalo" saben que sucede todo lo contrario. Cuando uno construye sobre sus puntos fuertes adquiere la confianza necesaria para correr riesgos, seguir creciendo y avanzar con mayor rapidez.

NADA NUEVO BAJO EL SOL

La mayor parte de la gente se opone al cambio. Una de las razones principales es la falta de confianza en su capacidad para adaptarse a un ambiente impredecible. Nuestra manera corriente de considerar el cambio deforma más la imagen y hace que el cambio parezca más difícil y más intimidante. Tenemos cierta tendencia a concentrarnos en *lo que no sabemos,* en aquello para lo cual *no somos buenos* y en lo que *todavía tenemos que aprender.*

Un buen ejemplo de esta situación se presentó recientemente en una firma de aparatos electrónicos que estaba siendo totalmente reestructurada. A los representantes de servicios al cliente se les dijo que debían comenzar a vender contratos de servicios para sus equipos, además de la instalación y la reparación. Esto generó muchísima resistencia. Para los representantes de servicios, aprender a vender era un juego diferente del que habían estado practicando. Pero a la larga descubrieron que sabían de ventas mucho más de lo que se habían imaginado.

Por ejemplo, el primer paso en la labor de servicio técnico o instalación era hablar con el cliente para saber cómo utilizaba el equipo. Ocurre lo mismo en el campo de las ventas. El vendedor debe enterarse primero de las necesidades del cliente. Los representantes de servicios también tenían un buen conocimiento del producto y tenían experiencia en el manejo de él, aspecto obviamente importante en las ventas.

El hecho de ver estas similitudes les ayudó a los representantes a sentir más confianza y a tener menos miedo de encontrarse en un territorio desconocido. También se dieron cuenta de que ya dominaban muchos de los conocimientos básicos que se necesitan para vender. Todavía les faltaba aprender técnicas de cierre, manejo de objeciones y otras, pero estas técnicas parecían mucho menos intimidatorias cuando construían sobre los puntos fuertes.

La mayor parte de los desafíos no lo sorprenderán a usted en territorio totalmente desconocido. Ninguna situación es tan diferente de la actual que usted no pueda utilizar sus puntos fuertes. Si su punto fuerte es, por ejemplo, la comunicación, puede utilizar esta fortaleza en la solución de problemas o en el desarrollo organizacional para adaptarse con mayor rapidez o facilidad a su próximo desafío u oportunidad. Sus puntos fuertes le sirven de puente, y le brindan más probabilidades de triunfar.

Cuando Gary Friedman renunció a ser abogado litigante para convertirse en mediador — dos áreas totalmente diferentes — observó que podía utilizar muchos de los puntos fuertes que tenía en su práctica anterior. Como abogado litigante, tenía experiencia en analizar situaciones y evidencias, encontrar soluciones para situaciones complejas, interrogar a las personas para llegar al meollo del asunto y comprender los principios básicos de la ley. Cada uno de estos puntos fuertes le ayudó a alcanzar la excelencia como mediador.

En toda nueva situación necesitamos aprender nuevas técnicas, recibir nueva información, aprender los nuevos papeles o las reglas del nuevo juego. Pero nada será tan radicalmente diferente que le impida a usted utilizar sus puntos fuertes en el nuevo contexto. Además, el darse cuenta de que ya tiene unos puntos básicos fuertes le ayudará a adaptarse a la nueva situación con mayor rapidez y confianza.

EL ABOGADO ALFARERO

Uno de los cambios más sorprendentes le ocurrió a un viejo amigo mío, Jim Hayes. Ingeniero graduado con honores en Notre Dame, Jim asistió a la Escuela de Derecho de Harvard, para trabajar posteriormente en una gran firma de patentes en Nueva York. La capacidad de Jim para simplificar problemas complejos, comprender el funcionamiento de las cosas y solucionar problemas, junto con su naturaleza inventiva, investigativa y curiosa, le ayudó a conquistar el éxito rápidamente.

Después de trabajar en la mencionada empresa durante tres años, Jim realizó un cambio radical en su carrera. Se trasladó al norte de California, donde se hizo alfarero y escultor. A primera vista, no podría haber elegido un camino más distinto. Pero Jim se convirtió en un alfarero y un escultor de éxito porque utilizó las mismas cualidades que hicieron de él un buen abogado de patentes: curiosidad, inventiva y capacidad para solucionar problemas. Como alfarero, estaba inventando siempre nuevas y mejores herramientas, ensayaba nuevos materiales, formas y diseños, y buscaba constantemente nuevas maneras de proyectar su arte.

Por supuesto, la lección es que usted utilice sus puntos fuertes naturales ya existentes en cualquier contexto en que se encuentre. En cualquier situación nueva, acuda a los puntos fuertes que ya tiene. Utilizando sus puntos fuertes como cimientos para el cambio, tendrá una base sólida en la cual correr cualquier riesgo o afrontar cualquier desafío que pueda encontrar.

DESCUBRIR LO QUE DA BUENOS RESULTADOS

Aunque existen muchas pruebas y mediciones refinadas para identificar nuestros mejores rasgos personales y cualidades, también podemos utilizar algunas técnicas muy sencillas. Como somos buenos para ciertas cosas y eso se manifiesta de manera fácil y espontánea, a veces tendemos a ignorar completamente esas cualidades.

EVALUACIÓN DE PUNTOS FUERTES

A continuación veremos algunas maneras de identificar y reconocer nuestras áreas de fortalezas. Responda las siguientes preguntas y ¡tenga cuidado con las mangueras extintoras!

1. ¿Cuáles son algunos de los puntos fuertes que usted utiliza en su actual trabajo?

2. Revise sus logros de los últimos cinco años. ¿Cuáles cree usted que son las principales cualidades, características y puntos fuertes que le ayudaron a desempeñar bien su trabajo?

3. ¿Cuáles son las cosas que más le gusta hacer y qué cosas hace en su tiempo libre? ¿Qué cualidades despiertan estas actividades en usted? (Con frecuencia las cualidades que parecen estar menos relacionadas con su trabajo le darán la información que usted ha pasado por alto). He aquí algunos ejemplos:

   • Navegar en balsa por rápidos y escalar montañas rocosas: Amor a las aventuras, los desafíos y los riesgos.
   • Crucigramas: Solución de problemas, trabajos que implican detalles.
   • Reparaciones menores: Solución de problemas, inventiva.
   • Jardinería: Paciencia, cuidado, solución de problemas.
   • Viajes: Hacer y ver algo nuevo, amor a la aventura.
   • Enseñar, capacitar: Motivar a la gente.

4. ¿Quiénes son sus héroes y sus heroínas? ¿Qué cualidades admira en ellos? ¿Cómo expresa usted esas cualidades en su vida? ¿En qué oportunidades expresaría más estas cualidades?

5. ¿Qué cualidades de usted admira la gente?

6. Imagínese que usted es un buen amigo de usted mismo y que hace un análisis sincero de sus puntos fuertes. ¿Qué se diría?

DISEÑE SU PROPIO JUEGO

En este momento es más importante que nunca que usted trabaje en un campo en que utilice sus puntos fuertes y sus habilidades innatas. Usted no sólo será más productivo y más creativo, sino que además disfrutará más de lo que hace, lo cual a la vez incrementará su eficiencia.

A pesar de esto, muchas personas parecen estar trabajando en puestos o en carreras en que no utilizan sus puntos fuertes, y, por tanto, no experimentan un sentimiento de autorrealización. Ésta es una importante razón por la cual más del 70% de los empleados administrativos no están satisfechos con su trabajo.

Antes de arrojar la toalla y cambiarlo todo, existen dos pasos que usted puede dar para utilizar sus puntos fuertes en el trabajo, a fin de que éste sea más satisfactorio. Ambos pasos están dentro de sus posibilidades.

Contestar las siguientes preguntas y aplicar las respuestas a su vida le permitirá evaluar sus puntos fuertes y el nivel hasta el cual los está utilizando actualmente en su trabajo.

1. Cambie el papel que desempeña

- ¿Qué puntos fuertes tiene usted que no utiliza en su trabajo?

- ¿Qué puntos fuertes podría utilizar más frecuentemente y cómo?

- ¿Cuáles son algunas de las oportunidades en que podría utilizar esos puntos fuertes que en este momento no utiliza al máximo?

2. Cambie las reglas

- Si usted rediseñara su trabajo para utilizar mejor sus

puntos fuertes, ¿cómo sería ese trabajo? Escriba un párrafo en el cual redefina su trabajo y que refleje sus intereses y sus posibilidades.

- ¿Qué nuevo cargo quisiera usted tener? ¿Cuáles serían sus actividades en este "nuevo trabajo"? ¿Qué nuevos papeles desempeñaría y qué cualidades utilizaría para desempeñarlos?

- Diseñe el empleo ideal para usted; un trabajo en que pueda utilizar al máximo sus puntos fuertes. ¿Cuál sería? ¿Qué actividades concretas desarrollaría y qué puntos fuertes que no utiliza actualmente utilizaría?

- ¿Qué coincidencias naturales habría entre su trabajo actual y su trabajo ideal?

- ¿Cómo podría usted comenzar a transformar su trabajo actual en su trabajo ideal?

---

*La **SNC** dice:*
- *Para poder alcanzar la excelencia en un mundo cambiante usted debe construir sobre sus puntos fuertes.*
- *No trate de ser bueno en muchas cosas; sea grande en una sola.*
- *Si se esfuerza por tener una personalidad bien acabada, ésta probablemente será plana.*

18

No mire
el lugar a donde
no quiera ir

LOS "NOES"

Hay momentos en que usted cree que está trabajando en favor
de sus mejores intereses, pero en realidad se está encami-
nando inconscientemente a su propia derrota. Sin que nos
demos cuenta, en tales situaciones ensayamos mentalmente
nuestra derrota gastando demasiado tiempo en anticipar lo
peor. Los que tienen mentalidad de "rómpalo" saben que
algunos cambios sutiles en la manera de pensar pueden permitirle a uno desempeñar óptimamente su labor, y esa transformación explica el margen de victoria logrado.

Hace poco tiempo hablé con una joven abogada que estaba
preparando su primera intervención ante el jurado. Estaba
muy nerviosa por ello, y durante nuestra conversación le

pregunté qué impresión quería dejar en el jurado. "No quiero mostrarme demasiado inexperta, demasiado joven o demasiado ingenua. No quiero que sospechen que se trata de mi primera intervención ante el jurado. No quiero..."

La joven abogada se había hecho víctima de los "noes". Los noes son una manera negativa de fijar metas. Se concentran en lo que uno no quiere que suceda y no en lo que quiere que suceda. Irónicamente, el hecho de pensar en lo que uno no quiere que suceda con frecuencia hace que suceda. Cuando uno se basa en los "noes", se ejercita mentalmente en lo que no quiere que suceda. Esto es exactamente lo que sucede cuando le sugieren que *no* piense en un elefante rosado. ¿Qué es lo primero que acude a su mente ante tal recomendación? Un elefante rosado.

Recordemos el caso del golfista que, ante una charca, piensa: "No lanzaré la pelota al agua"; o el gerente que asiste a una reunión pensando: "¡No me voy a salir de las casillas!"; o cuando nos decimos a nosotros mismos: "No te preocupes", "No hagas esto", "No pienses aquello".

La nariz de JP

George Wheelwright, uno de los fundadores de Polaroid, nos relata una anécdota apócrifa que ejemplifica este punto: Cuando estaba tratando de conseguir inversión de capital para constituir la empresa, J. P. Morgan se interesó y los invitó, a él y su familia, a cenar en su casa. Se trataba de un acontecimiento formal, y Wheelwright estaba comprensiblemente nervioso porque Morgan tenía fama de ser una de las personas más intratables.

J. P. Morgan tenía otra particularidad: Era muy susceptible en cuanto a su nariz, que supuestamente se parecía a la de W. C. Fields: grande, bulbosa y llena de venas rojas. Antes de la cena, Wheelwright preparó a su joven hija; le advirtió: "No digas nada acerca de su nariz. No le mires la nariz. Ni siquiera pronuncies la palabra «nariz»".

Todo había salido perfecto, y Morgan se mostraba cálido y amigable. Cuando el mayordomo sirvió el postre y el café, la hija de Wheelwright, que lucía adorable en su vestido de fiesta, levantó la bandejilla de plata con el azúcar y la crema, se acercó a Morgan y con la voz femenina más delicada que usted haya escuchado alguna vez le dijo: "Señor Morgan, ¡¿cuántos terrones de azúcar quiere que le ponga en la nariz?!"[1]

La mente trabaja con imágenes

La pequeña señora Wheelwright era tan versada en los noes, que no supo *qué hacer*. Los noes son autosuficientes porque la parte de la mente que controla el comportamiento trabaja con imágenes. Por esta razón cuando uno le recomienda a alguien que *no* piense en un elefante rosado, la primera imagen que el interlocutor ve es un elefante rosado. En realidad, cuando uno le dice a alguien que *no* haga algo, crea en su mente esa imagen, menos la advertencia "No". El fallecido psiquiatra italiano, Roberto Assagioli, dijo en su libro *The Act of Will* que "las imágenes y las películas mentales... tienden a producir las condiciones físicas y los actos externos que corresponden a ellas".

El neurofisiólogo de Stanford, Karl Pribam, llama "feedforward"[2] al fenómeno mediante el cual nuestras imágenes mentales preceden y realizan todas nuestras acciones. La investigación de Pribam demostró que una imagen en la mente pone en actividad en el sistema nervioso autónomo las *mismas* conexiones neurales que se activan en el acto real de hacer algo. De modo que, en lo concerniente al sistema nervioso autónomo, ¡no hay diferencia entre "pensar" y "hacer"!

Todo esto es otra manera de decir que el hecho de tener una imagen mental producirá la correspondiente respuesta *física*. La imagen que hay en la mente del golfista que piensa: "No enviaré la pelota al agua" es la representación de lanzar una pelota al agua. ¿Puede usted adivinar a dónde va a caer la pelota? La imagen que aparece en la mente del gerente cuando se dice a sí mismo "No pierdas la calma", es la del gerente que pierde la serenidad. ¿Adivina usted qué sucede en este caso?

La **SNC** *dice: Pensar uno en lo que no quiere que suceda, incrementa las posibilidades de que le suceda.*

Derrotar los noes

Yo recibí una maravillosa lección sobre la manera de derrotar los noes cuando jugué por el Club Lacrosse de Nueva York. Varios jugadores eran estadounidenses nativos que se sentían cómodos en las grandes alturas y que habían trabajado en la construcción de los rascacielos de Manhattan. Como en ese tiempo yo sufría de horror a las alturas, le pedí a uno de mis compañeros de equipo que me ayudara a vencerlo.

Mi amigo me dijo que nos encontráramos en determinado lugar del edificio, que él me llevaría al extremo de la torre y me mostraría cómo superar mi miedo. Quise convencerlo que me lo *dijese* cuando estábamos en tierra, pero se rió, me dio la dirección del edificio y me animó a ir.

Habiendo hecho acopio de todo mi valor, llegué al edificio y subí con él. Me condujo hacia la orilla de un tejado en el piso treinta y tres; me pidió que mirase hacia abajo. Quedé aterrorizado. Sentí un malestar en el estómago, me dio vértigo y sentía las piernas como si fueran de gelatina.

Posteriormente mi amigo me dijo que mirase al frente, al otro edificio. En otras palabras, yo miraba hacia afuera y no hacia abajo. Me dijo que no había ningún problema. No había por qué preocuparse. *Que* podría hacerlo bien. Enseguida dijo algo tan sencillo y profundo que jamás he olvidado y que utilizo en todos los campos de mi vida: *"No mires el lugar a donde no quieras ir"*.

Igualmente, cuando afrontamos situaciones que implican desafío, *no* pensemos en lo que *no* queramos que suceda. No pensemos en lo que *no* queramos decir, en lo que *no* queramos hacer, en lo que *no* queramos mirar o en el resultado que *no* deseemos. Pensemos en lo que *sí* queremos hacer o decir y en lo que deseamos que suceda.

LOS "SÍES"

Antes de abordar cualquier situación que conlleve presión, déle a su mente una imagen mental positiva hacia la cual pueda dirigirse. Concéntrese en aquello que quiere que suceda. Mire el lugar *al cual quiere llegar*. Véase a usted mismo logrando su meta. Recuerde que las palabras *se puede* son las que mejor describen la actitud necesaria para un desempeño excelente.

Tener una imagen mental positiva nos ayuda a crear el comportamiento correspondiente. "¿Cómo *desea* actuar en la sala del tribunal?", le pregunté a la abogada antes de su primer juicio. "Quiero lucir muy profesional, segura de mí misma y como persona conocedora de lo que habla".

Le pedí que creara una imagen de lo que sería su apariencia como "persona segura". Para ella esto significaba que se movería con desenvoltura en la sala del tribunal, utilizaría un lenguaje corporal convincente, establecería contacto visual con los testigos y los miembros del jurado, proyectaría su voz de manera que pudiese escucharse desde el lugar en que está el juez hasta la puerta de entrada. Después le pedí que imaginase un hábil argumento de cierre, deliberaciones rápidas del jurado y un veredicto ganador. Primero, ella ganó el juicio en su mente; una semana después, lo ganó en el tribunal.

La visualización no sólo es valiosa para el desempeño personal. Usted la puede utilizar también cuando desarrolle un nuevo proceso, producto o programa, para recorrer mentalmente el proceso desde el principio hasta el fin, asegurándose de que no haya fallas y comprobando que planificó todo, incluso lo inesperado y lo indeseado.

Hice que el político encargado de reunir fondos recorriese visualmente un evento importante que estaba planeando. Él desempeñaba el papel de donante potencial, y en su mente vio pasar el tiempo, desde el momento en que entró en el salón hasta el momento en que salió. Era asombroso ver los pequeños detalles que surgían y que con frecuencia se pasan por alto, como por ejemplo, la posible congestión desde el lugar de inscripción hasta el área de guardarropa, lo cual sería motivo de enojo para todos, y la ausencia de señales en los tocadores. Y, como lo expresó ese político encargado de reunir fondos: "Un donador enojado generalmente no es un donador".

Visualice su recorrido hacia la cima

La visualización del éxito es una técnica que utilizan los grandes ejecutores en todos los campos: Jack Nicklaus, una de las leyendas vivas del golf, es un excelente ejemplo. Nicklaus atribuye el 10% de su éxito a su organización, el 40% a su postura y *swing* y el 50% a las imágenes mentales que utiliza antes de cada golpe. "Jamás hago un golpe, ni siquiera en las prácticas, sin tener una imagen nítida y enfocada de la situación en mi mente. Es como si se tratase de una película en colores". Él imagina su *swing*, la pelota en vuelo y el sitio al cual llegará.

Un grande del béisbol, Joe Morgan, cuenta que se visualiza a sí mismo haciendo el vaivén del bate "aunque se encuentre bajo la ducha".[3]

Phil y Steve Mahre, ganadores de las medallas de oro y plata en el *slalom* en los Juegos Olímpicos de 1984, aparecieron en televisión cuando estaban visualizando sus carreras mientras esperaban en la línea de salida. La lista es cada vez más larga. Casi todos los grandes deportistas de hoy utilizan una u otra manera de visualización creativa.

Bobbi Bensman, una de las más entusiastas escaladoras del mundo, habla de la importancia de la visualización antes de realizar cada ascenso. "Utilizo [la visualización] en los grandes ascensos", dice ella. "Mentalmente me pongo los zapatos, voy al sitio del ascenso y hago los ensayos del caso [visualizándolos], repetidas veces...Aseguro la cuerda, apunto y empiezo. Me imagino a mí misma realizando cada uno de los movimientos, tal como los memoricé, observando cada pie y cada asimiento con las manos...directamente hacia la cima. Todo esto es tan real", agrega, "que me siento como si estuviese llamando a mis amigos y diciéndoles: «Oigan, hice la ruta». Al día siguiente, salgo y hago el ascenso".[4]

Es bien sabido que la visualización da buenos resultados en los deportes, pero es especialmente eficaz en cualquier situación, mental o física, en el trabajo o en el juego. Los grandes ejecutores en campos como la medicina, la política, el derecho y las artes utilizan imágenes mentales.

Cada vez más, los altos ejecutivos de las empresas utilizan imágenes mentales cuando se preparan para enfrentar desafíos. Por ejemplo, Dick Munro, ex copresidente de la junta directiva, copresidente ejecutivo y director de Time Warner, me contó que como parte de su preparación para un discurso importante, se imagina toda la escena. "Observo en mi mente cómo se ve la sala, quiénes están allí, cómo estarán distribuidos los asistentes y cómo quiero hacer mi aparición".

Bettina Parker denomina "molino de viento" a su proceso de ensayo mental. Cuando la señora Parker, presidenta de una gran empresa consultora y de marketing internacional, se encuentra trabajando en un importante proyecto, lo visualiza repetidas veces en su mente y lo ensaya hasta cuando funciona perfectamente.[5]

Charles Lynch, presidente de la junta directiva de DHL, quien alguna vez fuera un gran vendedor y tenista en un campeonato de colegios universitarios superiores, me dijo: "Antes de un gran partido o de una gran presentación, me preparo mentalmente para todo lo que pueda suceder. Imagino lo peor y la forma en que podría afrontarlo. Pero justo antes del evento, trátese de un partido o de una reunión, me visualizo a mí mismo como ganador".

Prepárese, prepárese, prepárese... ¡Uff!

Casi todos sabemos que la preparación, el ensayo y la realización de la tarea son la clave de un buen desempeño en cualquier campo de la vida. Sin embargo, hacemos todo lo posible por evitarlo. Aun la menor distracción en una interrupción es bienvenida.

Roger Craig, defensa All-Pro de los 49ers de San Francisco, cuenta con un método infalible para mantenerse motivado durante su riguroso programa de entrenamiento fuera de temporada. Craig, quien considera que su programa de acondicionamiento lo separa de otros defensas que participan en el juego, inicia sus prácticas sólo dos semanas después del Pro Bowl, unos seis u ocho meses antes de comenzar la temporada.

Al preguntársele cómo hace esto, Craig dice: "Veo cómo se desarrollará el primer partido. Será un juego físico. Ricky Jackson, Vaughan Johnson... todos esos tipos me buscarán, de manera que lo mejor es estar preparado... Cada vez que siento el deseo de hacer menos intenso mi programa o que me canso un poco en el campo de entrenamiento, pienso en partidos como ése y sigo adelante".[6]

Usted puede utilizar la técnica de visualización que emplea Craig para vencer la manía de dejar todo para después y para estar mejor preparado para cualquier situación que implique presión. Visualice la próxima reunión, en la cual usted le presentará un informe o su jefe leerá su informe. Imagínese las preguntas más difíciles y las respuestas que usted deberá dar. El visualizarse a usted mismo en estas situaciones de presión le ayudará a superar su letargo y a entrar en acción; de este modo, estará preparado y a su nivel máximo más tarde.

Avivar el fuego

Dejamos las cosas para después porque el cuadro mental de todas las dificultades posibles y de todos los desastres potenciales inherentes a la próxima tarea tienen más importancia que las imágenes positivas. Como resultado, esperamos que cambien las cosas — o peor, hasta que se acabe el tiempo.

Entre paréntesis, muchas personas dicen que su *mejor* trabajo lo realizan cuando se acerca la fecha límite. Por lo general, esto no es válido. La verdad es que ése es el *único* momento en que ellos *hacen* el trabajo. En el último momento la necesidad supera los aplazamientos, y todos atacan el proyecto mediante los "tengo que" y trabajan con frenesí para terminar. Pero, como ya hemos visto, los "tengo que" no sólo generan gran estrés sino que minimizan la calidad, la creatividad y la claridad de pensamiento.

Los partidarios del "rómpalo" saben que si hacen todo a última hora o esperan hasta que otro haga el trabajo, éste será con seguridad mediocre. Para superar los obstáculos que les impiden comenzar, los partidarios del "rómpalo" empiezan por cambiar las imágenes mentales y utilizan el poder de empuje o atracción de la motivación.

Impulsos y atracción

El "empuje" se produce cuando se utiliza la insatisfacción que produce el *statu quo*. El sitio en que usted se encuentra en este momento y lo que está haciendo son tan desagradables y detestables que se genera una gran cantidad de energía para cambiar las cosas. Cualquier cosa es mejor que continuar.

El gerente de ventas de una importante firma de asesoría administrativa estaba cada vez más desanimado. Pensaba que la alta administración no quería escuchar sus sugerencias o mantenerse en el mercado. De esta manera, dejó de confiar en las prioridades o los principios de la empresa.

Había hecho todo lo posible por cambiar las cosas desde adentro, y, como resultado de cada intento, experimentaba gran frustración. Pero cuando le mencioné la posibilidad de conseguir otro empleo, me dijo: "Aquí gano mucho dinero, y en el curso de tres años contaré con la protección de la ley.

Vivo de esto. Además, ¿quién sabe cómo serán las cosas en otra parte? Podría encontrar el mismo problema en otro sitio, o peor, terminar en la calle, y no sé qué pasaría con todos los gastos que tengo que hacer y con mis hijos que asisten a la universidad. Por lo menos aquí conozco al enemigo. Usted sabe: Es mejor malo conocido..." Y se encogió de hombros.

Le pedí que se visualizara a sí mismo como si hubiesen transcurrido dos años más y se encontrase todavía desempeñando el mismo empleo para la misma empresa. Imagínese — le sugerí — cómo se estaría sintiendo. "¡¡¡Terrible!!! No creo que soportaría mirarme en un espejo si todavía me encontrara aquí dentro de dos años. Ciertamente, tengo que empezar a pensar en la posibilidad de un cambio". Sintiendo el empuje de este cuadro negativo, este amigo empezó a hacer averiguaciones. Hoy, es presidente de una empresa más pequeña, un trabajo que le gusta y que lo estimula.

Para utilizar el lado "atractivo" de la motivación, actúe en dirección opuesta. Cuando la visión y las posibilidades inherentes a un desafío son muy atractivas, usted se siente absolutamente seducido. Cuando un sueño es grande, destinará cantidades increíblemente grandes de energía para convertirlo en realidad. El potencial de un nuevo cliente es tan extraordinario que usted vencerá cualquier obstáculo para capturarlo. Las posibilidades de un nuevo negocio, proyecto, producto o sistema son tan fabulosas que no realizarlo parecería una locura o una estupidez.

Tome una "foto como si hubiesen pasado dos años"

Para pasar de los aplazamientos a la acción y de los pretextos a la iniciación, usted necesita cambiar el escenario mental. Visualícese a usted mismo dentro de dos años y véase en la misma situación en que se encuentra ahora: el mismo empleo, el mismo nivel de ingresos, "todo igual". ¿Cómo sería la escena? ¿Qué "vería" usted? ¿Cómo se sentiría?

O podría observarse desde la dirección opuesta: Visualice una situación en la cual el riesgo o el desafío que contempla hoy ha producido excelentes resultados. Véase a usted mismo como si hubiese terminado con éxito el proyecto. Imagine las ramificaciones positivas: más rápido acceso a la información, un nuevo producto innovador, un mayor ingreso, una mayor aceptación, posiblemente una promoción. A medida que visualiza este proyecto exitoso, ¿cómo se siente? ¿Cuáles son los beneficios que ha podido observar?

Trátese de un "empuje" o de una "atracción", este ejercicio de visualización a dos años le ayudará a entusiasmarse por las posibilidades futuras y a seguir adelante. Al encenderse por su visualización, a menudo pondrá a funcionar un motor detenido, y usted se pondrá nuevamente en acción.

No puedo decirle a usted cuántas personas me han relatado la valiosa experiencia que han vivido con la visualización. Lo mismo que Jack Nicklaus, Charles Lynch, Dick Munro y Bettina Parker, personas procedentes de todos los campos de la vida han encontrado un instrumento poderoso en la visualización.

El poder de las imágenes mentales

Varios importantes estudios han confirmado el poder de la visualización. Una investigación realizada con prisioneros de guerra es especialmente significativa. Un prisionero de guerra se visualizó a sí mismo jugando una ronda de golf en su campo favorito durante todo el tiempo que permaneció en la cárcel. Poco tiempo después de su liberación, hizo los mejores lanzamientos de su vida.

Deseando desesperadamente aprender mecanografía, un hombre dibujó un teclado y se visualizaba a sí mismo escribiendo en éste todas las noches. Cuando estuvo frente a su primera máquina de escribir, ¡pudo escribir cuarenta y cinco palabras por minuto! Y en otro ejemplo, bien documentado sobre la eficacia de la visualización, un pianista de fama mundial volvió a tocar profesionalmente tres meses después de su liberación, ¡tras haber pasado siete años en un campo de prisioneros de guerra!

Un experimento sencillo realizado en una clase de educación física en un colegio universitario se ha convertido en una anécdota clásica que ilustra el efecto de la visualización. A tres grupos se les dijo que tenían un mes para prepararse, a fin de participar en un concurso para seleccionar el mejor de veinte, en lanzamientos libres. Como prueba preliminar, cada uno hizo veinte lanzamientos; posteriormente fueron divididos en grupos, de la siguiente manera: Al grupo A se le dijo que practicase cien lanzamientos libres al día, durante treinta días. Al Grupo B, el "grupo de control", se le dijo que no hiciera nada diferente y que jugara cuando quisiera hacerlo, pero sus integrantes no se proponían hacer mayor o menor cantidad de lanzamientos libres de los que hacían normalmente. A los jugadores del grupo C se les pidió que no tocaran un balón durante un mes. Se les pidió en cambio que dedicaran cada día 15 minutos a visualizarse a sí mismos haciendo tiros libres.

Al finalizar el plazo de un mes, el grupo A (que había practicado) y el grupo C (que sólo había visualizado) tenían básicamente los mismos puntajes, mientras que el puntaje del grupo B había disminuido. Únicamente visualizando, los integrantes del grupo C ejercitaron su camino hacia un desempeño máximo.

De la mente al cuerpo

La visualización también le puede ayudar a usted a lograr algunas de sus metas en el campo de la salud. En un estudio que realizaron unos médicos canadienses, varios pacientes postcoronarios fueron divididos en dos grupos.

A un grupo se le prescribió un programa diario de trote y ejercicios. El otro grupo solamente hizo visualización. "Sus integrantes se visualizaban a sí mismos trotando o descansando en una hermosa pradera, en la cual se llenaban los pulmones de aire puro y sentían que el oxígeno les fluía por todo el cuerpo y les llegaba al corazón".

Después de un año, los resultados fueron idénticos en ambos grupos. Hubo disminución de peso y grasa. Se registró un aumento de vigor y mejoraron los trazos del electrocardiograma. Bajó la tensión arterial, lo mismo que la cantidad de adrenalina.

Su película mental personal

He aquí algunas guías prácticas que le ayudarán a obtener el mayor beneficio de la visualización. Aunque el término es *visualización*, no todas las personas ven realmente películas cuando practican esta técnica. Las imágenes mentales pueden ser auditivas, cinestéticas, olfativas, lo mismo que visuales. Algunas personas prefieren uno de estos sentidos, o tienen más propensión a él que a los otros. Muchas personas que utilizan la visualización muy eficazmente jamás llegan a *ver* realmente sus películas mentales. Algunos llegan a *sentir* la película o a tener una *sensación* de ésta. Un buen amigo mío la *escucha*. Aunque yo utilizo la palabra ver en las siguientes guías, esta palabra abarca todas las demás formas en las cuales usted puede experimentar su película mental.[7]

1. Relájese. Usted no puede filmar una buena película si su cámara no funciona de manera estable. Igualmente, la visualización será más eficaz si su mente es estable. Cuanto más relajado y libre de distracciones se encuentre en el momento de visualizar, más claras serán sus películas mentales y más profundamente se imprimirán las imágenes. Empiece a practicar en casa, en un lugar tranquilo, con varios días de anterioridad a una situación que conlleve desafío. De esta manera, la película mental se grabará mejor y a usted se le facilitará proyectarla en la pantalla mental.

2. Haga su película real. La eficacia de sus imágenes depende en gran parte de lo específicas y detalladas que sean. Su película mental debe estar lo más cerca posible de la realidad. Si usted se está preparando, por ejemplo, para una reunión, empiece por ver algo familiar y trabaje sobre esta base hasta cuando ya pueda ver en forma completa toda la escena. Dedique el tiempo necesario. Agregue progresivamente detalles hasta que tenga la sensación de encontrarse allí. Luego véase a usted mismo pasando por la misma secuencia paso por paso, que realizaría en la situación real.

3. Su papel en la película. Hay dos papeles que usted puede desempeñar en su película. Puede hacer de *espectador* y observarse a usted mismo mientras actúa. Esto le será de utilidad cuando quiera revisar una experiencia pasada o cuando utilice un modelo ideal, pues esto le permite observar de manera más objetiva su desempeño. También puede desempeñar el papel de *protagonista* — ser el actor de su película. Ser el protagonista de su película le será de especial utilidad cuando se esté preparando para una situación venidera. Para obtener el mayor beneficio de su película mental, desempeñe ambos papeles. Observe cómo se ve todo desde afuera, y sienta y practique desde el interior.

4. Experimente la película plenamente. Un amigo me contó que, cuando Jean-Claude Killy, tres veces ganador de la medalla de oro en los Juegos Olímpicos, visualizaba una competencia de esquí, podía escuchar a la multitud, sentir el viento y el frío sobre su cara, la fuerza que desarrollaban sus piernas y los bordes de sus esquís cuando penetraban en la nieve. Experimentar su película mental con todos sus sentidos es la manera más eficaz de fijar plenamente la visualización y de influir en su comportamiento subsiguiente. Las películas mentales se pueden convertir en realidad.

Por consejo de un psicólogo deportivo, un equipo de la NBA elaboró un vídeo sobre las características personales de un jugador bajo de forma — clavadas, robos de pelota, pases decisivos, robos de pelota por juego — y se le mostró al jugador veinte veces en un período de treinta partidos. Durante este tiempo su puntaje se incrementó en un 41% y el robo de pelota por juego ¡mejoró en un 60%!

REVISAR PARA PREVER: TRASLADAR EL PASADO AL FUTURO

Se pueden utilizar varias técnicas de visualización con el propósito de prepararnos para nuevos desafíos y cambios preocupantes. Una de ellas es elegir una "victoria" pasada para un tipo similar de situación. Vuelva a proyectar la película en su mente con todos los detalles posibles. Revise la forma en que se preparó para el evento, los sentimientos que experimentó y el comportamiento específico que le ayudó a lograr el éxito. Observe los pequeños detalles: gestos que utilizó, rutinas que estableció, la forma en que procedió y cualquier otra cosa que en ese entonces le haya sido útil.

Luego revise el logro de esa meta pasada, el apretón de manos con el cliente que firmó el contrato, observe al jefe que aprobó su propuesta, vea la ejecución del proyecto. Visualizarse a usted mismo logrando esa meta y revisar la forma en que llegó allí, le ayudará a experimentar nuevamente el mismo sentimiento de confianza, entusiasmo y bienestar que vivió en ese momento. Al hacer esto también recordará cosas que hizo y que le ayudaron a lograr su propósito.

El paso siguiente es trasladar esas actitudes y capacidades del pasado al futuro. Véase a usted mismo mientras trabaja con las mismas cualidades "ganadoras" en la situación venidera. Visualícese *en acción* y avanzando hacia el logro de su meta.

BILL Y YO: MODELACIÓN IDEAL

Yo estaba muy nervioso cuando por primera vez comencé a pronunciar discursos de apertura ante grandes audiencias, y con frecuencia me sentía insípido y carente de humor. Entonces, tuve la oportunidad de ver casualmente una videocinta en que aparecía Bill Cosby hablando de educación. Me gustó mucho la forma en que él lograba combinar el humor con un mensaje más serio. "Así me gustaría ser", me dije. Vi la cinta una y otra vez, y me concentré en las cualidades que quería igualar.

Luego empecé a visualizar a Cosby como si estuviese pronunciando un discurso ante mi audiencia. Mi película mental se concentró tanto en su humor como en su poder personal. Gradualmente sustituí su imagen por la mía hasta cuando pude visualizarme combinando esas dos cualidades en un estilo que me era propio.

Para utilizar un modelo ideal, escoja a alguien que tenga las cualidades que usted quiera desarrollar, como lo hice con Cosby. Posteriormente visualice a esa persona expresando esas características. Gradualmente, corríjase a usted mismo en la película hasta que pueda verse actuando con esas características. *No trate de copiar un modelo de actitud.* Véase a usted mismo expresando esas mismas cualidades en *su estilo propio y único.* Podrá comprobar que cuanto más visualice, más podrá expresar esas cualidades deseadas que ya existen dentro de usted en forma natural y espontánea.

PREVISIÓN DE LA VICTORIA

Usted puede prever también un acontecimiento venidero sin el beneficio de una victoria anterior o sin un modelo ideal. Antes de una situación que conlleve tensión, siéntese unos minutos en un sitio tranquilo. Véase a usted mismo actuando en la forma deseada y alcanzando su meta. Haga que su "película mental" parezca tan real como sea posible. El siguiente es un buen ejemplo de la manera de visualizar una presentación:

Un creativo director de una gran agencia de publicidad se proponía formar parte de una presentación ante un nuevo cliente y potencialmente grande, un cliente que la agencia había estado tratando de obtener durante varios años. El director estaba nervioso, no sólo porque su presentación era de especial importancia sino también porque era la primera que hacía en la agencia, razón por la cual era objeto de miradas escrutadoras. Después de realizar la revisión de las expectativas catastróficas (a la cual nos referimos en el capítulo 13), que le ayudaron a recuperar su compostura, se preparó debidamente mediante la previsión del acontecimiento venidero.

Se visualizó a sí mismo haciendo su entrada en el salón de conferencias y tomando asiento. Trató luego de que su película mental tuviese el mayor realismo posible. Observó todos los detalles del salón: los gráficos, el proyector de diapositivas, la videograbadora, el lugar en donde se iba a sentar él y en donde estaban sentados los demás (incluyendo al cliente potencial).

Luego se visualizó a sí mismo cuando se incorporaba para comenzar la presentación. Se vio tranquilo y seguro de sí mismo, estableciendo contacto visual con todos los que se encontraban en el salón y utilizando los gestos apropiados para poner énfasis en los distintos puntos de su tema. Se observó respondiendo bien las preguntas difíciles y haciendo funcionar el vídeo para mostrar la película del comercial de la agencia. Después se visualizó terminando la presentación con gran éxito y abandonando la sala de conferencias.

Después de varios recorridos mentales estaba mucho más tranquilo y positivo en relación con tal situación. Posteriormente me dijo que su presentación había sido fácil. "Me sentí como si ya la hubiese hecho anteriormente. Pero, le confieso: La película que tenía en mi cabeza era mucho más difícil que la real".

Ante cualquier situación que conlleve desafío, no piense en aquello que no quiere hacer. Véase a usted mismo logrando su meta. Haga real la situación en su mente, siéntala, véala, crea en ella.

La visualización es una herramienta poderosa que usted puede utilizar para prepararse mentalmente a fin de desempeñarse con éxito en situaciones que conlleven presión. Esto le ayudará a sentirse más confiado y controlado al entrar en cualquier situación nueva y desafiante. Al utilizar esta herramienta para aprovechar los increíbles poderes de su mente, continuamente se sorprenderá y actuará a niveles de eficacia muy superiores, hará más de lo que creyó posible, y será más de lo que creía ser.

La **SNC** *dice:*
Visualice con perfección.

19

¿Le gustó?... ¡Anótelo en su registro de victorias!

Sea cual sea la actividad a que nos dediquemos en la actualidad, todos tenemos que afrontar grandes presiones, situaciones que conllevan estrés y que provocan intranquilidad. Todos hemos tenido que hacer frente a plazos difíciles, someternos a pruebas penosas, enfrentar una competencia más fuerte, hacer reuniones con clientes insatisfechos o ¡digerir en diez minutos tanta información como la que existe en los Archivos del Congreso! A veces estamos a la altura de las circunstancias, y a veces, no. Los partidarios del "rómpalo" comprenden que con frecuencia la mejor manera de conservar una ventaja es mantener las cosas en su debida perspectiva. Hay ocasiones en que uno tendrá que darse palmaditas en el hombro y decirse en voz alta: "¡Lo hiciste muy bien!"

Nadie puede derrotar simultáneamente a mil enemigos. Sin embargo, inconscientemente muchos entramos en un círculo negativo de temor por considerar como cosa corriente nuestros éxitos y recordar únicamente nuestros fracasos. Si usted juega al golf y obtiene siete pares y dos *bogies* ¿qué recordará más? Los *bogies*, por supuesto. Si en un partido de béisbol a usted lo "ponchan" dos veces, pero después usted logra un *hit*, ¿qué recuerda más después del partido? Los dos "ponches". Lo mismo sucede en cualquier otro campo de la vida. Si uno contesta bien cinco preguntas en una reunión importante y contesta una mal, ¿qué recordará? La equivocación, por supuesto.

LOS "DIOSMÍOS"

En una conferencia para gerentes de división que se realizó en una importante corporación de alta tecnología, a los participantes les dieron unos impresos para feedback con comentarios escritos tanto por sus jefes como por sus subalternos. Después de observar los impresos, les pedí a los gerentes que escribiesen los comentarios que recordaran. La mayoría recordó *únicamente* las críticas. Un gerente dijo: "No creo haber recibido ningún comentario positivo. Leí el formato apresuradamente y solamente busqué las malas noticias".

Si uno se concentra en las críticas, en una antigua equivocación, en un mal *swing* o en una respuesta errónea, sólo consigue fijarlas con mayor claridad en su mente. Después, cuando se presenta una situación similar, adivine qué es lo primero que viene a su mente. Analicemos el caso del tenista: Al recordar su última doble falta mientras se prepara para servir, piensa: "Dios mío, debo tener cuidado", de manera que se pone tenso, y el servicio va directamente a la red. O la secretaria que cometió un error de mecanografía en un documento: Aunque su trabajo casi siempre es impecable, se adhiere al error y se estremece. Al transcribir el informe siguiente está tensa, y comete más errores. El hecho de meditar sobre los errores pasados activa los "diosmíos" y asegura el desempeño mediocre.

FALSAS "VERDADES"

Nos parece natural concentrarnos en lo negativo y excluir todos los aspectos positivos. Pero, como no hemos tenido en cuenta las experiencias positivas, nuestra evaluación es inexacta. Si nos ponemos a meditar en los fracasos o los errores, creamos una imagen deformada e ilusoriamente negativa de nuestras capacidades. Para empeorar las cosas, procedemos entonces a trasladarlas al nivel siguiente, es decir, las pasamos del desempeño a la autoimagen. Nos concentramos en el *putt* que perdimos, y comenzamos a creer que somos unos *putters* malísimos. Meditamos en la pregunta que contestamos mal en la reunión, y llegamos a la conclusión de que somos unos presentadores de pacotilla. Procedemos enseguida a "trasladar" esta actitud a nuestro comportamiento la próxima vez que nos encontremos en una situación similar. Y el *"putter* malísimo"* hace un gran esfuerzo y falla otra vez...

Estos conceptos negativos e ilusorios pronto se convierten en círculos viciosos que refuerzan nuestros sentimientos de incapacidad y afectan a nuestra autoestima. Recordando únicamente los errores, empezamos a dudar de nuestra capacidad para manejar la labor.

Contrapesando los fracasos con los triunfos, usted puede llegar a tener una visión acertada de su capacidad y de cuán bien o cuán deficientemente actuó en realidad en determinada situación. Si usted es como los demás, se dará cuenta de que hace las cosas mejor de lo que creía y que, ciertamente, debe felicitarse por ser tan bueno como es.

RECORDAR TRIUNFOS PASADOS

Otro tipo de "verificación de la realidad" le puede servir para incrementar su confianza cuando afronte un difícil desafío. Permítame presentarle tres ejemplos tomados del mundo de los deportes:

Faltaban aproximadamente dos minutos para que terminara el Super Bowl de 1988, competencia que enfrentó a los 49ers de San Francisco contra los Bengals de Cincinnati. Los 49ers estaban cinco puntos por debajo de sus adversarios y se encontraban a más de 90 yardas de distancia de la línea de gol. Para ganar, tenían que recorrer todo el campo y anotar seis puntos mediante un *touchdown*. En la aglomeración de jugadores que recibían instrucciones, Joe Montana, defensa de los 49ers, miró al resto de los jugadores y les dijo: "La situación es igual a la del 81".

Los fanáticos del fútbol probablemente recuerden que en el partido por el título NFC de 1981 contra los Cowboys de Dallas, los 49ers estaban casi en la misma situación, cuando Montana, quien se encontraba en su tercer año de actuación como profesional, condujo al equipo campo abajo y en los segundos finales le hizo un pase alto a Dwight Clark, quien realizó la jugada que hoy se conoce en Bay Area como "el Catch" del *touchdown* de la victoria.

En esa agrupación de jugadores del Super Bowl de 1988, Montana inteligentemente consiguió que sus compañeros de equipo recordaran la exitosa experiencia de 1981. En otras palabras, la situación de 1988 no era única; ellos ya habían pasado "por tal experiencia" antes y ¡ganaron! El hecho de recordar la victoria de Dallas llenó de serenidad a los jugadores, incrementó su confianza, los hizo mucho más eficientes y se lanzaron al juego para derrotar al equipo de Cincinnatti y ganar el Super Bowl.

En las finales del Wimbledon de 1989, Boris Becker llevaba ventaja, pero la corriente parecía ponerse en contra suya. Su rival, Stefan Edberg, se aproximaba con gran fuerza. Pero a determinada altura del partido, Becker experimentó una explosión de energía y se lanzó a ganar. Cuando le preguntaron después en qué estaba pensando cuando Edberg parecía alcanzarlo, Becker contestó que estaba recordando su última victoria en el Wimbledon dos años antes, la sensación que había experimentado y lo que entonces había hecho para ganar. Es interesante anotar que, el año anterior, a Becker lo había vencido Edberg en las finales del Wimbledon. Pero al recordar su pasada victoria y no su derrota, Becker hizo frente al nuevo desafío con mayor confianza y recuperó su actitud de ganador.

Cuando Greg Louganis, uno de los mejores nadadores de todos los tiempos, se golpeó la cabeza contra el trampolín en los Juegos Olímpicos de Seúl en 1988, alguien le preguntó si deseaba ver un vídeo de este acontecimiento. Louganis se negó diciendo: "No, gracias. Las únicas películas que quiero tener en mi mente son las que muestran saltos perfectos". Él perseveró con el propósito de hacer un extraordinario clavado final y ganó la medalla de oro.

Louganis, Montana y Becker han dedicado tiempo a recordar una victoria anterior como un medio para poder dar lo mejor de sí. Los grandes ejecutores como Montana y Becker saben que uno debe aprender de sus errores pasados y después seguir avanzando en lugar de concentrarse en ellos.

El éxito es uno de los grandes motivadores y constructores de la seguridad. No hay nada como ganar para crear una actitud ganadora. Cuanto más se *recuerde* uno a sí mismo sus victorias pasadas, mayores serán sus posibilidades de construir una base de realidad positiva para manejar las situaciones difíciles. No trato de hacerle creer que usted puede triunfar en una situación específica. No se trata de que usted *pueda* hacerlo, sino de que usted *ya lo ha hecho*. Usted ha pasado por esa experiencia y ha tenido éxito. Utilice las experiencias pasadas para incrementar su confianza.

La SNC dice: Recordar las victorias pasadas es una manera de pensar con realismo y no ilusoriamente.

EL SÍNDROME DE: "¿QUÉ HA HECHO USTED POR MÍ ÚLTIMAMENTE?"

Con frecuencia nos referimos al futuro como si el pasado se hubiese desvanecido en el aire. Como resultado, miramos la cima de la montaña New Quota y nos duele el cuello porque nos parece demasiado alta. Nos olvidamos de lo alta que era la montaña que escalamos el año pasado cuando iniciábamos el ascenso.

Yo solía trabajar con esquiadores que, después de haber hecho la mitad del descenso en un difícil recorrido, se atemorizaban ante el trecho que les faltaba por descender. En lugar de pedirles que se concentraran en lo que todavía les faltaba por recorrer para terminar el descenso, les pedía que volvieran la mirada y vieran el trecho que ya habían recorrido.

Como resultado de este sencillo ejercicio, el cambio de actitud fue enorme. Al observar el trecho que ya habían logrado recorrer, la confianza de los esquiadores aumentó, y, por lo general, todos esquiaron el resto del camino con gran entusiasmo.

He utilizado este ejercicio con diferentes tipos de individuos, y he visto en todos el mismo cambio de actitud. A los estudiantes que afrontan un examen difícil yo les decía que recordaran un examen difícil que hubieran enfrentado antes con éxito. A los directores de proyecto, que experimentaban dificultades para iniciar un nuevo proyecto, les decía que recordaran un proyecto anterior con el cual hubieran tenido éxito. El cambio que se produce siempre es extraordinario. Cuando la gente recuerda éxitos anteriores en situaciones similares se siente más segura y motivada para intentar otro éxito.

LLEVE SU REGISTRO DE VICTORIAS

El presidente de una gran fábrica de confecciones me contó que se ponía muy nervioso y se "llenaba de terror" cada vez que iba a empezar la reunión con el comité ejecutivo. Iniciaba la reunión en forma vacilante, tratando de encontrar el ritmo y de una manera o de otra, "la afrontaba difícilmente".

"Después de haber terminado una de estas reuniones, varios de mis vicepresidentes se me acercaron y me felicitaron por la forma en que la dirigí", me contó dicho presidente. "Esto me causó gran sorpresa, pues pensé que mi actuación podría haber sido mucho mejor. Pero todos estaban muy entusiasmados, y no parecía que estuvieran hablando en broma. Incluso me dieron ejemplos de la habilidad con que había manejado las preguntas difíciles y la forma en que le había dado un nuevo giro a la reunión. Debo admitir que había visto las cosas en forma muy diferente. En mi opinión, me había limitado a realizar una tarea adecuada, y en la realidad me había desviado de la respuesta a una pregunta.

"Pero ellos me convencieron de que mi actuación había sido mucho mejor de lo que creía. Caprichosamente anoté en una libreta algunas de las cosas que me dijeron. Antes de la siguiente reunión releí esos comentarios positivos y me sentí mucho más seguro. ¡Abrí la reunión con ímpetu! En la actualidad, después de cada reunión, tomo nota de los puntos brillantes y me remito a éstos antes de la reunión siguiente. Puedo decirle que el efecto es como si ¡hubiese bebido una poción mágica!"

De esta manera nació lo que él denomina su Registro de Victorias. Anota todos los logros que alcanza en situaciones de desafío, y revisa estas victorias pasadas antes de volver a enfrentar una situación difícil. No se limita a dormirse sobre los laureles de sus realizaciones anteriores sino que utiliza el pasado como un trampolín para los éxitos futuros.

"RECORDATORIO" PARA UN REGISTRO DE VICTORIAS

He utilizado el Registro de Victorias con muchas, muchísimas organizaciones. El hecho de anotar los éxitos anteriores le ayuda a la gente a romper el círculo vicioso del miedo, recordándole que *"ya ha pasado por esa experiencia"*, y sabe cómo se debe jugar el partido. La lectura del Registro de Victorias puede convertir la intranquilidad que nos produce el miedo en entusiasmo por tener una oportunidad de volver a triunfar.

El Registro de Victorias que utilizo en mis talleres empieza con el siguiente mensaje, a manera de recordatorio:

En el curso de toda su vida, usted alcanzará numerosos éxitos. Logrará objetivos, tendrá momentos de gran claridad y visión, y algunos de sus sueños se convertirán en realidad.

Este REGISTRO DE VICTORIAS es un lugar especial para que usted registre estas victorias personales.

Lea su REGISTRO DE VICTORIAS de vez en cuando. Esto le recordará sus logros y le ayudará a tener presentes sus muchas posibilidades reales.

Su REGISTRO DE VICTORIAS le dará una percepción de sus fortalezas y lo encarrilará de nuevo cuando se encuentre en dificultades o andando en el vacío.

Lea su REGISTRO DE VICTORIAS antes de una presentación importante, cuando se comprometa en un gran proyecto o antes de afrontar una situación que conlleve tensión. Sin duda, encontrará en él una fuente de confianza, inspiración y poder.

El hecho de acordarse de sus victorias pasadas le ayudará a identificarse con su potencial y no con sus problemas. Esta actitud le será de gran utilidad para trabajar en una posición de fortaleza, en vez de debilidad, le ayudará a sentirse más poderoso, más confiado y más dueño de sí mismo en cualquier situación.

Cada obstáculo que usted venza, cada barrera que derribe, prueba que sus limitaciones son autoimpuestas y que su potencial y sus posibilidades son mucho más grandes de lo que usted pudiera suponer y que puede hacer muchísimo más de lo que pudiera imaginarse.

Las recompensas internas de sus victorias son alegría, vitalidad, bienestar y la seguridad de que a lo largo de su vida seguirá superando sus propios límites y rompiendo sus propios records.

Antes de cerrar este registro, acuérdese de un éxito pasado. Obsérvelo con los ojos de la mente. Siéntalo. Experimente su poder. Recuérdese a usted mismo que el potencial para actuar y para vivir a este nivel, siempre está ahí, esperando ser experimentado y expresado en todo lo que usted haga y en todos los sitios a donde vaya.

ELABORE SU REGISTRO DE VICTORIAS A LA MEDIDA

No es necesario llevar un Registro de Victorias en una forma determinada para poder cosechar sus muchos beneficios. A las personas a quienes les gusta escribir, la descripción elaborada de eventos les fluirá fácilmente. A otros les bastará anotar tal cual fecha, lugar y palabra o frase clave. Si usted tiene un horario congestionado, como me sucede a mí, unas cortas anotaciones serán de gran valor.

Descubrí que llevar un Registro de Victorias puede ser tan valioso que siempre lo utilizo antes de pronunciar cualquier discurso o de dirigir cualquier seminario. Cuando me siento a esperar mi turno, lo leo y recorro sus páginas para acordarme de que "ya he pasado por una experiencia similar". Mis anotaciones sólo consisten en datos, el nombre de algún cliente y algo que me ayude a recordar esa presentación. El solo hecho de hojearlo me trae nuevamente a la memoria el evento. Entonces vuelvo a experimentar los sentimientos positivos que me acompañaron en tal oportunidad. El hecho de recordar mis victorias pasadas me dibuja una sonrisa en el rostro y me hace sentir el entusiasmo de repetir esa actuación.

John Ernst, un exitoso consultor de marketing que vive en Nueva York, me contó que cuando empezó a llevar un Registro de Victorias no se encontraba preparado para lo que le sucedería. "Antes, yo acostumbraba hacer una revisión diaria antes de acostarme. Ésta se componía principalmente de las cosas que no habían dado buen resultado y de la posibilidad de hacerlo mejor en una próxima oportunidad. Como resultado, me iba a dormir sintiéndome algo frustrado y desilusionado de mí mismo. El Registro de Victorias lo cambió todo. Hago anotaciones en él todas las noches y reviso mis éxitos del día. Puedo contarle que me siento diferente en relación conmigo mismo después de leer y escribir mi Registro de Victorias. Me siento mucho más positivo y entusiasta. Comprendo que soy mucho mejor de lo que creía. Mi autoimagen ha cambiado, y este cambio ha afectado a todas las cosas: mi trabajo, mis relaciones, e incluso mis partidos de tenis''.

CAMBIE LO QUE HAY EN SU MENTE

Sea en la escuela, en el deporte o en los negocios, recordarse a usted mismo las victorias pasadas le ayudará a permanecer sereno y confiado. El Registro de Victorias, basado en realidades, le ayudará a romper el círculo vicioso del miedo y a cambiar la imagen mental que tiene de usted mismo.

Usted es lo que piensa que es, de manera que recordarse a usted mismo sus victorias pasadas le ayudará a elevar su autoestima. Llevar un registro de sus victorias le ayudará a cambiar la imagen que tiene de usted mismo. Le dará más confianza y equilibrio, y, a la larga, cambiará el círculo vicioso del miedo por el círculo vital del éxito. El Registro de Victorias es un instrumento sencillo y tangible que cualquier persona puede utilizar para animarse a sí misma a correr más riesgos, señalarse nuevos caminos y convertirse en un partidario del ''rómpalo''. Llevar un Registro de Victorias le ayudará a fijar un sentimiento de plenitud y de satisfacción en su trabajo diario.

La **SNC** *dice:*
¿Le gustó? ¡Anótelo en su Registro de Victorias!

20

Vale la pena disfrutarlo

Las utilidades no crecen donde no hay placer.

—Shakespeare, *La fierecilla domada*

EN BUSCA DEL ORO

Para poder ordenar en serie nuestras victorias debemos cuestionar constantemente las reglas, los papeles y las estrategias del "juego" que estamos jugando. También es necesario que cuestionemos el objetivo del juego mismo y nos preguntemos: "¿Qué es ganar?"

Hace más de veinte años, Dustin Hoffman, en la galardonada película *El graduado*, se colocó su escafandra y pasó la tarde de su fiesta de graduación en el fondo de la piscina de la casa de sus padres. Desilusionado de las posibilidades que le brindaría una lucrativa carrera en las "artes plásticas", el carácter de

Hoffman experimentaba el impacto de la alienación y el desconcierto, y prefería una búsqueda de significado y de la verdad. Veinte años más tarde, se estrena una película diferente de la vida real. Mientras que en otra época los graduados repudiaban lo plástico, hoy lo llevan con gran orgullo: La promoción de 1989 de la Universidad de Harvard eligió el diseño ganador para su camiseta de manga corta oficial. En su parte delantera se lee el lema EN BUSCA DEL ORO. Cuando los recién graduados se van, se entiende qué significan esas palabras: En la parte posterior de la camiseta hay impresa una gran tarjeta de crédito dorada. Las cosas han cambiado mucho en el curso de dos decenios.

Las investigaciones que hizo a nivel nacional College Track, una firma de Nueva York que asesora en marketing, describen un cuadro semejante: En 1980, el objetivo primordial del 53% de la universidad era "alcanzar un gran éxito financiero". Un decenio después, el 93% de los graduados encuestados consideraron "la seguridad financiera como uno de los principales objetivos en la vida". En 1980, más del 65% de los graduados manifestaron preocupación por la filosofía de la vida. En 1989 sólo el 43% de ellos expresaron esta inquietud. "El éxito financiero" se ha convertido en una importante filosofía de la vida. "Lo que uno necesita para establecer la diferencia en este mundo", dice un recién graduado, "es dinero".[1]

"GANA EL QUE TENGA MÁS JUGUETES"

Al llegar al peaje del puente Golden Gate, observé un signo de nuestros tiempos en la placa de un BMW nuevo: GANA EL QUE TENGA MÁS JUGUETES AL MORIR.

La rápida acumulación del "mayor número de juguetes" se ha convertido en la ética dominante en gran parte de los Estados Unidos. La mentalidad de "mayor número de juguetes" quiere conseguirlos todos *ahora*, cuanto más juguetes y lo más rápidamente posible, mejor. Ganar es el puntaje que se registra al finalizar el juego, el número de juguetes que uno logra reunir, la olla de oro que está al final del arco iris, de la carrera, o simplemente, de un fin de semana.

EL ALTO PRECIO DE TRABAJAR POR DINERO

Los derechos que pagamos por ir a buscar el oro son bastante altos. Importantes investigaciones revelan que *más del 70%* de los empleados administrativos están descontentos con su empleo, el 40% de ellos dicen que trabajarían más contentos en otro lugar. Más de una tercera parte de los 1 100 gerentes de nivel medio que fueron encuestados dijeron que durante los últimos seis meses habían estado en contacto con una agencia de empleos. Más de la mitad de dichos gerentes manifestaron que recientemente habían actualizado su hoja de vida.

La insatisfacción hace estragos a todos los niveles y en todas las profesiones. Una encuesta hecha a 500 vendedores reveló que una tercera parte de los representantes de ventas encuestados estaban ¡a punto de renunciar a sus cargos! El 40% de ellos manifestaron que sólo estaban moderadamente contentos en su cargo. Además, la American Bar Association descubrió que una cuarta parte de los 3 000 abogados investigados se proponían cambiar de trabajo en el curso de los próximos dos años.[2]

El socio de una gran firma de inversiones bancarias le dijo a un recién graduado en administración de empresas: "Ninguno de los empleados está contento aquí y si alguien dice que está contento, miente". Y agregó: "Usted llega aquí, hace todo el dinero que puede y se va lo más rápidamente posible".

MÁS JUGUETES-MENOS TIEMPO

Lo irónico es que, aunque una gran cantidad de personas están insatisfechas con lo que hacen, cada vez dedican mucho más tiempo a esas actividades. Ciertamente, el solo gasto de tiempo es impactante. La semana de 60 horas se ha convertido en el "estándar" — incluso muchos informan de semanas de

70 y 80 horas, y ocasionalmente de 90 horas. "En Dean Witter Reynolds, un vicepresidente les dijo a los recién llegados que la banca de inversiones exigía de 80 a 100 horas semanales de trabajo", comenta Michael Finkel, un recién graduado en Wharton School. "No sé cómo alguien podría disponer de tiempo para disfrutar de la gran cantidad de dinero que gana".

La ironía más grande en la búsqueda de un mayor número de juguetes es que la mayor parte del tiempo se gasta en conseguirlos y casi no queda tiempo para disfrutar de ellos. Pollster Lou Harris, encuestador, ha descubierto que en la actualidad la gente tiene el 32% menos de tiempo libre que hace un decenio.[3]

Teniendo el día tan pocas horas, alguien debe entonces sacrificarse. En consecuencia, el automóvil de los sueños ha permanecido estacionado tanto tiempo, que ha gastado más aire en los neumáticos que gasolina en el tanque. La casa campestre para los fines de semana bien podría estar situada en otro país. El viaje a Europa para una temporada de ski de dos semanas se ha pospuesto por un tercer invierno. Y la adorable embarcación de madera no ha tocado el agua en ocho meses. Benditos sean los juguetes porque éstos heredarán... ¡el polvo!

EFECTO FORTUITO: ¿EXISTE VIDA DESPUÉS DEL TRABAJO?

No sólo las posesiones materiales permanecen intactas; la vida de la gente también sufre como resultado de este estilo orientado a reunir el mayor número de juguetes en el menor tiempo posible. Cuando alguien trabaja durante horas interminables y pasa días de gran estrés, se produce un inevitable efecto fortuito en el resto de su vida. Nadie puede pasar 60 horas semanales como un tigre de dientes afilados y llegar después a la puerta de su casa tan dócil como un gatito consentido. Es muy difícil, después de desgastarse 10 horas diarias en el trabajo, seguir entusiasmado acerca de la vida.

El precio personal que se paga por el éxito profesional ha quedado bien ilustrado con el retiro de Peter Lynch a los cuarenta y seis años de edad, quizá el más famoso "recolector de acciones" del mundo y la persona que llevó el fondo Fidelity Magellan a la más alta rentabilidad durante los años 80. Lynch contó que pasaba todo su tiempo "revisando balances de empresas y reuniéndose con ejecutivos para tratar de detectar las próximas acciones calientes. No me quedaba tiempo para asistir a eventos deportivos, para hojear los periódicos y sólo podía leer un libro cada año. Lo peor de todo era que los miembros de mi familia se habían convertido en extraños".[4]

LA MÁS RECIENTE INDUSTRIA EN CRECIMIENTO

Las personas cuya única motivación está en el deseo de ganar más dinero "tienden a desatender las relaciones personales", nos dice un informe de la revista *Fortune*. "El tiempo que nos quita el trabajo para enamorarnos, sentarnos a hablar con la esposa o responder las preguntas de un niño" contribuye sin duda al hecho de que los psicólogos, los psiquiatras y los consejeros sean una verdadera "industria en crecimiento".[5]

No nos sorprende que los problemas de drogadicción y suicidio entre los jóvenes de hoy sean cada vez más serios y numerosos. Además de las enormes presiones que soportan los jóvenes, existen serios problemas de autoestima. Los muchachos de hoy no han sido tocados; han sido "manejados", han sido "despachados" del preescolar a la clase de ballet o de idiomas. Los padres no disponen de tiempo para sus hijos, y luego se preguntan por qué éstos se convierten en un problema.

MADRES Y PADRES QUE TRABAJAN

Una ejecutiva muy ocupada sacó dos horas de su trabajo para llevar a su pequeño hijo de seis años y algunos de sus compañeros de escuela a una excursión en el día de San Valentín. "Cuando los traía de regreso, le dije a Paul: «Éste fue mi regalo en el día de San Valentín: mi tiempo»".

Los padres ausentes — y sus hijos — también pagan un alto precio por trabajar en busca del dinero. "No es que no me preocupe por mis hijos, sino que yo no soy como los padres típicos", racionaliza un ejecutivo recientemente divorciado. "No podía asistir a los juegos de las Pequeñas Ligas porque debía viajar a Londres. Mi primera esposa tuvo que hacerles comprender que yo debía desempeñar este importante cargo — no es que yo no quisiera estar con ellos... Es otro precio que uno tiene que pagar".

Trátese de Londres, de Louisville o de Laramie, para un niño una falla de sus padres es tan grande como estar muy distante. Y un padre "importante" con un empleo "importante" le está enviando continuamente un mensaje claro a su familia: ¡Ustedes no son tan importantes como mi trabajo!

No nos deben sorprender los siguientes hallazgos de una investigación que indican incrementos sustanciales del abuso de drogas, de vida familiar destrozada, de problemas de salud relacionados con el estrés, de niños abandonados que deben valerse por sí mismos, etc.

- La mitad de los matrimonios terminan en divorcio.
- El 60% de los niños que nacen hoy pasarán algún tiempo en un hogar de un solo padre.
- Según informes, la tasa del maltrato de niños se ha cuadruplicado en el último decenio.
- La edad promedio para el suicidio es de cuarenta años. Desde 1950[6] se ha registrado un incremento del 300% en la tasa de suicidios de jóvenes de quince a veinticuatro años de edad.
- El abuso de cocaína y/o alcohol afecta a seis de cada diez familias estadounidenses.
- El padre trabajador promedio sólo pasa *11 minutos* diarios de su "tiempo activo" con sus hijos.[7]

Esta actitud de "primero el trabajo" parece cambiar cuando las personas se dan cuenta del alto precio que pagan por su éxito. Las investigaciones indican que el 74% de los hombres que respondieron, dijeron: "Si yo pudiera volver a empezar pasaría más tiempo con mi familia".[8]

DESEMPEÑO MEDIOCRE (NO MÁXIMO)

El precio que se paga por las prolongadas horas, las presiones familiares y la creciente insatisfacción con el empleo, también afecta a la productividad empresarial porque hay una baja de motivación, de creatividad y de calidad del trabajo. La persona que se desgasta en un empleo se parece al practicante de surf a quien ya no le gusta el agua.

El empleado estresado y abrumado jamás será un ejecutor de nivel máximo. No correrá los riesgos necesarios para mantenerse a la cabeza si ya tiene dificultades para no mantenerse a la zaga. No aceptará un desafío si cree que su trabajo es más de lo que puede soportar. Si anda en el vacío, no estará alerta ni será creativo para realizar el esfuerzo adicional que se requiere.

UN MAL NECESARIO

Una investigación que hizo la Universidad de Massachusetts respalda la creencia de la sabiduría convencional de que el trabajo se ve cada vez más como un *"mal necesario"*.[9] El trabajo sirve para pagar las cuentas y comprar juguetes y, en teoría, nos permite disfrutar de una seguridad económica, ahora y/o después. Aunque a usted le pueda gustar su trabajo, siendo trabajo se supone que es arduo, e incluso quizá desagradable. La idea del placer intrínseco del trabajo o la posibilidad de disfrutarlo o de que no exista una gran separación entre trabajo y placer, es algo extraño para la fuerza laboral estadounidense.

John Madden resume bien esta idea: "Cuando las personas

oyen hablar de «trabajo», ya saben que no se está hablando de diversión".[10]

GANAR ES JUGAR

La sabiduría convencional dice: Juegue para *ganar*.

*La **SNC** dice: Juegue, para ganar.*

Ésta nos enseña que el trabajo debe ser divertido; pero se debe ganar no sólo al final del juego, sino cada vez que se juega.

*La **SNC** dice: Vive más quien ríe más.*

"Estoy convencido de que los empresarios trabajan demasiado", dice Chris Whittle. "Sin duda, malgasté buena parte de mis primeros veinte y treinta años en un trabajo innecesario y totalmente neurótico. Me dejé confundir por el mito del trabajo intenso y esforzado, del empresario que permanece al pie de la obra hasta que se cae de cansancio. Esta actitud es altamente destructiva. Es innecesaria. Es poco saludable. No es la mejor manera de vivir su vida y no es un buen ejemplo para su empresa. Usted puede alcanzar el éxito empresarial sin necesidad de eso.

"Hay varios factores que fomentan esta actitud. Uno de ellos es que los empresarios quieren que los consideren indispensables. Existe también el miedo, el miedo a fracasar si uno no sale adelante con un trabajo. La inexperiencia también desempeña un papel, porque la gente no ha aprendido a delegar funciones en los demás. Existe también una actitud machista: «yo soy el que va a poner la cara». Lo más molesto es que esta actitud, que debiera criticarse, ha sido más bien motivo de celebración".[11]

"EL TRABAJO DEBE SER DIVERTIDO"

Versado en la sabiduría convencional del mundo de los negocios en PepsiCo, John Sculley se aventuró a lo no convencional cuando tomó las riendas del silicio, en Apple Computers.

"Recuerdo que después de haber estado en California unos cuantos meses", dice Sculley, "regresé a la Costa Oriental, y me encontré con algunos de mis viejos amigos, quienes me dijeron: «¿Cómo van las cosas allí?» y les contesté: «Muy bien. Ellos han adoptado la idea de que el trabajo debe ser divertido». Todos me miraron como si hubiese perdido el sentido de la realidad y me dijeron: «¿Cómo puede ser divertido el trabajo? Se supone que el trabajo debe ser productivo y no divertido. Debes de haber permanecido demasiado tiempo bañándote con agua caliente en California»".[12]

UN PREMIO NOBEL

Las pruebas vocacionales de la escuela secundaria indicaban que Michael Bishop tenía aptitudes para ser reportero, profesor de música o guardabosques. En estas pruebas no se mencionó la ciencia. En contra de estos "pronósticos convencionales", Bishop se dedicó a la medicina. Como persona altamente respetada, Bishop se limitó a arquear las cejas "cuando prefirió la menos prestigiosa UCSF a las escuelas médicas de la Costa Oriental y la investigación médica a la práctica médica. La razón: Amaba apasionadamente la investigación médica".

En 1989, J. Michael Bishop, junto con su socio Harold Varmus, ganó el Premio Nobel de medicina. Pero para Bishop, quien había trabajado asiduamente durante muchos años en el laboratorio, el "ganar" no era el premio: "El Premio Nobel no significó para mí el clímax ni el anticlímax. Cuando alguien llega a la puerta con nueva información, esto es más importante que el premio mismo". Recomendación que les hace Bishop a sus alumnos: "Sean espontáneos, rompan todas las reglas, sigan su propia inspiración".[13]

La noción convencional a la que se oponen Sculley y otros — en el sentido de que el trabajo es producción y no diversión, labor monótona y no placentera — (como debe haberles ocurrido a Whittle, Bishop y otros partidarios del "rómpalo") siempre me pareció ilógica y quizá absurda. Uno no puede dar lo mejor de sí con vana "palabrería" o dejándose dominar por los "tengo que".

ALGO QUE USTED HARÍA SIN RECIBIR NADA A CAMBIO

En las entrevistas que les hice a más de 500 ejecutores del más alto nivel para mi último libro, *The C Zone: Peak Performance under Pressure*, descubrí que el ingrediente más común del éxito es que las personas que triunfan aman su trabajo. Su trabajo no sólo les brinda satisfacción, sino también una gran alegría. Hacer algo que a uno le gusta, le imprime alegría, pasión y entusiasmo a su vida. Este hecho le da más vitalidad y el deseo de *querer* levantarse por la mañana.

"Me gusta tanto [mi trabajo]", dice Tony Tiano, presidente de KQED-TV, "que a veces me parece que no es trabajo. ¡Me sorprendo cada vez que recibo un cheque de pago!"[14] Tiano refleja aquello que escucho cada vez que hablo con un ejecutor máximo: Es necesario hacer de su actividad empresarial un verdadero placer.

La SNC dice: Hacer de su negocio un placer es buen negocio.

"Usted puede nacer con 100 millones de dólares" comenta David Brown, productor de las películas *Jaws, The Sting, The Verdict*, "pero a menos que encuentre algo que verdaderamente le guste, el dinero no tiene mayor importancia. Yo siempre hice algo que de todos modos haría sin recibir nada a cambio".[15]

HAGA LO QUE A USTED LE GUSTA

Lo que predice con más acierto el éxito es una fuerte preferencia por el trabajo. Aristóteles dijo: "Cuando se trabaja con placer, se le imprime perfección al trabajo". ¡Pero no lo dijo todo! Las investigaciones han revelado que cuanto más ame uno lo que hace, mejor lo hará y más dinero ganará. Un estudio explica muy bien este hecho:

Ciertos investigadores le hicieron un seguimiento a un grupo de 1 500 personas durante veinte años. Al comenzar el estudio, los participantes se dividieron de la siguiente manera: Grupo A, el 83% de la muestra, personas que iniciaban una carrera con la esperanza de ganar dinero primero para poder hacer más tarde lo que querían; grupo B, el 17% restante de la muestra, cuyos integrantes habían elegido una carrera por la razón opuesta: querían dedicarse a lo que deseaban hacer y preocuparse más tarde por el dinero.

Los datos revelaron algunos resultados sorprendentes:

- Al finalizar el período de veinte años, 101 de los 1 500 participantes se habían convertido en millonarios.

- Los millonarios, con una excepción (100 de 101), pertenecían al grupo B, ¡el grupo que había decidido dedicarse al trabajo que les encantaba![16]

El ingrediente básico en la mayoría de los proyectos exitosos es amar lo que uno hace. No es suficiente tener una meta o un plan. La preparación académica no es suficiente. La experiencia previa tampoco es suficiente. En esta época no convencional, el placer y la productividad son hermanos siameses.

INMERSIÓN TOTAL

Estos hallazgos no deben ser motivo de sorpresa pues cuando uno ama lo que hace, el pago que recibe por hacerlo es como la pasta de azúcar que cubre la torta. Se motiva más, tiene más energía, es más creativo y osado, y termina haciendo todo mejor.

Si le encanta jugar al golf, por ejemplo, se sumerge en el juego. Juega durante todo el tiempo posible. Visita las librerías con el propósito de adquirir biografías de golfistas. Le habla a la gente de golf, ve los partidos en televisión y toma en alquiler películas educativas. Guarda sus palos en el baúl del automóvil y tiene un *putter* en la oficina. Ensaya todas las nuevas técnicas que puedan mejorar su juego.

Recuerdo que, cuando empecé a trabajar en publicidad, un grupo de compañeros solían ir a mi apartamento por la noche, y nos sentábamos frente al televisor ¡a ver anuncios publicitarios! Los analizábamos, los sometíamos a escrutinio, los admirábamos y aprendíamos de ellos, y tratábamos de descifrar las estrategias creativas y de marketing de la empresa. Criticándolos, veíamos cómo podíamos hacerlos mejor.

Pasábamos momentos muy agradables conversando, habiéndoles quitado el sonido a los programas, y esperábamos la siguiente tanda de anuncios publicitarios. Todos nos entusiasmábamos frente al televisor, y era difícil creer que estábamos haciendo un "trabajo". Al mismo tiempo, nos divertíamos y aprendíamos mucho. Las noches le daban un nuevo giro a la noción de "capacitación durante el trabajo". Cuando uno ama algo, ese algo le comunica todos sus secretos.

Cuando uno hace lo que le gusta hacer, el trabajo difícil se vuelve fácil y ni siquiera las inevitables "trabas" logran abatirlo.

LOS NINJAS DE LA ALEGRÍA

Paul Hawken, autor de un bestseller, hombre de negocios y empresario por excelencia, dice: "No creo que en los Estados Unidos exista una empresa que no se beneficie de ser expansiva y de divertirse en compañía de sus clientes". Utilizando la analogía de los mineros que llevan aves a los pozos para advertir oportunamente los peligros, Hawken dice: "La risa y el buen humor son los canarios en la mina de los negocios: Cuando la risa se apaga, es una advertencia oportuna de que la vida se está escapando de la empresa".[17]

Jerry Greenfield, de la fenomenalmente exitosa empresa Ben & Jerry's Ice Cream, coincide con él: "Existe una especie de acuerdo en el sentido de que las cosas en el trabajo son necesariamente arduas; con todas las tareas que debemos realizar y con todo el estrés que debe soportar la gente, sería una buena idea tratar de infundir un poco más de alegría".[18]

De manera que decidieron organizar la "pandilla de la alegría" cuya tarea era comunicarle un poco más de alegría al trabajo diario. Uno de los eventos alegres más memorables era el Día de Elvis. Todos se vestían como Elvis o a la usanza de los años 50. Había unos cuantos "perros de caza", gran cantidad de zapatos de ante azul, un grupo de animadoras "Elvis vive", un imitador de Elvis, y se realizaba un concurso de peinados y pelucas al estilo de Elvis. El presidente de la empresa, Fred "Chico" Lager, se presentaba al trabajo con patillas dibujadas con tinta negra y vistiendo traje blanco; así se dedicaba a atender "los negocios de costumbre".

La empresa tiene también un grupo de veinte "ninjas de la alegría" cuyo papel es diseminar alegría por toda la empresa. Una noche, sus integrantes sirvieron un "desayuno de la alegría" a las 10 P.M. para el segundo y el tercer turnos. En otra oportunidad prepararon la leche malteada más grande del mundo. Ben & Jerry's también inició un programa de "actuación espontánea" en el cual cualquier grupo o miembro de la empresa podía presentar sugerencias para ponerle más alegría al trabajo, y se les permitía ponerlas en práctica.

Además, cualquier persona podía crear un nombre divertido para describir su trabajo serio. Por ejemplo, Jerry Greenfield es conocido como el "ministro de la alegría". Peter Lind, jefe del "laboratorio de alquimia" y quien aporta las ideas de los helados, se apodó a sí mismo el "terapeuta de lados cremosos".[19]

Como era de esperarse, los empleados disfrutan de su trabajo en Ben & Jerry's, hay poco absentismo, y el personal es una fuerza de trabajo muy productiva.

LA VARIEDAD DA MÁS SABOR

Otra manera de convertir el trabajo en placer es agregarle variedad. En el trabajo, lo mismo que en el juego, la variedad le da más sabor a la vida. Las empresas están empezando a comprender los beneficios de darle diversidad al trabajo diario, tanto para los empleados como para las utilidades finales de la empresa. La expresión convencional "una persona para un trabajo" le está dando paso a una no convencional: "una persona para tres o cuatro trabajos".

La cadena de ventas al por menor Lechmere Sales, filial de Dayton Hudson, recientemente se vio obligada a buscar nuevas maneras de manejar la escasez de mano de obra. En su tienda de Sarasota, Florida, les ofrecieron incrementos salariales a los empleados de acuerdo con el número de trabajos que aprendiesen a desempeñar. Los cajeros se encargaron de manejar elevadores de carga, vender discos y cintas, atender la bodega. Actualmente, en Lechmere se acostumbra realizar una rápida reorganización de turnos para satisfacer las necesidades de personal, simplemente cambiando de área a los actuales trabajadores.

"Los incentivos de pago, junto con la posibilidad de una labor cotidiana más variada e interesante, demostraron ser un aliciente importante para contratar empleados", dice Paul Chandler, vicepresidente ejecutivo de personal. "Además, la tienda de Sarasota es mucho más productiva que las demás".[20]

"ROTACIÓN" DE EJECUTIVOS

Tanto los ejecutivos como el resto del personal, en empresas como la General Motors, National Steel y Motorola han llegado a conclusiones similares: "Una fuerza de trabajo flexible incrementa la velocidad, la eficiencia, la calidad, la productividad y la satisfacción en el trabajo".[21]

"Actualmente muchas personas ganan pericia gracias a su vida laboral, durante la cual realizan gran variedad de tareas, algunas veces simultáneamente", dice Robert Reich, profesor de administración de Harvard. "Enseño, escribo, doy conferencias, asesoro y pontifico por televisión. Hay días en que hago estas cinco tareas".[22]

A Louis V. Gerstner, Jr., presidente ejecutivo de RJR Nabisco, le agrada la variedad que proviene de un cambio de trabajo. "Hay que rotar a los ejecutivos de vez en cuando. El hecho de que haya diferentes episodios en su carrera lo mantiene a uno fresco y preparado para correr intensamente".[23]

CAMBIE EL EMPLEO QUE TIENE POR EL QUE QUIERE TENER

No entre en el barco si tiene problemas para navegar — todo lo que haría sería arreglar una o dos vías de agua. No culpemos al trabajo, a la empresa o al jefe. Esto solamente nos produciría frustración, desencanto y disgusto; nos sentiríamos inútiles y sin esperanza. Buscar culpables alivia nuestra responsabilidad en ciertas situaciones, pero al mismo tiempo nos hace sentir impotentes. Hay muchos pasos que podemos dar para recuperar nuestro poder personal, nuestro sentido de control y dirección, sin importar cuán difícil puedan parecer las cosas:

• El primer paso es determinar qué es concretamente *lo que funciona mal*. Lo que lo molesta puede ser un jefe exigente y regañón, el hecho de no estar aprendiendo nada nuevo, la falta de tiempo libre o estar atado a la rutina.

• El segundo paso es estudiar qué podría hacer para que su trabajo fuera una experiencia positiva. Visualícese a usted mismo cambiando el trabajo que *tiene* por el que le *gustaría tener*. ¿Qué cosas haría en forma diferente para disfrutar realmente de lo que hace? ¿Cómo cambiaría su función o las reglas de su trabajo? ¿Dé qué "vacas sagradas" tendría que deshacerse? Véase a usted mismo feliz en su trabajo, aprendiendo, creciendo, comunicándose y disfrutando de aprecio. Véase haciendo esto y no dirija hacia usted la manguera extintora.

• El tercer paso es escribir para usted mismo una nueva descripción de su trabajo y darse a usted mismo un nuevo título.

- El cuarto paso es ponerse en acción. ¿Cuál sería el pequeño paso que podría dar mañana para empezar a convertir en realidad su nueva descripción del trabajo? ¿Qué puntos fuertes podría tomar como base para agregarle placer a su trabajo?

EQUILIBRIO

Para muchas personas el problema de hoy es saber combinar el trabajo con el resto de su vida. Sandy Mobley, directora de capacitación en Wyatt, una firma que asesora sobre prestaciones e indemnizaciones, trabajaba de setenta a ochenta horas semanales (incluyendo los fines de semana), y sus actividades abarcaban una buena cantidad de viajes. "Jamás tenía tiempo para mí misma. No llevaba vida social, y estaba llegando rápidamente al punto del agotamiento. A toda hora estaba cansada, y me estaba volviendo perezosa; estaba engordando porque no me quedaba tiempo para hacer ejercicio".

Transcurrido algún tiempo, y mediante un cambio de empleo, redujo su semana de trabajo a cuarenta o cuarenta y cinco horas, con una mínima cantidad de viajes. El cambio fue sorprendente. "Me siento muy bien. Me recuperé en todos los aspectos. Ahora tengo tiempo para mis amistades, para hacer ejercicio y para realizar pequeños proyectos personales. En la actualidad puedo atender más trabajo con mayor nivel de calidad y de creatividad".

No es difícil creer la experiencia de Mobley. Cuando uno está cansado, trabaja con lentitud, no piensa con la misma claridad, es menos creativo, comete más errores y disminuye la calidad de su trabajo. Llega a casa agotado, y le es difícil dormir porque la mente sigue corriendo. Al día siguiente, amanece cansado y el ciclo continúa. Lógicamente, todos tenemos que trabajar hasta tarde en algunas oportunidades; pero una dieta continua de largas horas de trabajo mata la creatividad, el entusiasmo y la energía, y el estrés resultante puede acabar con usted a la larga.

LOS MANIÁTICOS DEL TRABAJO

"Si alguien me dice que trabaja noventa horas a la semana", dice Jack Welch, jefe de la GE "le digo que está haciendo algo terriblemente erróneo. Yo practico esquí durante los fines de semana, salgo el viernes con mis amigos y voy a fiestas. Proceder en forma distinta es un mal negocio. Elabore una lista de las veinte cosas que lo hacen trabajar noventa horas, y podrá ver que diez de ellas no tienen sentido".[24]

Haciéndose eco de Welch, Dick Munro, ex copresidente de la junta directiva de Time Warner dice: "No soporto a los maniáticos del trabajo. Trabajar de esa manera hace perder el entusiasmo y la vitalidad e inhibe la creatividad". Para confirmar lo anterior, Munro me dijo que durante su larga carrera en Time Inc., la cual inició al graduarse en la universidad, casi nunca tomaba el tren de regreso a casa después de las 6:00 P.M.[25]

HACER MÁS EN MENOS TIEMPO

A manera de recompensa para sus empleados, muchas empresas han instituido la política de trabajar medio día el viernes, durante los meses de verano. Esta política no nos sorprende puesto que las empresas de hoy tratan de buscar la forma de rejuvenecer un personal cansado. Lo sorprendente es que muchos empleados hayan descubierto que pueden hacer en medio día ¡lo que hacían en un día normal de trabajo!

"Siempre salgo los viernes sintiéndome como si hubiese realizado una jornada completa de trabajo", me dijo el editor de una importante empresa publicitaria, "algo que no percibo en otros días". ¿La razón? "Me concentro más y tengo más energía. La una de la tarde es como un plazo empresarial que *quiero* cumplir. Organizo mi trabajo mucho mejor, en orden de prioridades. Sé exactamente qué es lo que debo hacer y lo hago. Malgasto menos el tiempo".

Todos conocemos la tendencia a inventar trabajo para llenar

cualquier cantidad de tiempo que tengamos. Como lo vimos en un capítulo anterior, he podido observar que la gente puede hacer la misma cantidad de trabajo en una reunión de 45 minutos que en una de 90 minutos. Cuando se fija con anticipación el momento de finalizar, sea una reunión, un día de trabajo o una semana laboral, uno se prepara mentalmente para ello; organiza su trabajo mejor, el orden de prioridades, hace lo que tiene que hacer y gasta menos tiempo en el vestíbulo, en el teléfono o haciendo tareas que pueden esperar. Realiza sus deberes con más energía y más concentración.

Por el contrario, cuando trabajar hasta tarde se convierte en hábito, tendemos a disminuir un tanto el ritmo. Sabemos que no hay prisa, no nos concentramos lo mismo ni nos presionamos lo mismo para establecer un orden de prioridades. Malgastamos tiempo en cosas que no se necesitan o en fomentar las relaciones sociales en el vestíbulo. Y aunque trabajemos hasta más tarde, esto no obedece necesariamente a la cantidad de trabajo pendiente sino al hecho de habernos adaptado mentalmente a la idea de trabajar hasta determinada hora. Como resultado, frecuentemente nos convencemos a nosotros mismos de que debemos trabajar todas esas horas y todo se convierte en rutina.

Anteriormente se creía que trabajar hasta tarde era heroico y señal de que una persona estaba en ascenso. Pero las cosas han cambiado. "Durante los últimos dos y medio a tres años, hemos visto un cambio significativo", dice Dan Stamp, un especialista en administración del tiempo. "En la actualidad es común pensar que la vida es algo más que el simple trabajo... Pienso que quienes son renuentes a trabajar durante largas horas, serán los verdaderos líderes en los años venideros: ellos serán los más brillantes, los innovadores. Los individuos que registran largas horas de trabajo ya no se consideran como héroes; se consideran como fracasados".[26]

A partir de la próxima semana, salga de su trabajo una hora antes de lo acostumbrado. Le garantizo que hará la misma cantidad de trabajo que si trabajase una hora más. Y le entregará una hora más a su vida familiar.

ACTIVIDAD VIVIFICANTE

Si usted ha tratado de cambiar su tipo de trabajo, si ha tratado de reajustar sus horarios y si su trabajo no es más agradable o no es más significativo que antes, es hora de mirar hacia otro sitio. Lo importante es tener la seguridad de que en otro sitio encontrará lo que desea y que los individuos que realmente disfrutan de lo que hacen son pocos y raros.

Usted puede superar los obstáculos que le ponen los que le lanzan agua resistiendo la tentación de buscar en el mismo campo. El cazador de cabezas o el asesor de carrera que estudie su hoja de vida, probablemente le aconsejará que busque otra empresa en el mismo campo o que haga el mismo tipo de trabajo en otra empresa. Sin duda, es en ese campo donde tiene más experiencia, y, por lo tanto, la tentación es protegerse allí, adherirse a lo conocido y, económicamente, obtener la mayor cantidad. Pero si ya no le gusta ese tipo de trabajo y de todos modos sigue haciéndolo, pronto volverá a encontrarse en la misma situación difícil en que se encuentra ahora.

Para encontrar su "actividad vivificante" y determinar el trabajo perfecto para usted, no mire los clasificados, mire el espejo. ¿Qué es lo que le gusta hacer *a usted*? ¿Qué le gusta realmente de su trabajo actual? ¿Es "la gente", la creatividad o la posibilidad de solucionar problemas? ¿Qué experiencia busca en su trabajo?

¿A qué actividades le gusta dedicarse en su tiempo libre? ¿Qué cualidades manifiesta en esos momentos?

Su respuesta a las siguientes preguntas también le dará algunas pistas acerca del sitio al que debe dirigirse y lo que debe buscar:

¿No sería formidable que pudiera . . . ?

Si tuviera posibilidades, haría esto: . . .

Si no tuviera que trabajar, me dedicaría a . . .

CAMBIOS PEQUEÑOS, GRANDES RECOMPENSAS

A veces es necesario un gran cambio. Pero los ejemplos como el de mi viejo amigo Jim Hayes, el abogado que se hizo alfarero en California del Norte, son la excepción y no la regla. Los cambios no necesariamente tienen que ser espectaculares. Los cambios pequeños, si se hacen en la dirección correcta, pueden generar las mayores recompensas y marcar una diferencia fundamental en su panorama. Las siguientes son tres áreas que podemos contemplar en el momento de considerar una nueva opción:

1. Qué hacer

2. Dónde hacerlo

3. Cómo hacerlo

CAMBIAR *LO QUE* USTED HACE

Susan Lawley competía en la pista de alta velocidad, y, de conformidad con todas las evaluaciones convencionales, estaba triunfando fácilmente. Como vicepresidenta de Goldman-Sachs, ganaba 250 000 dólares al año, el mismo salario de Robert, su esposo, que era vicepresidente del Bankers Trust. Como miembros con tarjeta de afiliación al club del "mayor número de juguetes", tenían una casa de cuatro dormitorios, se dirigían a sus oficinas en un Mercedes-Benz y un Lincoln Continental, tenían una casa en la playa y una lancha, e iban todos los años a Europa con Greg, su hijo de 11 años.[27]

Pero una noche Susan descubrió a dónde la estaba llevando la pista de alta velocidad. "Al salir del trabajo me dirigía a casa conduciendo mi automóvil, a las 10 P.M. . . . y . . . de pronto estallé en llanto", recuerda ella. "No podía ver la carretera, pues el llanto me lo impedía. Me di cuenta de que esa noche, como casi todas las demás noches, no podría ver a mi hijo, pues ya se había acostado".

Para compensar su falta de tiempo para dedicarle a Greg, "él tenía toda clase de juguetes y veía todas las películas", dijo. "Quería hacerlo muy feliz". Pero esa noche se dio cuenta que "Greg se estaba convirtiendo en un muchacho malcriado. Sus profesores me llamaron de la escuela para decirme que se había vuelto destructivo y se portaba mal en clase [porque] nosotros no le habíamos dado un sistema de valores: no había nadie en casa para poder enseñarle... Me di cuenta de que la vida era demasiado corta para vivirla de esa manera".[28]

Como resultado de la revelación que tuvo lugar ese día a altas horas de la noche, *todo* cambió. Ella y su esposo — *ambos* — renunciaron a sus empleos, y establecieron pequeñas firmas de asesoría, con horarios de trabajo flexible, y empezaron a ganar sólo una quinta parte de sus anteriores ingresos conjuntos. Tienen sus oficinas en el mismo edificio, y se encuentran a mediodía para almorzar juntos. Cenan temprano en casa y pueden ver a Greg todos los días. Actualmente su calificación como estudiante es A, y no C, y recibe una pequeña suma semanal que debe ganar realizando tareas domésticas. Susan Lawley piensa que lo que ella ha ganado en orgullo, respeto a sí misma y valores familiares es muchísimo más importante que la pérdida de una recompensa monetaria.

COMBINAR LO QUE USTED HACE CON LO QUE AMA

• Paul Marston trabajaba como experto en computadores en Sydney, Australia, y su hobby era el bridge. Como jugador de gran habilidad, ganó muchos torneos en Australia y Nueva Zelanda. Posteriormente fue invitado a participar en grandes torneos internacionales, por lo cual recibía un pago. Después de varios años de trabajar de esta manera, dejó la programación de computadores para jugar bridge todo el tiempo. En la actualidad es miembro del equipo australiano de bridge, y juega en todo el mundo. Pero Marston no se detuvo allí. Ha escrito varios libros importantes sobre bridge, es propietario de los clubes de bridge "Grand Slam" que funcionan a lo largo y ancho de Australia, desarrolló un sistema computarizado que hace que el bridge sea más atractivo para los jugadores del club y publica una revista sobre bridge.

A primera vista, pasar de programador de computadores a campeón y empresario, parece un paso gigantesco. No obstante, Marston hizo este cambio dando una serie de pasos pequeños hasta llegar a su meta. Cuando se encontraba preparado para dejar la programación, ya conocía a las personas vinculadas al mundo del bridge y había realizado muchos de los contactos que le permitieron dar su primer paso con éxito.

• Signe Hanson era gerente de programas de servicios sociales pero, dice ella: "Por la mañana me despertaba bostezando. Me dirigía a un centro comercial [a la hora del almuerzo] y gastaba algún dinero en un vestido, porque estaba muy deprimida". En la actualidad su antiguo trabajo (y su viejo guardarropa) desaparecieron, y se encuentra dedicada a estudiar una carrera en horticultura. Con su antiguo trabajo sucedió lo mismo que con su closet. "Bien podría habérselo donado al museo Smithsoniano", dice. Se pone guardapolvo y botas para cavar la tierra todo el día; regresa a casa físicamente cansada pero emocionalmente satisfecha, uno de los premios que recibe por hacer lo que le encanta.[29]

• A los treinta y tres años de edad, Tom Simpson se hizo presidente y presidente ejecutivo de Norwegian Caribbean Lines. Después de haber duplicado en poco tiempo los ingresos de NCL, la carrera de Simpson se desarrollaba con gran éxito económico. Pero transcurridos unos cuantos años, su trabajo ya no le producía la misma satisfacción. A la larga optó por tomar una licencia, durante la cual obtuvo un grado de máster en asesoría. En la actualidad, Tom se encuentra muy feliz trabajando como asesor en el suroeste.

He conocido muchos abogados que han cambiado de ambiente pero no de trabajo. Utilizando las capacidades que ya tienen en un campo muy significativo, se han convertido en políticos, asesores legales y presidentes ejecutivos de entidades sin ánimo de lucro.

El coro de Susie

Otra manera de combinar lo que usted hace con lo que ama es hacerlo ¡por la noche! Frecuentemente, el amor a aquello que hace en su tiempo libre le ayudará a tener más energía en el trabajo. Es muy importante que en su vida tenga algo que le guste hacer. Muchas personas se dedican a un trabajo voluntario durante su tiempo libre, por ejemplo, en entidades sin ánimo de lucro. Otras personas encuentran placer dedicándose a actividades como los deportes, hobbies, música o artes.

Susan Harris trabajaba como asesora en una agencia estatal de empleos. Para cambiar de actividad al finalizar el día, encendía el radio y se ponía a cantar para "acompañar" a sus cantantes favoritos de rock and roll. Se sintió muy bien haciendo esto, y pensó que muchas otras personas con buena voz también desearían cantar rock and roll.

De esta manera nació el Coro de Marin County Rock and Roll. Susan organizó y seleccionó el material, produjo cintas magnetofónicas para sus amigos y disfruta plenamente de esta actividad. Luce muy bien, se siente maravillosamente, y hace poco tiempo consiguió un nuevo e importante empleo.

CAMBIAR DE LUGAR

Algunas veces el problema no es *lo que* usted hace, sino *dónde* lo hace. Con frecuencia, un cambio de atmósfera puede convertir un trabajo aparentemente monótono en uno muy gratificante. Si le gusta esquiar, trabajar en una librería en Vail puede ser mucho más divertido que trabajar en una gran ciudad lejos de la nieve. Una amiga mía administraba un hotel vacacional en el suroriente, pero estaba muy deprimida. Soñaba con la posibilidad de vivir en el sur de California. Finalmente logró conseguir un empleo como administradora de un gran hotel en San Diego, y ahora le encanta su trabajo.

CAMBIAR *LA MANERA* DE HACERLO

Con frecuencia una carrera mundana se puede hacer muy interesante por su proximidad a algo que uno ama. Veamos la historia de Dave y Jim Warsaw. Al padre de ellos, Bob, le encantaba el deporte y, como muchacho criado en Chicago, Bob Warsaw soñaba con la posibilidad de jugar como segunda base en el equipo de los Cubs. Se estableció cerca del Campo Wrigley. Un día, por allá en los años 30, hizo un beisbolista de cerámica, "bonito pero inmóvil". Entonces le agregó una parte móvil — un pequeño resorte que unía la cabeza al cuerpo — y de esta manera nació el muñeco de cabeza móvil que lleva el logotipo de los Cubs.

Dave y Jim heredaron de su padre el amor al deporte. También heredaron el compromiso de ganarse la vida alrededor del deporte. Ellos no fabricaron muñecos sino sombreros. Pensaron que los jugadores y los aficionados tenían algo en común: ambos necesitaban sombreros. Fundaron una empresa que produce toda clase de sombreros deportivos. El año pasado, vendieron cinco millones de sombreros cuyo valor oscilaba entre 17 y 20 dólares por unidad.

"Hemos tomado muy en serio nuestras gorras", dijo Jim, presidente de Sports Specialities durante una pausa en un viaje de negocios al Super Bowl y al All-Star Game de la NBA, "pero elaborar estos sombreros nos da un pretexto para divertirnos".[30]

Una nueva técnica

Usted también puede agregarle una nueva técnica al trabajo que siempre realiza, para que sea más interesante y agradable. Un agente de viajes, amigo mío, en un comienzo se decidió por el turismo, porque le gustaba mucho visitar nuevos sitios. Pero le molestaba mucho tener que pasar sus días sentado en una oficina frente a un computador, hacer reservaciones y despachar folletos. De modo que decidió especializarse en tours de aventuras en África, América del Sur y Australia, lugares que le gustaba mucho visitar. Empezó por realizar una gran labor de investigación sobre los diferentes lugares de destino, tarea que le pareció fascinante. Posteriormente envió cartas a hoteles, sitios vacacionales y parques arqueológicos nacionales situados en tales áreas, y fue invitado a visitar muchos de ellos gratuitamente. El paso siguiente fue preparar un folleto especial sobre algunas de estas excursiones seleccionadas. El primer viaje duró tres semanas. Este agente todavía se dedica a programar viajes, pero también toma parte en ellos y explora muchos lugares nuevos. "Es como si estuviese viviendo mi sueño", me comentó.

Doug Shaffer era peluquero y socio de una cadena de salones en Indiana. Shaffer, cuya gran pasión en la vida era practicar deportes y hablar de ellos, se estaba aburriendo de cortar pelo, de manera que decidió agregarle a su trabajo una nueva idea. Creó los Cortes Deportivos Doug — peluquería, centro de tertulias deportivas y venta de recordatorios deportivos.

La distribución del establecimiento incluye un pequeño campo de baloncesto con piso de parquet, un *dugout* para clientes que esperan su turno y un campo de béisbol a escala reducida, en el cual la silla de la peluquería está colocada en el *home*. Doug barre el cabello cortado con la escoba del árbitro. Y el único tema de conversación que se permite es, por supuesto... el de deportes, mientras los clientes observan el avance de su corte en un enorme espejo redondo que imita una pelota de béisbol.[31]

EN LA NATURALEZA NADA "TERMINA"

Qué, dónde y cómo hace usted lo que hace, es algo que puede controlar tenga veinte o setenta años. Jamás es demasiado tarde para encontrar el motivo de su pasión, inyectarle más variedad a su rutina diaria y disfrutar de la vida. En la naturaleza nada termina. A medida que una nación entra en lo que Ken Dychtwald llama *The Age Wage*[32] (la ola de la generación), cada vez más estadounidenses pueden ahora esperar vivir una vida más larga y más productiva.

A medida que los partidarios del "rómpalo" entran en la ola de la generación comprenden que el hecho de ser una persona especialmente buena en determinada actividad, no significa que deba dedicarse a ella toda la vida. Las personas cambian. Los tiempos cambian. Aquello que lo apasionó a usted en una etapa de su vida, puede que no lo entusiasme quince o veinte años después. Es importante que oriente sus pasos hacia aquellas cosas que llenan de vitalidad su vida, tenga usted veintiocho, cuarenta y ocho u ochenta y ocho años.

GANAR ES *JUGAR*

La sabiduría convencional nos dice que debemos jugar para ganar y el acto de ganar sucede al terminar el juego. ¡Esto no es así! Los que tienen mentalidad de "rómpalo" saben que ganar es jugar el partido. Ganar es algo que le ocurre todos los días al partidario del "rómpalo". Ganar puede significar diferentes cosas para diferentes personas. Para algunas, ganar puede ser trabajar con todo tipo de personas, para otras ganar puede ser experimentar desafíos, aprender y desarrollarse, hacer cosas diferentes todos los días, asumir nuevas tareas, dedicarse a la solución creativa de problemas, ayudar a los desprotegidos o defender el medio ambiente.

Para quien tiene mentalidad de "rómpalo" ganar *es amar lo que uno hace y hacer lo que uno ama.*

---

*La **SNC** dice:*
Juegue, para ganar.

21
Rompimiento

MIRADA DE ALIVIO

Aunque todavía me encuentro en empresas que limitan su mentalidad a "la forma en que aquí se han hecho siempre las cosas" la mayoría de ellas trata de superar esta actitud. Éste es probablemente el motivo por el cual el mensaje "no convencional" que contiene este libro es bien recibido durante las conferencias que doy por todo el país.

Frecuentemente oigo un suspiro de alivio que exhalan las personas al confirmar lo que sus instintos les han dicho durante mucho tiempo.

La gente entiende *intuitivamente* que necesita probar algo nuevo, dar un paso atrevido. Todos sabemos que debemos romper con nuestra vieja forma de pensar y responder.

MÁS ALLÁ DEL TRABAJO

La mentalidad de "rómpalo" no se limita al mundo del trabajo, sino que es un estilo de pensamiento que le permite a cualquier persona alcanzar la excelencia en un medio que cambia rápidamente. Y como todo nuestro mundo — no solamente el trabajo, sino también la educación, el gobierno, las leyes, los deportes, por no mencionar los estilos de vida y familia — se encuentra en proceso de cambio radical, hay la oportunidad de aplicar la mentalidad de "rómpalo" en todas partes y a todas las cosas que hacemos.

LIDERAZGO DEL RÓMPALO-CREACIÓN DE UN FUTURO

La sabiduría convencional nos dice que debemos responder rápidamente al cambio. Pero los líderes del futuro no sólo deben dedicarse a responder; deben ser creadores. Los que tienen mentalidad de "rómpalo" saben que el futuro no se encuentra, sino que se inventa. El futuro lo modelan las personas que tienen visión, valor y sabiduría para pensar mas allá de los límites de lo conocido.

En nuestro mundo golpeado por los conflictos, los gobiernos afrontan un difícil desafío. El honorable Elaine McCoy, ministro del trabajo, dijo en Alberta, Canadá: "Hagamos frente al desafío; hace cien años era más fácil gobernar. El ritmo del cambio era más lento, y nuestras sociedades eran más coherentes. Actualmente, hasta en un mismo país hay más opiniones diversas y, naturalmente, más disputas. Actualmente, ser ministro del gabinete significa enfrentar muy diversos desafíos".

McCoy agrega: "No existen escuelas para los ministros del gabinete — tenemos que buscar ideas nuevas donde podamos. Y todavía nos queda la tarea de lograr que nuestros ministerios rompan su vieja mentalidad y busquen nuevas maneras de hacer las cosas. Para construir un puente que nos una al futuro, necesitamos perder el miedo a desafiar la sabiduría tradicional".

Para que nuestras organizaciones, instituciones y sistemas puedan tener éxito, los líderes, como McCoy, deben brindar orientación, dirección e inspiración, especialmente en épocas difíciles.

Quienes nos guíen hacia el mañana no pueden jugar a la

defensiva, ni dormirse sobre sus laureles; deben actuar con decisión y osadía; deben tener fuego en el corazón para mirar siempre hacia el horizonte y poder ver más allá del presente. Estos individuos deben ser pensadores y ejecutores proactivos y tener el valor necesario para correr riesgos y desafiar el *statu quo*. Saben que la capacidad de inventar el futuro anhelado depende directamente de la decisión de romper con el pasado.

LAS ESCUELAS DE "RÓMPALO"

Es posible enseñarle a la gente nuevas maneras de pensar — incluso en el gobierno — pero primero hay que desaprender una cosa. Y ésta es creer que ya debiéramos tener todas las respuestas.

Como asesor de varios distritos escolares de grandes ciudades y vocero de Bristol-Myers, hablándoles a estudiantes universitarios de todo el país, últimamente he adquirido experiencia de primera mano con nuestro sistema educacional. En ninguna otra parte necesitamos más gente con mentalidad de "rómpalo" que en nuestros colegios y universidades.

Una de las razones de ello es que nuestro sistema educacional, tal como se ve actualmente, se diseñó originalmente para la era industrial, cuando la gente tenía trabajos predecibles, en épocas predecibles, y que exigían aptitudes predecibles, porque iban a trabajar en lugares predecibles. Ahora sabemos que la culminación de esta sociedad industrial fue a mediados de los años 50. En los últimos cuarenta años, nuestra economía se ha estado transformando en algo nuevo, pero no ha ocurrido lo mismo en nuestro sistema educacional.

A medida que los problemas de la educación se vuelven más alarmantes, la reacción va siendo muy similar a la de los negocios. Cuanto más difíciles se vuelven las cosas, más personas juegan a la defensiva y confían en las viejas cosas probadas y ciertas. El resultado es un sistema educacional literalmente limitado y amordazado por la tradición.

INUNDACIÓN DE INFORMACIÓN

Una de las ironías de nuestra sociedad informatizada es que sus estudiantes se están ahogando con la inundación de información que deben asimilar. La educación que se basa en la aptitud para recordar y repetir la información, es una educación que se volvió obsoleta mucho antes de la graduación.

En una cultura en que la información que es válida hoy es obsoleta mañana, los estudiantes necesitan aprender a aprender, no las cosas que deben aprender. Necesitan que les enseñen a pensar, y no lo que deben pensar. Aprender a aprender y aprender a abrazar el cambio son aptitudes críticas que le permiten al individuo triunfar en cualquier situación.

Necesitamos un sistema educacional dirigido por personas que tengan el valor de desafiar lo tradicional, que no estén atadas a las viejas formas y limitadas por la mentalidad convencional. Necesitamos individuos que tengan visión, pasión y decisión, que quieran correr riesgos, romper viejas reglas e innovar. Necesitamos enseñarles a nuestros estudiantes a hacer lo mismo. En síntesis, necesitamos un sistema educacional que esté dirigido por gente con mentalidad de "rómpalo", para gente con mentalidad de "rómpalo".

ROMPIMIENTO EN LOS DEPORTES

El deporte, el campo de mayor presión y más visible en el mundo, ejerce una extraordinaria influencia en muchas de nuestras estructuras, estrategias y maneras de pensar. Es muy común que se utilice su jerga como metáfora en el mundo empresarial: "Me poncharon". "No deje caer la bola". "En caso de duda...remate sin parar el balón". Los deportistas también pueden generar un efecto igualmente poderoso sobre la manera de manejar la presión.

Los rompimientos que han tenido lugar en el mundo de los deportes provienen de deportistas con mentalidad de "rómpalo", como Jean Claude Killy, Dick Fosbury y John Wooden, a quienes ya nos referimos anteriormente. Bill Walsh, quien ganó tres Super Bowls como entrenador de los 49ers de San Francisco, era un partidario del "rómpalo" que logró darle un vuelco total a la mentalidad tradicional del fútbol americano ofensivo. Otro tanto hizo Sonja Henie, quien ganó una medalla de oro en patinaje artístico en 1928, al atreverse a introducir el ballet en sus rutinas. Y Pancho Segura, quien fue el primero en desafiar la tradición y en utilizar un revés agarrando la raqueta con ambas manos.

Estas personas, lo mismo que los partidarios de correr riesgos, quienes se mantienen tratando de romper las envolturas, amplían nuestra perspectiva de las cosas que son posibles, tanto física como mentalmente. Estos partidarios del "rómpalo" le dan forma a lo que cualquier persona necesita para triunfar en un medio lleno de presiones y altamente competitivo.

EL "RÓMPALO" EN LAS RELACIONES PERSONALES

Alguna vez leí que, al ser interrogadas sobre los recuerdos más significativos de su vida, las personas mayores de ochenta y cinco años no mencionaron nada de sus negocios. Todos hablaron de la familia, los seres queridos y sus relaciones personales.

Muchas guías y técnicas de la mentalidad de "rómpalo", que se han analizado en este libro, le permitirán a usted pasar más tiempo de calidad en compañía de su familia.

Pero cuando pasamos tiempo con nuestros seres queridos, frecuentemente caemos en los viejos hábitos y patrones familiares. Vamos a los mismos lugares, vemos a las mismas personas, comemos en los mismos restaurantes y hablamos de los mismos temas. Como resultado, nuestras relaciones se vuelven para nosotros predecibles, seguras y cómodas. Hemos perdido la conexión y la chispa.

Mi esposa y yo utilizamos una técnica de mentalidad de "rómpalo" para recuperar el entusiasmo. Cada mes, uno de los dos asume la responsabilidad de proyectar un evento que se encuentre fuera del patrón acostumbrado. Le damos al asunto un tratamiento de cita a ciegas y sin decirle nada al otro, sólo cuándo debe estar listo y qué ropa llevar. El resultado es la expectativa y el placer.

Hay otra regla para practicar ese juego. No tratamos los acostumbrados asuntos de mantenimiento y logística, por ejemplo, los niños, la escuela, el trabajo, los horarios, las reparaciones que necesita la casa.

Hemos pasado algunos momentos fabulosos. Hace poco tiempo, Marilyn me llevó a navegar por la Bahía de San Francisco, en kayak, bajo la luna llena. También, a veces, hemos "metido la pata", pero hemos disfrutado de ello porque al salirnos de lo común tuvimos experiencias refrescantes y revitalizantes.

ENCENDER LA CHISPA

La mentalidad de "rómpalo" enciende nuevamente una chispa, tocando algo que en muchos de nosotros ha estado escondido y sumergido durante mucho tiempo. Todos tenemos sueños ocultos. Todos deseamos apasionarnos por lo que hacemos y por la manera de vivir nuestra vida. Todos deseamos "ser libres" y vivir la vida plenamente.

Nadie quiere mirarse más tarde en el espejo y descubrir que aún no ha hecho su mejor intento. No queremos sucumbir a nuestros temores. Todos queremos sobresalir, "ir tras nuestro sueño", vivir la vida como una interesante aventura, con elegancia, valentía, profundidad y audacia.

Uno de los hallazgos más importantes que he hecho en mis veinticinco años de trabajo como psicólogo del comportamiento es que en cada uno de nosotros hay un partidario del "rómpalo". Si usted medita en su vida, verá que en los mejores momentos de ella, ha experimentado y expresado muchas de las cualidades analizadas en este libro. En esos momentos usted ya llevaba fuego en el corazón, corría riesgos y buscaba la realización de sus sueños...

¡RÓMPALO!

Cuando cierre este libro, abra su registro de victorias y anote en él una experiencia que haya tenido con la mentalidad de "rómpalo". Experimente la creatividad, la pasión y la audacia que ya existen en su interior. Recuérdese a usted mismo que estas cualidades se encuentran dentro de usted, esperando que usted las exprese en todo lo que haga y en cualquier sitio a donde vaya.

Viva su vida con mentalidad de "rómpalo", y se sorprenderá continuamente de usted mismo. Usted *hará más* de lo que creyó que podría hacer, *será más* de lo que creyó que era y vivirá una vida más satisfactoria, más plena y más emocionante.

---

*La **SNC** dice:*
Rómpalo — Extienda las alas.

Agradecimientos

Bob Kriegel

Como todas las personas que participan en el producto terminado, un libro, al igual que una revista, requieren un encabe-
zamiento, he aquí el mío:

— Marilyn Kriegel, mi esposa, compañera y mi mejor
amiga, participó en el proyecto desde su inicio y fue una
ayuda invaluable. Su aporte se puede encontrar en casi todas
las páginas. No podría enumerar todas las formas en que me
ayudó con sus evaluaciones sobre el material. Igualmente, fue
una guía emocional y espiritual.

— Sue Johnson, mi asistente, también es un miembro muy
importante de nuestro equipo. Su tiempo, sus comentarios, su
positivismo y su buen humor contribuyeron en muchas formas a hacer del proceso una experiencia de triunfo para todos.

— Myrtle Harris, mi suegra, fue también un miembro importante de nuestro equipo; trabajó durante largas jornadas y
hasta avanzadas horas de la noche cuando se acercaba la fecha
límite.

— Mi hijo, Otis, por su aporte de amor y entusiasmo y por
ser un gran entrenador.

— Gary Friedman por ser un gran amigo y consejero en
épocas muy difíciles.

— Mi editora, Susan Suffes, quien se convirtió en gran
amiga y miembro vital del equipo por su sentido del humor,
al igual que su importante feedback, su estímulo y su apoyo
durante todo el proyecto.

— Muchas gracias a mis agentes y amigos John Brockman y Katinka Matson por su severo pero honesto feedback y por su constante apoyo a través de los años.

— Kristin Shannon, miembro de Pacific Rim Research, en Sausalito, quien brindó generosamente su tiempo y su experiencia.

También quiero darles las gracias a todas las personas que dedicaron horas de sus congestionadas agendas a conceder entrevistas. Gracias a todos los amigos que durante caminatas, excursiones, paseos en bicicleta y cenas me brindaron estímulo y consejos en grandes cantidades. Entre ellos se encuentran Trish McCall, David y Laurie Brandt, Carole Levine, Alan Becker, Huey Johnson, John Rutter, Mark Rosenblatt, Doug Kriegel, Gail Kriegel, Barry Mallin, David Smith, Suki Miller, Stuart Miller, John Syer, Chris Conolly, Ann Geddes, Michael Creedman, Chuck y Judy Nichols, Hillary Maddox y Judy Simpson.

En este esfuerzo de equipo tienen igual importancia los millares de personas que han asistido a mis charlas y seminarios y que me han participado sus ideas y me han comunicado su energía.

Agradecimientos

Louis Patler

Quiero darle las gracias a Bob Kriegel por haberme pedido que colaborara con él en este libro y por haberme dado la gran oportunidad de trabajar estrechamente con... una especie en peligro de extinción: ¡un autor de best-sellers que además es receptivo a nuevas ideas! Bob y yo estamos de acuerdo en que el futuro no sólo no "sucede" sino que nosotros lo soñamos, le damos forma, lo modelamos.

A mis hijos — Kale, Elina, Caitlin, Johana y Kellin — les doy las gracias por recordarme diariamente los retos que ellos afrontan. Me enseñaron que si nuestro planeta ha de sobrevivir y si ellos quieren *triunfar*, todos debemos cuestionar los principios convencionales y cambiar nuestra mentalidad, nuestros valores y nuestras prioridades.

Van mis especiales agradecimientos a Marilyn Kriegel, quien aportó su sabiduría no convencional y su aguda visión de escritora. Susan Johnson hizo gala de su gracia personal y profesional mientras pasábamos de las corazonadas a las ideas y del manuscrito al libro. También me gustaría darles las gracias a todas las personas que aportaron tiempo, estímulo y (lo más importante) feedback honesto: Carl Atkinson, Sara Nolan, Brian Lantier, Doug Huneke, Debbie Ward, la Hon. Elaine McCoy, Miriam Hall, Allen Loren, Max Shapiro, Karen Gideon, Carole Whitley y Pat Yount. Kristin Shannon, presidente de Pacific Rim Research aportó sabiduría y muchísimo humor.

Les doy las gracias a mis codiseñadores en The New Games Foundation por enseñarme el valor de la cooperación, la innovación, la flexibilidad, la integridad, la interdependencia y el equilibrio en la vida y por haber comprendido que quien ríe perdura.

Más que a cualquier otra persona, le doy las gracias a mi esposa, Catherine, por mantener en alto mi espíritu, día tras día, y por aportar sus ideas, su creatividad y sus valores.

Aunque veinte años de experiencia en la creación de empresas, en fundaciones y en una universidad ofrecen una fuente abundante de anécdotas, relatos breves y cuentos, algunas de las mejores percepciones vinieron de mi madre, Connie, quien falleció poco antes de comenzar el libro. Ella fue curiosa, valiente, intuitiva y *muy* graciosa. Cuando reía, la sala se llenaba. A ella le habría gustado este libro.

Notas

INTRODUCCIÓN

1. Tomado de la conferencia dictada por Walter E. Hoadley, investigador de Hoover Institution, conferencia para el Commonwealth Club, *The Commonwealth* (enero 26, 1989): pg. 20; Wm. Van Duesen, *Boardroom Reports* (marzo 15, 1990): pg. 5.
2. *Business Week* (septiembre 19, 1988): pg. 141.
3. *Inc.* (mayo 1989): pg. 41.

CAPÍTULO UNO

1. Tuttle, "Maintaining Competitiveness" *Vital Speeches* (enero 26, 1989): pg. 598.
2. U.S. Congress Office of Technology.
3. Rosabeth Kanter, *When Giants Learn to Dance* (Nueva York: Simon & Schuster, 1990): pgs. 19-20.
4. *Time* (abril 14, 1989): pg. 59.
5. Comission on Industrial Productivity del MIT, *Fortune* (mayo 22, 1989): pgs. 92-97.
6. Stanley M. Davis, *Future Perfect* (Reading, Mass.: Addison Wesley, 1987).
7. *Fortune* (marzo 26, 1990): pg. 30.
8. Lee Iacocca, *San Francisco Sunday Examiner* (junio 22, 1986): pg. D2.
9. Vicepresidenta senior del Bank of America, K. Shelly Porges, *Interview* (septiembre 1989).
10. *Forbes* (octubre 2, 1989): pg. 31.

CAPÍTULO DOS

1. Innovation, *Business Week* (1989): pg. 74.
2. *Scanorama* (abril 1990): pg. 92.
3. *American Way* (enero 15, 1990): pgs. 64-65.
4. *Walt Frazier* (Nueva York: Times Books, 1988): pg. 47.
5. *Success* (junio 1989): pg. 44.
6. James M. Kouzes y Barry Z. Posner, *The Leadership Challenge* (San Francisco: Jossey-Bass, 1987): pgs. 5, 6.
7. *Success* (julio/agosto 1989): pg. 18.
8. Edward Beauvais, *America West*, carta (noviembre 20, 1990).
9. "King of the Hill", por Richard Reilly. *Sports Illustrated* (junio 26, 1989): pg. 22.
10. *Esquire*, (mayo 1987): pg. 132.
11. Gifford Pinchot III, *Intrapreneuring* (Nueva York: Harper & Row, 1985): pg. 42.
12. *Dallas Times Herald*, marzo 15, 1985, pg. 4D.
13. *Vital Speeches of the Day* (septiembre 14, 1988).
14. *Success* (diciembre 1988): pg. 32.

CAPÍTULO TRES

1. *New York Times Magazine*, septiembre 6, 1987, pg. 14.
2. *New York Times Magazine*, septiembre 6, 1987, pg. 14.
3. *Independent Journal Marin*, KRTN News Wire, julio 4, 1989.
4. Richard Thalheimer, *The Sharper Image*, carta (septiembre 21, 1990).
5. *Fortune* (agosto 18, 1986): pg. 27.
6. *New York Times*, mayo 14, 1989, pg. 2, sección económica.
7. *Healthy Companies* (1989): pg. 17.
8. Eddie Murphy a Arsenio Hall, noviembre 16, 1989.

CAPÍTULO CUATRO

1. *San Francisco Examiner*, mayo 27, 1990, pg. D3.
2. K. Shelly Porges, Bank of America, Vicepresidenta Senior, *Interview* (septiembre 1989).
3. Peter Block, *The Empowered Manager* (San Francisco: Jossey-Bass, 1988): pg. 103.
4. *Inc.* (abril 1989): pg. 42.
5. *Fortune* (abril 24, 1989).
6. *Sports Illustrated* (enero 30, 1989): pg. 76.
7. *Spirit* (diciembre 1987): pg. 36.
8. Tony Tiano, presidente, KQED.
9. Entrevista telefónica, Yvon Chouinard, marzo 12, 1990.

10. John Sculley, *Odyssey* (Nueva York: Harper & Row, 1987): pgs. 220, 320-21, 370.
11. *Success* (diciembre 1988): pg. 32.
12. *Esquire* (diciembre 1987): pg. 102.
13. *Vis a Vis* (julio 1988): pg. 58.
14. K. Shelly Porges, Bank of America.
15. Ibid.
16. Mike Stanley, *Interview*.

CAPÍTULO CINCO

1. *USA Weekend* (febrero 2-4, 1990): pg. 6.
2. Dr. Ken Pelletier, *The C Zone* (Nueva York: Fawcett, 1984).
3. *San Francisco Chronicle*, marzo 20, 1990, pg. A15.
4. *San Francisco Sunday Examiner*, julio 22, 1990, pg. D1.
5. *Fortune* (abril 9, 1990): pg. 42.

CAPÍTULO SEIS

1. Conferencia para la American Electronic Association, *Vital Speeches* (septiembre 28, 1988): pg. 112.
2. *Forbes* (enero 8, 1990).
3. *Forbes* (octubre 2, 1989): pg. 72.
4. *Business Week* (marzo 30, 1987): pgs. 86-87.
5. Ibid.
6. *Forbes* (febrero 8, 1988): pg. 130.
7. *Success* (diciembre 1988): pg. 35.
8. *Fortune* (noviembre 19, 1990): pg. 67.
9. Reporte anual 1989, PepsiCo., pg. 30.
10. *Boardroom* (septiembre 1, 1989): pg. 6, y *Boardroom* (julio 15, 1987): pg. 1.
11. *Marin Independent Journal*, noviembre 13, 1989, pg. B5.
12. *Success* (diciembre 1989): pg. 51.
13. *Vis a Vis* (marzo 1990): pg. 80.
14. *Esquire* (diciembre 1987): pg. 110.
15. Ibid.
16. *Vis a Vis* (marzo 1990): pg. 72.
17. *Sports Illustrated* (abril 14, 1986): pg. 52.
18. *On Your Behalf* (noviembre 1989): pg. 1.
19. *Sports Illustrated* (junio 29, 1987): pg. 41.
20. *Esquire* (mayo 1987): pg. 122.
21. *Sports Illustrated* (junio 29, 1987): pg. 41.
22. *Esquire* (diciembre 1987): pg. 106.
23. Robert H. Waterman, *The Renewal Factor* (Nueva York: Bantam Books, 1987): pg. 154.
24. *Continental Profiles* (enero 1990): pg. 29.

25. Waterman, pg. 216.
26. Paul Viviano, *Interview* (noviembre 15, 1988).
27. *They Call Me Coach* (Nueva York: Contemporary Books, 1988): pg. 114.

CAPÍTULO SIETE

1. *San Francisco Chronicle*, julio 4, 1990, pg. D4.
2. *Fortune* (agosto 31, 1987): pg. 29.
3. *Fortune* (abril 10, 1989): pg. 86.
4. *Fortune* (junio 4, 1990): pgs. 179, 186.
5. *Fortune* (junio 4, 1990): pg. 179.
6. *Fortune* (abril 9, 1990): pg. 40.
7. *Fortune* (mayo 23, 1988): pg. 42.
8. *The Executive Speaker* (agosto 1989): pgs. 5-6.
9. *New York Times Magazine*, octubre 29, 1989, pgs. 43-44.
10. *Inc.* (mayo 1989): pg. 36.
11. *Fortune* (enero 15, 1990): pg. 97.
12. *Fortune* (enero 15, 1990): pg. 81.
13. *San Francisco Chronicle*, septiembre 4, 1990, pg. D5.

CAPÍTULO OCHO

1. Entrevista telefónica, Bob Siegel, Junio 28, 1990.
2. Entrevista telefónica, Yvon Chouinard, marzo 12, 1990.
3. *Fortune* (febrero 12, 1990): pg. 96.
4. Mat Roush, *USA Today* (junio 4, 1990): pg. D1.
5. C. V. Prahalad, *Vital Speeches* (abril 1, 1990): pg. 355.
6. *Fortune* (agosto 13, 1990): pg. 48.
7. *Success* (septiembre 1990): pg. 12.
8. Entrevista con Sarah Nolan, marzo 1990.
9. *Success* (junio 1989): pg. 45.
10. *Inc.* (abril 1989): pg. 77.
11. Anita Roddick, conferencia, encuentro en Lost Arrow, enero 15, 1990.
12. *Esquire* (diciembre 1987): pgs. 29, 30, 65.
13. Ibid.
14. *Sports Illustrated* (septiembre 4, 1989): pgs. 118-24.

CAPÍTULO NUEVE

1. *Success* (noviembre 1989): pg. 18.
2. *Boardroom Reports* (agosto 1, 1990): pg. 3.
3. *Vital Speeches* (enero 19, 1989): pgs. 598-99.
4. *New York Times*, junio 3, 1990, sección 3, parte 2, pg. 25.
5. Stanley M. Davis, *Future Perfect* (Reading, Mass.: Addison-Wesley, 1987).

6. *Fortune* (febrero 15, 1988): pg. 48.
7. Innovation, *Business Week* (1989): pg. 128.
8. *Success* (junio 1988): pg. 8.
9. *Fortune* (abril 9, 1990): pg. 41.
10. Ibid.
11. Ibid.
12. Entrevista telefónica, febrero 15, 1990.
13. K. Shelly Porges, *Interview*.
14. *New York Times*, marzo 25, 1990, sección 3, pg. 6.
15. *Fortune* (mayo 7, 1990): pg. 52.
16. *Boardroom Reports* (febrero 15, 1990): pg. 2.
17. Revista *Success*.
18. *San Francisco Chronicle*, noviembre 9, 1987, pg. C1.
19. *New York Times*, febrero 5, 1990, pg. D6.
20. *Speakout* (noviembre 1989): pg. 7.
21. *Fortune* (enero 1, 1990): pg. 14.

CAPÍTULO DIEZ

1. Richard Tamm, *Interview* (octubre 1989).
2. El honorable Elaine McCoy, *Interview* (agosto 1990).
3. *Vis a Vis* (febrero 1989): pg. 100.
4. *Business Week* (diciembre 1989): pg. 107.
5. *San Francisco Chronicle*, noviembre 9, 1987, pgs. C1, C7.
6. Ibid.

CAPÍTULO ONCE

1. *Success* (enero/febrero, 1989): pg. 16.
2. *House and Garden* (febrero 1990): pg. 168.
3. *Fortune* (mayo 23, 1988): pg. 30.
4. *Business Week* (marzo 23, 1987): pg. 93.
5. Entrevista telefónica, Jack Wilborn, diciembre 5, 1989.
6. *Fortune* (septiembre 12, 1988): pg. 156.
7. *Fortune* (febrero 12, 1990): pg. 100.
8. *Success* (enero/febrero, 1989): pgs. 72-73.
9. *Business Week* (diciembre 15, 1986): pg. 65.
10. *New York Times*, junio 11, 1989, pg. 65.
11. *Fortune* (julio 17, 1989): pg. 115.
12. *Success* (diciembre 1989): pg. 31.
13. Joe Robinson, *You're the Boss* (Nueva York: St. Martin's Press, 1987), pg. 78.
14. *San Francisco Chronicle*, julio 18, 1990, pgs. 1, 16.
15. Noticias KCBS, marzo 14, 1990.
16. *Fortune* (junio 6, 1988): pg. 56.
17. Ibid.

18. Ibid.
19. Charles Panati, *Extraordinary Origins of Everyday Things* (Nueva York: Harper & Row, 1987).
20. *Inc.* (noviembre 1989): pg. 66.

CAPÍTULO DOCE

1. *San Francisco Sunday Examiner*, junio 22, 1986, pg. D2.
2. *Time* (agosto 29, 1983): pg. 52.
3. Gifford Pinchot III, *Intrapreneuring* (Nueva York: Harper & Row, 1985), pg. 68.
4. *Fortune* (enero 15, 1990): pg. 144.
5. *Walt Frazier* (Nueva York: Times Books, 1988), pg. 178.
6. Programa CBS Morning, July 23, 1990.
7. *United Airlines Mainliner* (enero 1986): pg. 56.
8. *Sound Management Newsletter*, vol. 1, No.1 (1989): pgs. 6-8.
9. *Idependent Journal* (febrero 20, 1990): pg. A7.
10. *Vital Speeches of the Day* (marzo 29, 1989): pgs. 531, 533.
11. *Time* (agosto 29, 1983): pg. 56.
12. *Esquire* (septiembre 1985): pg. 42.
13. *USAIR* (diciembre 1989): pg. 65.
14. *Fortune* (noviembre 19, 1990): pg. 34.
15. *Think*, No. 1 (1989): pg. 1.

CAPÍTULO TRECE

1. *Sports Illustrated* (octubre 17, 1988): pg. 34.
2. *Success* (diciembre 1987): pg. 52.
3. Robert J. Kriegel y Marilyn Harris Kriegel, *The C Zone* (Nueva York: Anchor Press/Doubleday, 1984): pg. 71.
4. Ibid, pg. 92.

CAPÍTULO CATORCE

1. *Success* (septiembre 1988): pg. 30.
2. James M. Kouzes y Barry Z. Posner, *Leadership Challenge* (San Francisco: Jossey-Bass, 1987): pg. 63.
3. *Boardroom Reports* (julio 1, 1990): pg. 8.
4. *Inc.* (enero 1989): pg. 60.
5. John Sculley, *Odyssey* (Nueva York: Harper & Row, 1987): pgs. 264, 420.
6. Kouzes y Posner, pg. 64.
7. *U.S. News & World Report* (s.f.).
8. *Speak Out* de Jim Tunney (junio 6, 1987): pg. 3.
9. *New York Times*, diciembre 1, 1985, sección 3, pg. 1.
10. Entrevista telefónica, Phillip Moffitt, agosto 2, 1990.

11. *New York Times,* diciembre 1, 1985, sección 3, pg. 1.
12. *Sports Illustrated* (diciembre 2, 1985): pgs. 91-92.
13. *Sports Illustrated* (junio 23, 1986): pg. 78.
14. Revista *Footwear News* (febrero 1989): pg. 49.
15. *Inc.* (mayo 1989): pg. 36.
16. *Fortune* (agosto 31, 1987): pg. 28.
17. *Fortune* (junio 6, 1988): pg. 60.
18. *Sound Management Newsletter* (febrero 1990): pg. 4.

CAPÍTULO QUINCE

1. Walter Wriston en conversación con el Washington Business Group on Health, Washington D.C. (septiembre 18, 1981).
2. *Boardroom Reports* (abril 1, 1990): Pg. 13.
3. *Creative Living* (1990): pg. 23.
4. *Success* (abril 1990): pg. 47.
5. *New York Times Magazine,* enero 31, 1988, pg. 37.
6. *Wall Street Journal,* mayo 2, 1988, pg. 25.

CAPÍTULO DIECISÉIS

1. *Success* (septiembre 1988): pg. 54.
2. *Esquire* (octubre 1986): pg. 73.

CAPÍTULO DIECISIETE

1. *Boardroom Reports* (julio 1, 1990): pg. 13.
2. *Inc.* (mayo 1989): pg. 35.

CAPÍTULO DIECIOCHO

1. *Pacific Sun,* abril 26-mayo 2, 1985, pg. 1.
2. Robert J. Kriegel y Marilyn Harris Kriegel, *The C Zone* (Nueva York: Anchor Press/Doubleday, 1984): pg. 98.
3. Ibid, pgs. 100, 150.
4. *TRiPs* (septiembre/octubre 1989): pgs. 8-9.
5. Kriegel y Kriegel, pg. 101.
6. *San Francisco Chronicle,* agosto 3, 1990, pg. D3.
7. Kriegel y Kriegel, pg. 110.

CAPÍTULO VEINTE

1. *Fortune* (junio 5, 1989): pgs. 202, 210.
2. *Boardroom Reports* (abril 1, 1990): pg. 16.
3. *Fortune* (junio 5, 1989).
4. *San Francisco Chronicle,* marzo 29, 1990, pg. C1.

5. *Fortune* (abril 10, 1989): pg. 58.
6. *Bottom Line* (enero 30, 1989): pg. 1.
7. *Fortune* (abril 10, 1989): pg 62.
8. *San Francisco Chronicle,* noviembre 12, 1989, pg. 7..
9. *San Francisco Chronicle,* enero 12, 1990, pg. C1.
10. Radio KYA, septiembre 4, 1989.
11. *Inc.* (noviembre 1989): pg. 52.
12. *Inc.* (abril 1989): pg. 45.
13. *San Francisco Chronicle,* diciembre 6, 1989, pg. B5.
14. Robert J. Kriegel y Marilyn Harris Kriegel, *The C Zone* (Nueva York: Anchor Press/Doubleday, 1984): pg. 48.
15. *Success* (junio 1985): pg. 43.
16. Srully Blotnick, *Getting Rich Your Own Way* (Nueva York: Playboy Paperbacks, 1982): pg. 3.
17. Paul Hawken, *Growing a Business* (Nueva York: A fireside Book, Simon & Schuster, 1988): pgs. 81-82.
18. *Inc.* (julio 1989): pg. 53.
19. Entrevista telefónica, Peter Lind, julio 26, 1990.
20. *Inc.* (julio 1989): pg. 53.
21. *Fortune* (febrero 13, 1989): pg. 62.
22. *Inc.* (abril 1989): pg. 49.
23. *Fortune* (abril 10, 1989): pg. 18.
24. *Fortune* (marzo 27, 1989).
25. Kriegel y Kriegel, pg. 126.
26. *Fortune* (julio 16, 1990): pg. 118.
27. *New York Times,* junio 24, 1990, sección 3, parte 2, pg. 25.
28. *New York Times,* junio 24, 1990, sección 3, parte 2, pg. 25.
29. *New York Times,* abril 15, 1990, sección 1, pg. 18.
30. *Sports Illustrated* (junio 2, 1989) (s.p.).
31. *Sports Illustrated* (junio 18, 1990): pg. 10.
32. Ken Dychtwald, *The Age Wave* (Nueva York: Bantam Books, 1990): pg. 108.